Mechtenberg **Polens katholische Kirche
zwischen Tradition und Moderne**

Bitte nicht mitnehmen!

MAXIMILIAN KOLBE

Märtyrer von Auschwitz –

Symbol der Versöhnung

zwischen Polen und Deutschen

Es sind Bücher / Mappen zur
Plakatausstellung gleichen Titels

THEO MECHTENBERG

Polens katholische Kirche zwischen Tradition und Moderne

Neisse Verlag

Theo Mechtenberg
Polens katholische Kirche zwischen Tradition und Moderne

Neisse Verlag, Dresden 2011
ISBN 978-3-940310-96-5

www.neisseverlag.de

Gestaltung, Satz: Detlef Krell
Druck, Bindung: Books on demand GmbH Norderstedt

Inhalt

Vorwort 9

Annäherung auf Pilgerwegen 13
   Gnesen – Polens religiös-nationaler Ursprung 15
   Tschenstochau –
   das Nationalheiligtum der Schwarzen Madonna 19
   Krakau – Heiligtum der polnischen Nation 34
   Auschwitz – ein Golgota des 20. Jahhunderts 40

Symbiose von Kirche und Nation 47
   Polens Kirche eine „Volkskirche"? 47
   Der nationale Charakter der polnischen Kirche 51
   Reformation, Aufklärung, Romantik 54

Kirchenkampf im Kommunismus 65
   Eintreten für Menschenrechte und Widerspruch
   gegen eine „sozialistische" Verfassung 72

Johannes Paul II. – der „polnische" Papst 77
   Reaktion des kommunistischen Lagers 78
   Die erste Pilgerfahrt Johannes Paul II. in seine Heimat 80
   Abschied in Trauer und Dankbarkeit 82

Der Kampf der Solidarność und das Verhalten der Kirche 83
   Papstbesuch im Zeichen der Hoffnung 86
   Die Ermordung des Priesters Jerzy Popiełuszko 89
   Der Kampf um die Kreuze 91

Solidarität mit den in der Wirtschafts- und Versorgungskrise
Notleidenden 92
Die Kirche in der Endphase des kommunistischen Systems 95
Die Kirche als Wahlhelfer der Opposition 98
Abschluß eines Vertrages zwischen Staat und Kirche 99
Initiative zum Rechtsschutz des ungeborenen Lebens 101

Der schwierige Prozeß kirchlicher Selbstfindung in der Demokratie 105

Auseinandersetzung um den Liberalismus 107
Pluralismus statt Totalitarismus 108
Die Problematik kirchlichen Demokratieverständnisses 110
Gesellschaftliche Auseianandersetzung um das kirchliche
Demokratieverständnis 113
Moralische Autorität der Kirche
in gesellschaftspolitischen Fragen 116
Reaktion der Kirche auf Versuche
ihrer politischen Vereinnahmung 117
Die Verfassung als Basis eines geordneten Verhältnisses
zwischen Staat und Kirche 120

Die Schatten der Vergangenheit – Priester im Dienst der Staatssicherheit 123

Die Umstände eines ungewöhnlichen Amtsverzichts 127
Überprüfungsverfahren sämtlicher Bischöfe 131
Gestörtes Verhältnis zur Öffentlichkeit 132

Zwischen Skepsis und Bejahung – Polens Bischöfe und der EU-Beitritt ihres Landes 135

Deutsche Bischöfe leisten Hilfestellung 136
Die Position des Episkopats zum EU-Beitritt 137
Religiöse contra laizistische Wertebegründung 139
Wachsender Widerstand gegen einen EU-Beitritt Polens
im Vorfeld des Referendums 142

Säkularisierung als Herausforderung — **145**
    Amtsniederlegungen von Priestern – ein Krisenphänomen   147
    Veränderungen im Lebensstil   149
    Kirchliche Sorgen um Ehe und Familie   150
    Seelsorgliche Betreuung nichtsakramentaler Ehen   151
    Polen – ein Missionsland?   152

Die Last des Antisemitismus — **157**
    Antisemitische Tendenzen in der katholischen Presse
    der Zwischenkriegszeit   158
    Antisemitismus angesichts des Holocausts   160
    Das Schweigen der Kirche zu den Pogromen
    der Nachkriegszeit   164
    Volksrepublik Polen –
    Endecja im kommunistischen Gewand   166
    Durchbruch im polnisch-jüdischen Verhältnis   170
    Späte Rezeption von „Nostra aetate"   173
    Das Pogrom von Jedwabne – Anerkennung eigener Schuld   177
    Kirchliche Hilfestellung für jüdisches Leben   180

Der lange Weg der Versöhnung — **183**
    Die Belastung der deutsch-polnischen Beziehungen
    durch den Verlust der deutschen Ostgebiete   184
    Der Streit um die vatikanischen Vollmachten
    von Kardinal August Hlond   185
    Frühe Versöhnungsinitiativen   188
    Die Bedeutung des Briefwechsels
    polnischer und deutscher Bischöfe 1965   202
    Der Dialog zwischen dem polnischen und deutschen
    Episkopat – erfülltes Vermächtnis des Briefwechsels
    der polnischen und deutschen Bischöfe   228

Personenregister — **253**

Vorwort

Als gebürtiger Westdeutscher ohne jeden Bezug zu den deutschen Ostprovinzen, geschweige denn zu Polen, konnte ich nicht ahnen, daß ich einmal mit unserem östlichen Nachbarland in eine intensive und langjährige Beziehung treten würde. Geographisch war ich zwar Polen im jungen Mannesalter nähergerückt, als ich 1954 in die DDR übersiedelte, um in der dortigen Diaspora als katholischer Priester tätig zu sein. Doch ich blieb weiterhin westlich orientiert und verlebte meine Ferien, wenngleich illegal, in der Bundesrepublik sowie im westlichen Ausland. Dem setzte allerdings der Mauerbau vom 13. August 1961 ein Ende. Der Weg zum Flughafen Tempelhof war mir fortan versperrt. Nun konnte ich meinen Urlaub nicht wie gewohnt in England, Österreich, Italien oder Spanien verleben. Um der Enge der DDR wenigstens für kurze Zeit zu entrinnen, bot sich nun Polen als Reiseziel an. 1962 besuchte ich erstmals das mir bis dahin völlig unbekannte Land.

Daß ich Polen für mich entdeckt habe, verdanke ich somit gewissermaßen dem 13. August 1961. Das soll selbstverständlich den inhumanen Mauerbau keinesfalls rechtfertigen, belegt aber doch die Wahrheit des polnischen Sprichworts „Nie ma tego złego, co by na dobre nie wyszło – Nichts ist so schlecht, daß es sich nicht auch zum Guten wenden könnte."

Meine erste Polenreise führte mich zunächst in den Oppelner Raum, wo ich mich für ein paar Tage im Kreise deutschstämmiger Priester bewegte. Es war für mich eine eher irritierende Begegnung, erfuhr ich doch hautnah die damals herrschenden nationalen Spannungen im oberschlesischen Klerus, was nicht unbedingt dazu angetan war, in mir Sympathien für Polen zu wecken. Doch das sollte sich auf meiner weiteren Reise ändern. Ich fuhr nach Auschwitz, Krakau, in die Hohe Tatra und nach Tschenstochau. Und es blieben einige durchaus widersprüchliche Eindrücke: Auschwitz, wo mir Jahre nach der Naziherrschaft mitten in Polen Deutsch als Sprache zynischer Vernichtung begegnete und ich mir reichlich Zeit nahm, die zahlreichen Dokumente zu studieren, in denen die unsäglichen Verbrechen ihren teils entlarvenden, teils verschleiernden Ausdruck fanden. Krakau erlebte ich als eine Stadt europäischer Hochkultur, die Tatra als eine äußerst reizvolle Landschaft, und auf der Jasna Góra sah ich mich mit einer mir fremden, aber doch faszinierenden Marienfrömmigkeit konfrontiert, deren nationale Dimension ich erst Jahre später begreifen sollte.

Ein wirklicher Durchbruch zu einer dauerhaften Beziehung zu Polen ergab sich für mich allerdings erst 1965, als der Briefwechsel polnischer und deutscher Bischöfe vom Ende des Konzils auch in kleineren Kreisen der DDR als Impuls deutsch-polnischer Versöhnung wirksam wurde. Nun wurde nachgeholt, was lange Zeit versäumt worden war. Zumal in einigen Katholischen Studentengemeinden (KSG), so auch in der von mir geleiteten Magdeburger katholischen Studentengemeinde, wirkte der Briefwechsel als Initialzündung.

Wir lernten in Leipzig eine Gruppe polnischer Germanistikstudenten kennen und luden sie zu uns nach Magdeburg ein, damit sie uns mit der polnischen Gegenwartsliteratur bekanntmachte, die längst die ideologischen Auflagen des „sozialistischen Realismus" abgelegt hatte; wir nahmen Verbindung zu den Klubs Katholischer Intelligenz auf sowie zum Krakauer „Tygodnik Powszechny", zu den Redaktionen der Zeitschriften „Znak" und „Więź" und veranstalteten Seminare, auf denen wir mit ihren führenden Vertretern ins Gespräch kamen; wir organisierten in Absprache mit der „Aktion Sühnezeichen" Arbeitseinsätze im ehemaligen KZ Majdanek, im geistlichen Blindenzentrum Laski bei Warschau sowie beim Bau der „Arka" in Nowa Huta – dies alles politisch illegal sowie gegen den Willen der „Berliner Zentrale" der katholischen Kirche in der DDR, der derlei Aktionen zu „spektakulär" sowie politisch zu konflikträchtig war.

Für mich wie für die Studentinnen und Studenten der KSG war diese Öffnung nach Polen auf dem Hintergrund der für die DDR cha-

rakteristischen Enge und ideologischen Beschränktheit eine nachhaltige Erfahrung von Freiheit und Horizonterweiterung. Persönlich konnte ich in diesen Jahren engere Kontakte zu den „Krakauern" knüpfen, speziell zu der leider früh verstorbenen Anna Morawska, zu Jerzy Turowicz, dem Chefredakteur des „Tygodnik Powszechny", sowie zu Mieczysław Pszon, dem Deutschlandexperten und der Anlaufstelle aller deutschen Besucher, zu Andrzej Potocki und Stefan Wilkanowicz als Vertreter von „Znak".
Aber ich lernte auch die „Warschauer" näher kennen, so Stanisław Stomma, Tadeusz Mazowiecki, Władysław Bartoszewski und Wojciech Wieczorek. Ich erinnere mich an eine Vielzahl von Gesprächen, in denen wir unsere Erfahrungen mit dem jeweiligen totalitären System austauschten, durch die ich mit den kirchlichen und gesellschaftlichen Problemen Polens vertraut gemacht wurde und in denen wir Möglichkeiten und Wege bedachten, den durch den Briefwechsel der Bischöfe initiierten Prozeß der Versöhnung unserer Völker zu vertiefen.
Mein weiterer Lebensweg, der mich für sieben Jahre nach Polen und dann 1979 in die Bundesrepublik geführt hat, soll hier nicht weiterverfolgt werden. Nur soviel sei gesagt, daß meine langjährige Begegnung mit Polen in dem Maße lebensprägend war, daß ich mich als Vermittler zwischen zwei Kulturen verstehe. Besonders fühle ich mich herausgefordert, wo Unwissen und Vorurteile den Zugang zu einem sachgerechten Verstehen des jeweils anderen blockieren.
Dies gilt speziell für das selbst einem deutschen Katholiken schwer verständliche Phänomen der „polnischen" Kirche. Mit ihr habe ich mich jahrzehntelang intensiv befaßt und kritisch auseinandergesetzt; als Frucht dieser Beschäftigung lege ich das folgende Buch vor. Damit möchte ich dem deutschen Leser eine Verstehenshilfe in die Hand geben und bei ihm für Polens Kirche Interesse und Verständnis wecken. Diese Absicht bedingt die Form der Darlegung. Sie ist vor allem themenorientiert und weniger ein geschichtlicher Abriß. Das besondere Augenmerk richtet sich dabei auf die Andersartigkeit der „polnischen" Kirche gegenüber der katholischen Kirche in Deutschland. Es ist vor allem der tief in der Geschichte wurzeln-

de nationale Charakter der „polnischen" Kirche, der uns Deutschen fremd ist, der den zwischenkirchlichen Dialog in der Vergangenheit erschwert hat und mitunter auch heute noch erschwert. Doch angesichts der gegenwärtigen Situation zwischen Tradition und Moderne, in der die „polnische" Kirche durch die zunehmenden gesellschaftlichen Säkularisierungsprozesse eine Abschwächung ihres nationalen Charakters erfährt und sich neu positionieren muß, könnte ein beiderseitiger Gedankenaustausch durchaus nützlich sein. Die folgenden Überlegungen möchten dazu dienen, ihn anzuregen.

Annäherung auf Pilgerwegen

Wer jemals Polen besucht hat, weiß von überfüllten Kirchen und einer beeindruckenden Religiosität zu berichten. Unsere polnischen Nachbarn erscheinen aus unserer westlichen Sicht als ein tief vom katholischen Glauben geprägtes Volk. Doch viele ihrer Frömmigkeitsformen bleiben dem Außenstehenden unverständlich und erschließen sich erst aufgrund eines tieferen Einblicks in die polnische Geschichte. Diese ist durch eine über tausendjährige Einheit von Religion und Nation gekennzeichnet, wie sie im westlichen Europa in vergleichbarer Intensität wohl einmalig sein dürfte. Weder die Reformation noch die westliche Aufklärung mit ihrer Religionskritik und auch nicht die mit Industrialisierung und gesellschaftlicher Modernisierung verstärkt einsetzende Säkularisierung aller Lebensbereiche haben diese Einheit bislang entscheidend aufzulösen vermocht.
Wer die polnische Religiosität aus ihren Wurzeln verstehen möchte, tut gut daran, sich ihr auf polnische Weise zu nähern; und das heißt als Pilger. Polen ist reich an Wallfahrtsstätten mit einem engen Bezug zur nationalen Geschichte. Jahr für Jahr sind Abertausende zu ihnen unterwegs, oftmals tagelang zu Fuß. In solcher, dem slawischen Wesen entsprechenden Pilgerschaft findet der Einzelne auf der Suche nach dem Göttlichen seinen Halt in einer stets ungewissen irdischen Heimat. Und er begegnet der religiös-nationalen Geschichte seines Volkes. Ihre Erinnerung vor allem wird an den Wallfahrtsorten wachgehalten, wohl wissend, daß das Volk nur in Wahrung seines Gedächtnisses in der Geschichte Bestand hat, zumal dann, wenn lange Zeiten der Fremdherrschaft und Unterdrückung zu bestehen sind. So ist das Pilgern zu den Orten religiösen und nationalen Gedenkens immer auch ein Weg zu sich selbst – ein Stück Selbstfindung und eine Festigung religiös-nationaler Identität.

Auch der Leser ist eingeladen, sich in geistiger Pilgerschaft auf religiöse Spurensuche zu begeben und über die nationalen Wallfahrtsorte einen Zugang zum Verständnis der katholischen Kirche Polens zu gewinnen.

Nicht umsonst hat Kardinal Stefan Wyszyński (1901–1981), Polens bedeutender Primas der Nachkriegszeit, seinen ausländischen Gästen immer wieder diesen Weg gewiesen – den Abgesandten vatikanischer Ostpolitik ebenso wie den zahlreichen Bischofsdelegationen aus aller Welt. Es ist der klassische polnische Pilgerweg, beginnend mit Gnesen und über Tschenstochau weiter nach Krakau und Auschwitz, ehe dann an seinem Bischofssitz in Warschau die kirchenpolitischen Gespräche und Verhandlungen geführt wurden. Und es sind dieselben Stationen, die auch der „polnische Papst" Johannes Paul II. 1979 für seine erste Pilgerreise in seine Heimat wählte. Es gibt kaum einen besseren Weg, sich in das christliche Glaubensverständnis des polnischen Volkes einführen zu lassen, als dieser Spur zu folgen.

Gnesen – Polens religiös-nationaler Ursprung

Unser Pilgerweg führt zunächst nach Gnesen (Gniezno), einer Provinzstadt im Schatten des nahegelegenen Posen. Mit ihr verbindet sich der mythische und historische Ursprung Polens. Nach einer slawischen Legende erblickte hier auf einer Lichtung Lech, der Urahne der Polanen, in der aufgehenden Sonne den weißen Adler in seinem Horst und wählte auf dieses Zeichen hin den Ort zum Ausgangspunkt westslawischer Landnahme. Der Adler als polnisches Wappentier und die Nationalfarben Weiß und Rot finden mit dieser Sage ebenso ihre Deutung wie der Name der Stadt, meint doch „Gniezno", von „gniazdo" abgeleitet, nichts anders als „Nest" oder „Horst".

Ins Licht der Geschichte tritt Gnesen mit dem noch heidnischen Piastenfürsten Mieszko I. Dieser heiratete die bereits christliche Tochter eines böhmischen Herzogs und nahm 966 für sich und seine Untertanen das westliche Christentum an. Mit seiner Taufe nach römischem Ritus fällte er eine für die gesamte polnische Geschichte schicksalhafte Entscheidung: Fortan gehört die sich aus diesen Anfängen entwickelnde polnische Nation zum westeuropäischen und nicht zum ostslawischen bzw. osteuropäischen Kulturkreis, dem gegenüber Polen jahrhundertelang mit allen Konsequenzen die Funktion einer östlichen Vormauer wahrnahm.

Karol Wojtyła, der spätere Papst Johannes Paul II., hat im Prolog seines historischen, die kriegerischen Auseinandersetzungen mit den Moskauwitern zu Beginn des 17. Jahrhunderts aufgreifenden Jugenddramas „Jeremia" dieses nationale Selbstverständnis wie folgt formuliert:

> Als heilige Vormauer hast Du uns aufgerichtet, oh Herr –
> Und wir widersetzen uns nicht Deinen Befehlen –
> Unsere Rüstung schmücken wir mit Deinen Rosen,
> die Grenzsteine bewachen wir auf das Schwert gestützt.

Eine Generation nach Mieszko I. verstärkt sich die Westbindung der Piasten durch den Besuch Kaiser Ottos III. am Grab seines Freundes Adalbert, dessen Gebeine in der Gnesener Kathedrale ruhen und dessen Vita auf achtzehn Tafeln ihrer Bronzetür vermerkt ist.

Adalbert, Polens erster Nationalheiliger, entstammte dem böhmischen Adel. Er erhielt seine Ausbildung an der Magdeburger Kathedralschule, wurde bereits in jungen Jahren Bischof von Prag, verzichtete aber bald darauf aufgrund von Zwistigkeiten auf sein Amt. Eine Zeit lang lebte er als Mönch in Rom, wo er mit Kaiser Otto III. freundschaftliche Beziehungen unterhielt. Schließlich kommt er als Missionsbischof zur Bekehrung der Pruzzen nach Gnesen an den Hof von Bolesław I. Chrobry und erleidet 997 auf seiner ersten, erfolglos verlaufenen Missionsreise den Märtyrertod.

Anläßlich seiner ersten Pilgerreise nach Polen sagte Papst Johannes Paul II. unter Anspielung auf die Bedeutung des heiligen Adalbert für die polnische Geschichte, daß die Gebeine dieses Heiligen „in die Fundamente des Christentums für ganz Polen eingefügt sind." In der Tat: Ohne dem besäße das Jahr 1000 für die polnische Geschichte kaum den Rang einer Zäsur.

Die Quellen schildern anschaulich den prachtvollen Empfang, den Bolesław dem Kaiser bereitete, der ihn daraufhin zu seinem „Bruder" und „Mithelfer" erkoren, ihm zum Zeichen des Bündnisses und der Freundschaft sein Diadem aufgesetzt und auf diese Weise gekrönt habe. Gleichzeitig erhob Otto III. auf Geheiß von Papst Silvester II. Gnesen zum Erzbistum und zur Metropole einer eigenen, von den deutschen Reichsbischöfen unabhängigen Kirchenorganisation mit den Suffraganbistümern Breslau, Krakau und Kolberg. Und das noch junge Staatswesen gewann dadurch seine, durch die kirchliche Struktur gestützte, politische Selbständigkeit.
Papst Johannes Paul II. hat die weitreichende Bedeutung des Jahres 1000 auf seiner damaligen Pilgerreise ausdrücklich hervorgehoben. Vor der Polnischen Bischofskonferenz erklärte er: „Im Jahr 1000 wurde nicht nur die hierarchische Verfassung der Kirche als bestimmendes Element in die Geschichte der Nation eingetragen, zugleich wurde auch die Geschichte der Nation […] in dieser Struktur der Kirche in Polen verankert. Der Beleg dafür findet sich in den verschiedenen Zeiträumen der polnischen Geschichte, besonders in den schwierigen Epochen, als nationale staatliche Strukturen fehlten. Dann fand die in ihrer übergroßen Mehrheit katholische Gesellschaft in der hierarchischen Verfassung der Kirche einen Halt. Das ermöglichte es ihr, die Zeiten der Teilung und Fremdherrschaft zu bestehen; das verhalf ihr dazu, das Bewußtsein ihrer Identität zu wahren, es sogar zu vertiefen. Ein Fremder mag dies für eine ‚untypische' Situation halten. Nichtsdestoweniger ist dieses Faktum für Polen eindeutig: es ist Teil der geschichtlichen Wahrheit unseres Vaterlandes."
Mit Gnesen, der ersten Station einer geschichtlichen Pilgerschaft, verbinden sich somit die kirchlichen wie staatlichen Grundlagen Polens, die durch Polens Kirche immer wieder neu in Erinnerung gerufen werden. So verwiesen am Ende des Zweiten Vatikanischen Konzils Polens Bischöfe in ihrer Versöhnungsbotschaft an ihre deutschen Amtsbrüder einleitend auf eben diese Bedeutsamkeit, und dies in der Absicht, ihnen trotz der durch den Eisernen Vorhang bedingten Trennung die Zugehörigkeit Polens zum „abendländischen"

Kulturraum zu signalisieren und auf dieser Grundlage den beiderseitigen „Dialog" zu fördern.

Nicht anders verhielt es sich 1966 während der Feierlichkeiten des Millenniums im Gedenken an die Taufe Polens vor tausend Jahren. Sie nahmen selbstverständlich in Gnesen ihren Anfang, wobei die Erinnerung an den christlichen Ursprung der polnischen Nation und des polnischen Staates sehr bewußt gegen das atheistische und kommunistische System gerichtet war.

Überhaupt spielte die Rückbesinnung auf Gnesen in der Phase kommunistischer Herrschaft eine kaum zu überschätzende Rolle. Dazu muß man wissen, daß 1946 die seit 1821 bestehende Personalunion der Bistümer Gnesen und Posen zugunsten einer Neuregelung aufgelöst wurde, die Gnesen mit dem Bischofssitz in der Hauptstadt Warschau verband.

Kardinal Stefan Wyszyński, der 1949 die Nachfolge von Kardinal August Hłond (1881–1948) antrat, hat in seiner über drei Jahrzehnte währenden Amtszeit diese Neuregelung pastoral wie kirchenpolitisch zu nutzen gewußt. Ihre Brisanz liegt vor allem darin, daß der auf das 15. Jahrhundert zurückgehende und an das Erzbistum Gnesen gebundene Titel eines Primas von Polen mit der Funktion eines Interrex gekoppelt war. Als solcher nahm der Primas in früherer Zeit die Königskrönung vor und leitete während der Vakanz die Regierungsgeschäfte.

Polens Kirche war in den Jahren nach dem Zweiten Weltkrieg sehr bemüht, im Volk die Erinnerung an diese Tradition lebendig zu halten, was nicht wenig zur Stärkung der Autorität des Primas beigetragen hat. Ohne daß dieser jemals formell den Anspruch eines Interrex erhoben hätte, sah doch die überwiegende Mehrheit der Polen in ihm den unangefochtenen „Führer der Nation", und das nicht zuletzt deswegen, weil es dem von der Sowjetunion aufgezwungenen kommunistischen Systems an nationaler Legitimation mangelte.

Dadurch gewann der Primas, der mehr und mehr zu einem Symbol nationaler Freiheit und staatlicher Unabhängigkeit wurde, nicht nur eine überragende kirchliche, sondern auch eine moralisch-politische Bedeutung.

Auf dem Hintergrund dieser geschichtlichen Zusammenhänge muß die römische Entscheidung eigentlich verwundern, mit der Papst Johannes Paul II. am 25. März 1992, also drei Jahre nach dem Ende kommunistischer Herrschaft in Polen, im Rahmen einer umfassenden Neuordnung kirchlicher Strukturen die Personalunion der weit auseinanderliegenden Erzdiözesen Gnesen und Warschau für beendet erklärte. Seitdem hat Gnesen einen eigenen Oberhirten, doch ohne den traditionell mit Gnesen verbundenen Titel eines Primas. Dieser verblieb – vorerst – beim Warschauer Bischofssitz, wurde aber unmittelbar nach dem 80. Geburtstag von Primas Józef Glemp am 20. Dezember 2009 auf den Gnesener Erzbischof Henryk Muszyński feierlich übertragen.
Für die von Papst Johannes Paul II. getroffene Neuregelung, durch die die Zahl der Diözesen von 27 auf 40 erhöht wurde, waren pastorale Gründe ausschlaggebend. Hinter der Zielsetzung, Polens Kirche nach dem Ende des Kommunismus für neue Aufgaben besser zu rüsten, trat offenbar der Wert der von Kardinal Wyszyński so hoch geschätzten geschichtlichen und für seine Zeit so bedeutsamen Symbolik des Primas zurück. Man wird in der päpstlichen Entscheidung ein Signal sehen müssen, daß die neuen Herausforderungen, vor die sich Polens Kirche in einer nunmehr pluralistischen und unter einem Modernisierungsdruck stehenden Gesellschaft gestellt sieht, mit den traditionell religiös-nationalen Mustern allein nicht zu bewältigen sind.
Daß indes Gnesen mit dem europäischen Umbruch des Jahres 1989 keineswegs seine in der Vergangenheit so bedeutsame historische Aktualisierung eingebüßt hat, zeigte sich im Millenniumsjahr 2000. In den Gnesener Festveranstaltungen jenes Jahres wurde die Begegnung zwischen Otto III. und Bolisław Chrobry als Modell einer europäischen Einheit gewürdigt, in deren Rahmen Polen ein eigener Platz gebührt. Einen besonderen Höhepunkt bildete das Treffen von fünf mitteleuropäischen Präsidenten am 12. März und ihre Teilnahme an einem ökumenischen Gottesdienst. Bei diesem Treffen betonte Bundespräsident Johannes Rau, daß die Erinnerung an die *christianitas* Otto III. zwar eine bleibende europäische Grundorientierung

biete, doch allein nicht ausreiche, den Herausforderungen einer Gestaltwerdung Europas gerecht zu werden. Es müsse daher darum gehen, auf dieser Grundlage eine Konzeption für die Einheit der europäischen Gemeinschaft zu suchen, die auf dem Dialog der verschiedenen Kulturen und Religionen unseres Kontinents beruhe.
Mit dieser, aus polnischer Sicht, die Bedeutung des Christentums für Europa relativierenden Aussage deutete sich bereits ein den späteren Streit um die Präambel einer europäischen Verfassung bestimmendes Spannungsverhältnis zwischen der stark christlich geprägten polnischen Tradition und dem weithin säkularisierten Westen an.

Tschenstochau – das Nationalheiligtum der Schwarzen Madonna

Wer sich als Pilger aus der Ferne dem Nationalheiligtum in Tschenstochau nähert, ist vom Anblick des die Landschaft überragenden Hellen Berges, der Jasna Góra, mit der mächtigen Klosteranlage beeindruckt. Unwillkürlich kommt ihm die biblische Tradition heiliger Berge in den Sinn, die hier gleichsam ihre Fortsetzung findet. Auf der Höhe angelangt, betritt er den Thronsitz Mariens, der Königin Polens. Allmorgendlich erhebt sich hier unter den Fanfarenklängen der Mönche das die Ikone verhüllende Velum und gibt den Blick für einige Stunden frei auf ein Bild, von dem Jan Długosz, Polens berühmter Geschichtsschreiber aus der 2. Hälfte des 15. Jahrhunderts, schrieb, daß „der Betrachter von einer besonderen Frömmigkeit durchdrungen wird, als schaue er gleichsam eine lebende Person."
Die Ikone der Schwarzen Madonna hat durch die Jahrhunderte nichts von ihrer Faszination eingebüßt. Auch ein westlicher, der polnischen religiösen Tradition fremd gegenüberstehender Besucher fühlt sich in ihren Bann gezogen. So notierte Luise Rinser anläßlich eines Aufenthaltes an diesem Gnadenort in ihrem 1972 erschienenen Tagebuch „Grenzübergänge":
„Schlag zwölf tritt eine Stille ein, die etwas ankündigt. Alle Blicke sind auf den Altar gerichtet. Ganz, ganz langsam beginnt der gol-

dene Vorhang von oben über das Bild herabzurollen. Zögernd werden nacheinander Haar, Stirn, Antlitz, Hals, Brust der Madonna den Blicken entzogen. Dieses Verhüllen hat magische Wirkung: Das Bild selbst entzieht sich, die Madonna tritt, nach gewährter Audienz, zurück ins unzugängliche Geheimnis, in die Wolken. Es ist das Sich-Entziehen einer Göttin. Ein Sich-Entfernen mit barmherziger Langsamkeit: Sie gibt eine letzte und noch eine und eine allerletzte Gelegenheit zu Bitte und Gewährung. Als sei die Madonna nach der Verhüllung nicht mehr erreichbar, sammelt das Volk seine Gebetskraft zu einem letzten Ansturm. Nützt die Gelegenheit, strengt euch aufs äußerste an, betet bis zum Zerreißen, gleich ist die Stunde der Gnade vorüber [...]."

Doch die Jasna Góra ist mehr als ein Ort privaten Flehens. Sie ist eine Quelle, aus der das polnische Volk seit Jahrhunderten Kraft schöpft, ein Ort, wo es in Zeiten geschichtlicher Katastrophen Halt und Zuversicht findet. Dann wird der Thronsitz der Madonna zur „geheimen Hauptstadt" des Landes, wie dem Besucher in den Jahren kommunistischer Herrschaft immer wieder bestätigt wurde. Und derlei Äußerungen waren keine Übertreibung, denkt man an die wegweisenden Predigten, die der Primas von der Brüstung der Klosterfeste herab zu halten pflegte. Ihre politischen Akzente waren nicht zu überhören, und man konnte durchaus den Eindruck gewinnen, nicht im fernen Warschau, sondern hier, in Gegenwart der Madonna, würden sich Polens Geschicke entscheiden.

Der Primas hat mit dieser Praxis an eine Jahrhunderte alte Tradition angeknüpft, die mit diesem Ort die Erinnerung an die Höhen und Tiefen polnischer Geschichte aus fernster und jüngster Vergangenheit auf einzigartige Weise verbindet. Um sich dessen zu vergewissern, genügt ein Gang durch das Museum des Klosters, wo der Besucher unter den zahlreichen Votivgaben beeindruckende Zeugnisse dieser Vergangenheit findet – Trophäen aus dem Türkenkrieg, Asche von KZ-Opfern oder die Urkunde des Lech Wałęsa verliehenen Friedensnobelpreises.

Die Geschichte von Kloster und Ikone

Die Geschichte der Jasna Góra reicht bis in das Jahr 1382 zurück. Die Dynastie der Piasten war ausgestorben, die Union mit Litauen noch nicht begründet. In dieser Zwischenzeit stand Polen mit dem mächtigen Ungarn Ludwigs des Großen in enger Verbindung. Ihr verdankt Polen sein Nationalheiligtum.

Stifter des Klosters ist Ladislaus von Oppeln, Ludwigs Statthalter in Ruthenien. Die im Kloster aufbewahrte Stiftungsurkunde ist auf den 9. August 1382 datiert. Übereignet wurde das Kloster den Paulinern, einem ursprünglich ungarischen Eremitenorden. Bald nach der Gründung des Klosters übergab Ladislaus die wohl aus Ruthenien stammende Ikone der Obhut der Mönche.

Über die Entstehungsgeschichte der Ikone schweigen die Quellen. Es handelt sich um eine Kopie der sogenannten „Hodegetria", was so viel wie Wegführung heißt. Von dem Urbild weiß man, daß es Anfang des 5. Jahrhunderts in Byzanz verehrt wurde, und zwar in der Kirche der Hafenlotsen und Wegeführer. Es fiel 1453 der Eroberung der Stadt durch die Türken zum Opfer.

Wie bei alten Ikonen üblich, so ist auch die „Hodegetria" legendenumwoben. Der in besonderer Weise „marianische" Evangelist Lukas soll das Bild aus dem Tisch der heiligen Familie gefertigt haben, wie der bereits erwähnte Jan Długosz seine Leser wissen läßt. Vielleicht liegt der tiefere Sinn dieser Legende in der Gemeinschaft stiftenden Funktion der Ikone, die sie in der Tat über Jahrhunderte unter Beweis gestellt hat.

Ikonographisch handelt es sich nicht um eine reine Mariendarstellung. Auf dem linken Arm der Mutter thront ihr Sohn, die Rechte lehrend erhoben, mit der auf dem Schoß der Mutter ruhenden Linken ein Buch umfassend – Christus als Kyrios und Logos.

Eine goldene Aura umgibt die Häupter von Mutter und Sohn – Symbol der Heiligkeit Gottes. Das Grün des Hintergrunds verweist auf den Heiligen Geist. Wenngleich der bestimmende Blickpunkt des Bildes das Antlitz der Madonna ist, so ist doch die Ikone im Ganzen eine „Wegführung" zu Christus und eine Einführung in das Geheimnis Gottes.

Die Jasna Góra entwickelte sich zu einem übernationalen, Ost und West verbindenden Wallfahrtsort, ehe in späterer Zeit ihre nationale Bedeutung ein Übergewicht gewann. Gregor von Sambor, ein polnischer Dichter des 16. Jahrhunderts, zählt die Völker Europas auf, die zu seiner Zeit zum Hellen Berg pilgerten:

> Nicht Polen nur zu den heiligen Mauern eilen,
> Auch Litauer wollen in Andacht hier verweilen.
> Bewohner unserer Berge und ganz Polesien,
> Kaschuben, Moskauer – sie kommen und huldigen.
> Hier stehen des Kujawiaks Zelte aus Leinen
> Und die des Masuren, doch aus Wolle die seinen.
> Der mannhafte Mähre, der Slowene, der Deutsche,
> Der begüterte Ungar, Podole und Reuße,
> Ein Strom aus Pommern, Sachsen, Livland, Wolynien,
> Aus Schlesien, Preußen, Böhmen, Samogitien.
> Es eilt das Volk von überall, aus allen Winden,
> Welch' große Macht will es an diesem Orte finden?
> Soweit das Auge reicht, der Blick zu welchen Seiten,
> Das Volk steigt hoch den Berg zu allen Zeiten!
> Man sieht sie dicht bei dicht, die große Pilgermenge,
> Gleich einem Bienenschwarm des Volkes arg Gedränge.
> Mit Betern angefüllt das heilige Gebäude,
> Und wer im Jammer kam – der kehrte heim in Freude.

Zur Zeit dieser Verse hatte das Bild der Schwarzen Madonna eine nicht unwesentliche Veränderung erfahren: In der Karwoche des Jahres 1430 hatte eine Räuberbande in Erwartung reicher Beute das Kloster überfallen und die Ikone geschändet. Sie war so gründlich zerstört worden, daß eine umfassende Restaurierung notwendig wurde. Diese erwies sich allerdings als äußerst schwierig, weil die Farben an den wieder zusammengefügten Schnittflächen zerflossen. Die frommen Restauratoren am königlichen Hof sahen darin ein Zeichen, die Schändung nach endlich gelungener Arbeit durch zwei Streifen auf der rechten Gesichtshälfte der Madonna kenntlich zu machen. Das seitdem durch die „Wangenwunde" leidgezeichnete Antlitz Mariens wurde für den einzelnen Betenden wie für die Nation im ganzen zu einem Spiegel eigener Leiderfahrung – ein in der Marienlyrik wiederkehrendes Motiv. So in den zeitgenössischen Versen des Priester-Dichters Janusz St. Pasierb:

> Wenn ich Dich schaue im blendenden Glanz kalt flammender Brillanten
> wie warm Dein gebräuntes Gesicht und die Hände
> Du bist dunkel und schön
> Dein Gesicht Weizenfeld und Krustenbrot
> nicht Weihrauchduft nur Harz und Honig
> von Deinem Thron genommen sieht man Kerben und Schatten im seitlichen Licht
> kriegverwüstetes Land zeitgezeichnet
> Schild der die Schläge auf sich zog
> von fern und nah betrachtet ein Erinnern an das Vaterland

Seine nationale Bedeutung gewann Tschenstochau mit dem Schwedeneinfall des Jahres 1655. Bald war das ganze Land von Feinden überschwemmt, der König geflohen. Allein die Klosterfeste auf der Jasna Góra leistete unter dem heldenmütigen Prior Augustyn Kordecki erbitterten Widerstand. Nach 40 Tagen gaben die Schweden die Belagerung auf. König und Volk faßten neuen Mut, sahen im Abzug der feindlichen Truppen einen Gnadenerweis der Madonna. Noch vor dem endgültigen Frieden erklärte Jan Kazimierz, König und Kardinal, am 1. April 1556 in der Kathedrale von Lemberg Maria zur Königin Polens und band das Volk für ewige Zeiten durch Gelübde an seine Herrin – ein Akt von großer, auch politischer Tragweite. Durch ihn wurde Maria zur obersten Autorität Polens erklärt. So heißt es etwa in der Konstitution des Sejm aus dem Jahr 1764: „Die Republik ist ihrer Heiligsten Königin, der Jungfrau Maria, in dem durch Wunder berühmten Bild von Tschenstochau für immer ergeben […]." Wer auch immer in Polen das Sagen haben mag, eigene oder fremde Herrscher, kommunistische oder demokratische Regierungen, sie alle stehen unter dem Zepter der Königin Polens. Das mag für das aufgeklärte westliche Denken unverständlich sein, in Polen ist dies indes eine auf geschichtlicher Erfahrung basierende Realität.

Zeit der Teilungen und der Romantik

Die nationale Funktion des Nationalheiligtums der Schwarzen Madonna besagt Rettung in der Misere, Widerstand gegen äußere und innere Feinde, Verteidigung der religiösen und nationalen Werte. Damit wurde ein in der Stunde der Not abrufbarer religiös-nationaler Typus geschaffen. So besann man sich in der zweiten Hälfte des 18. Jahrhunderts angesichts der wachsenden Gefahr, von fremden Mächten unterjocht zu werden, auf das rettende Wunder in der Zeit der „Sintflut". Unter Führung des späteren Helden der amerikanischen Befreiungskriege, Kazimierz Puławski, kämpfte die Konföderation von Bar gegen die Übermacht der zaristischen Truppen. Ihren Kampf weihte sie ihrer Königin:

> Preis sei Dir Herrin, dieses Landes Mantel,
> Der Republik in ihrer bitt'ren Schmach!
> Hab' acht auf Deiner Diener Weg und Wandel,
> Die für Dich leiden Tod und Ungemach.

1771 zogen sich die Konföderierten, auf eine Wiederholung des Wunders von 1655 hoffend, in die Klosterfeste auf der Jasna Góra zurück. Doch das Wunder von einst wiederholte sich nicht. Sie mußten kapitulieren.

Gebrochen war der Widerstand der Waffen, doch nicht der der Herzen. Mit dem Verlust der Eigenstaatlichkeit in der langen Phase der polnischen Teilungen (1795–1918) kam es zu einer intensiven Identifikation der unter Fremdherrschaft leidenden Nation mit ihrer Königin. Die Jasna Góra wurde zum Symbol des Überlebenswillens der Nation, ihrer Befreiung, der Bewahrung ihrer Werte sowie ihrer inneren Einheit bei äußerer Zerrissenheit. Aus allen drei Teilungsgebieten strömten die Pilger herbei und beteten um ein Ende der Unfreiheit. Die Teilungsmächte wußten um diese Kraft und wirkten ihr entgegen. Der Zar befahl, das Bild der Schwarzen Madonna, der „ersten Revolutionärin", aus den Häusern zu entfernen, weil es die Idee der Unabhängigkeit Polens beschwöre.

Paradoxerweise verband sich mit dieser Zeit politischen Niedergangs die Hochblüte polnischer Kultur. Die Romantik brachte mit Cyprian Kamil Norwid (1809–1849), Juliusz Słowacki (1809–1849) und Adam Mickiewicz (1798–1855) drei Dichter von Weltrang hervor, die in der Verbindung von Glaube und Freiheit ihren Beitrag für die für Polen typische Symbiose von Religion und Nation leisteten. Jeder von ihnen bereicherte auf seine Weise eine auf Polens Königin bezogene, das Schicksal der Nation deutende Marienlyrik. So endet beispielsweise Norwids mehrstrophige Litanei „Zur allerseligsten Jungfrau" mit den Worten:

> Land, dem Leibrock Deines Sohnes gleich verteilt,
> Zerrissen, in alle Winde enteilt,
> Volk, geboren in tränenloser Zeit,
> Mit Un-Mündigen schon beginnt dein Leid,
> Qual ohne Ende, über die Maßen:
> „Warum, mein Gott, hast du mich verlassen!"
> Volk – einst war ein großes Reich dein eigen,
> nun ohne Grab, wo die Adler weinen …
> Mutter gute, du Polens Königin,
> Bitte für uns …

Zwar haben die Polen unter der Fahne mit dem Bild der Madonna in zwei Aufständen gegen die russische Unterdrückung vergeblich um ihre Freiheit gekämpft, doch entscheidend dafür, daß nach 120 Jahren der Teilungen des Landes 1918 die Eigenstaatlichkeit zurückgewonnen werden konnte, war das Faktum, daß die Nation diese Zeit ungebrochen in ihrer geistig-moralischen Substanz überstanden hatte. Dafür spricht auch die überraschende Entdeckung, daß in der der Madonna gewidmeten patriotischen Dichtung trotz aller erfahrenen Leiden Motive von Haß und Feindschaft gänzlich fehlen. So bittet Zygmunt Krasiński (1812–1859), der Verfasser der „Ungöttlichen Komödie", in seinem als „Gebet" betitelten Gedicht nicht darum, „daß unsere Feinde in Unheil fallen", sondern um „einen stillen Hafen weit von ihnen fort".

Nationale Identifikation mit dem Bild der Madonna über Konfessionsgrenzen hinaus

Als König Jan Kazimierz am 1. April 1656 Maria in ihrem Tschenstochauer Gnadenbild zur Königin der polnischen Krone ausrief, war die Nation keineswegs religiös homogen. Zwischen Ost und West gelegen, war Polen ein Zwischenland zweier Kulturen – der römischen und der byzantinischen. Katholiken und Orthodoxe lebten neben- und miteinander. Jede Seite wahrte ihre Traditionen, wobei sich die Wertschätzung des Eigenen mit dem Respekt gegenüber dem Anderen verband. Und die Offenheit füreinander förderte eine wechselseitige Befruchtung.

Nur auf diesem kulturellen Hintergrund konnte die Schwarze Madonna als Königin der polnischen Krone Akzeptanz finden. Die Ikone ist schließlich selbst ein Symbol der Verbundenheit beider Traditionen. Byzantinischen Ursprungs, stand sie den Orthodoxen nahe, und die slawischen Katholiken übernahmen das sich vom westlichen Denken abhebende östliche Ikonenverständnis, wonach das heilige Bild die dargestellte Person präsentiert und der betende Betrachter am göttlichen Mysterium teil hat.

Die Romantik hat die vorgegebene kulturelle Verwurzelung der Ikone noch verstärkt. So wundert es nicht, daß selbst Dichter, die sonst der Kirche fernstanden, mit ihrer Poesie die Marienlyrik bereichert und dadurch der Madonna ihren Respekt erwiesen haben. Einige spätere Texte sprechen sogar von einer Verbundenheit der Nichtglaubenden mit Polens Königin. So findet sich in einem Gedicht von Jan Lechon (1899–1956) die Zeile:

> An Dich glauben selbst jene, die sonst an nichts glauben.

Und die zeitweilige Sekretärin von Józef Piłsudski, Kazimierza Iłłakowiczówna (1892–1983), dichtet in ihrem „Lied zur kämpfenden Gottesmutter":

> In Deinem Namen sind wir beisammen,
> die Glauben – und die keinen haben.

Zweiter Weltkrieg und Okkupation

Mit der langen Epoche der Teilungen des Landes war der geschichtliche Leidensweg des polnischen Volkes noch nicht zu Ende. Nach einer zwanzigjährigen Friedenszeit begann im September 1939 mit dem Überfall deutscher Truppen und dem Einmarsch der Roten Armee eine jahrelange Schreckenszeit deutscher und sowjetischer Okkupation.

Aus diesen Jahren gibt es zahlreiche lyrische Texte, in denen sich die Dichter in ihrer eigenen Not und der ihres Volkes an die Madonna mit der Wangenwunde wenden und aus ihrer Ergebenheit an Polens Königin Kraft und Trost schöpfen. So macht sich Kazimierza Iłłakowiczówna zum Sprachrohr derer, die „aus Kerkern" ihr „Leidgedicht" hinausschreien „aus Sibiriens Sklavenland", und sie schaut, wie sich „tief über der Toten Hand" das „pulverschwarze Gesicht" niederbeugt. Weiter heißt es:

> Es beten die Wunden der Soldaten
> zu Deines Antlitzes Schrammen.
> Kugelgefesselt, säbelzerschlagen
> stehen die tapferen Mannen
> vor Dir im Glanz Deiner Wunden Licht
> und fürchten sich nicht.

Das Lied endet mit der Bitte:

> Und ihnen allen, Du Herrin verletzt
> gib den Himmel zuletzt.

Konstanty Ildefons Gałczyński (1905–1953), der selbst Jahre in einem deutschen Kriegsgefangenenlager verbracht hat, beschreibt diese Situation in seinem Gedicht „Muttergottes der Lager". Es ist die Muttergottes selbst, der er seine Sprache verleiht, die nächstens durchs Lager geht, den Häftlingen die Hände auflegt, ihnen „zärtlich und stark" Mut zu spricht, um ihre Sorgen weiß und sie vor den Thron ihres Sohnes trägt:

> Ich weiß um all die Schmerzen – bin bei euch bis zum guten Ende,
> ein Leuchten über Verzweiflung, eine Spur in Frost und Schnee.
> Aber auch Palme und Kreuz – für jene, die tapfer leiden! –
> Wie ein Regen auf Blumen – fallen meine Hände auf euch …

Der 1910 in Wilna geborene Zdzisław Broncel geht in seiner strophenreichen „Lauretanischen Litanei" von einer Idylle voller Bilder von Vogelgesang, Morgentau, Hirtenflöte und Erntekranz aus, um sie dann mit der grausamen Realität zu konfrontieren:

> Durch Rauch geschickt zu den himmlischen Bergen,
> Königin aller in Waggons Verbannten,
> Einem Kohlenzug gleich mit schwarzen Särgen,
> Gnade der Gehenkten, Trost der Entmannten,
> Oh Scham aller Frauen, entblößt von Schergen,
> Des Mannes Begehren euch nicht mehr berührt
> Du Königin aller Frauen unverführt,
> Bitte für uns Königin toten Gebeins, der Verbrannten.

Auch diese Verse, in welch grausamen Bildern sie auch die in den Kriegsjahren erfahrene Entwürdigung der Opfer beschreiben, sind frei von jedem Anklang an Haß auf die Täter.

Intensivierung des Marienkults
in der Zeit kommunistischer Herrschaft

Die Schreckensjahre des Krieges und der Okkupation waren von der Hoffnung erfüllt gewesen, daß – wie es in dem „Gebet" von Krasiński heißt – das Herz „kein Zittern und Zagen" mehr kennt, „kein stilles Fragen / Wann die wilden, plötzlichen Gäste kommen, / Die sich ihr Recht auf das Unrecht genommen!"

Diese Hoffnung sollte sich nicht erfüllen. Mit dem Ende des Zweiten Weltkriegs brach für Polen eine Zeit erneuter Unterdrückung an. Das Land geriet unter die Hegemonie der Sowjetunion und erhielt ein im Widerspruch zur nationalen Tradition stehendes politisch-ideologisches System. Wie in der Epoche der Teilungen und der Okkupation wurde die Kirche wiederum zum schützenden Hort nationaler Identität. Und erneut wurde die Jasna Góra, der Thronsitz der Madonna, zum Fels in der Brandung.

Um die Freiheit der Kirche vor staatlicher Unterwerfung zu bewahren, hatte Primas Stefan Wyszyński sein *non possumus* gesprochen und war dafür 1953 verhaftet worden. In geschichtlicher Rückbesinnung auf den Schwedeneinfall im 17. Jahrhundert deutete er die für die Kirche und die Nation entstandene bedrohliche Situation als neuerliche „Sintflut". Wie damals, so galt es auch jetzt, sich aus ihr mit Hilfe der Madonna zu retten. Also erarbeitete der Primas ein auf die Jasna Góra orientiertes Pastoralprogramm. Dieses sah für den 26. August 1956, dem Fest der Madonna von Tschenstochau, vor, die 300 Jahre zuvor abgelegten nationalen Gelübde zu erneuern. Dann sollte im darauf folgenden Jahr das Millennium der Taufe Polens durch eine Große Novene vorbereitet werden. Neun Jahre lang sollte eine Kopie der Ikone jede einzelne Pfarrei besuchen und das Versprechen der Gläubigen entgegennehmen, sich für die Freiheit der Kirche und des Vaterlandes der Herrschaft Mariens zu unterwerfen. Am 26. August 1956 versammelten sich im Nationalheiligtum auf der Jasna Góra rund eine Million Pilger und erneuerten vor dem Gnadenbild und dem leeren Stuhl des sich in Haft befindlichen Primas die Gelübde der Nation: „Königin von Polen! Wir versprechen alles in unserer Macht Stehende zu tun, damit Polen dein wirkliches

Königreich und das deines Sohnes wird, in unserem persönlichen, beruflichen und sozialen Leben völlig deiner Herrschaft unterworfen […]."

Zwei Monate später kam Primas Wyszyński im Zusammenhang mit dem „Polnischen Oktober" wieder frei. Bald darauf machte er sich auf den Weg nach Rom, um seinen Kardinalshut in Empfang zu nehmen und bei dieser Gelegenheit die für den Besuch der Pfarreien vorgesehene Kopie der Ikone vom Papst weihen zu lassen. Mit der Eröffnung der Großen Novene am 26. August 1957 begann dann die Pilgerschaft der Madonna durch ganz Polen.

Nach verschiedentlichen behördlichen Störungen wurde die Ikone am 2. September 1966, schon im Jahr des Millenniums, auf dem Weg in die Diözese Kattowitz förmlich verhaftet und, von einer Polizeieskorte begleitet, ins Paulinerkloster zurückgebracht. Nunmehr setzte Polens Königin ihren Weg in einem leeren Rahmen fort. Diese neun Jahre und das anschließende Millennium waren eine religiöse Manifestation, die das kommunistische System zu erschüttern drohte.

Noch ein weiteres Mal bedienten sich Polens Bischöfe des Instruments einer auf die Jasna Góra ausgerichteten Massenpastoral. 1976 riefen sie in einem Hirtenwort[1] zu einer sechsjährigen Vorbereitung auf den 600. Jahrestag der Präsenz des Gnadenbildes im Jahr 1982 auf. In diese Zeit fiel die Wahl des „polnischen" Papstes.

Acht Monate nach seiner Wahl begab sich Johannes Paul II. auf seine erste Pilgerreise in seine Heimat. Am 2. Pfingsttag des Jahres 1979 betonte der Papst in seiner Predigt in Tschenstochau die enge Verbundenheit der polnischen Geschichte mit der Gottesmutter auf der Jasna Góra: „Wollen wir erfahren, wie diese Geschichte in den Herzen der Polen widerhallt, dann müssen wir hierher kommen. Dann müssen wir das Ohr an diesen Ort halten. Dann müssen wir auf das Echo des gesamten Lebens der Nation im Herzen ihrer Mutter und Königin lauschen!"

In Erinnerung an diese Pilgerfahrt dichtete der 1907 geborene Jerzy Zagórski geradezu prophetisch in Anrufung der Madonna:

---

1 Vgl. d. Abdruck dieses Hirtenbriefes in: Orientierung 13/1976, S. 140–143.

Weite die Herzen – nicht um Grenzen zu weiten,
Weite die Herzen – um Hände zu reichen,
Wecke uns aus dem Schlaf der Geschichte.
Gib den Litauern, Russen, Ukrainern einen freien Atem,
Den Weißrussen Würde, den Völkern des Kaukasus
Hochgemuten Geist, den Tschechen – Vaterschaft im Glauben,
Unserem Volk – Geist des Gebets und Sorge um die Brüder,
Den Slowaken eine reiche Zukunft, den Ungarn
Festigung der Freundschaft … und allen Ungenannten
Des Segens Überfülle in der Kraft Deines Bildes.

Solidarność im Zeichen der Madonna

Als die in der Danziger Leninwerft streikenden Arbeiter im August 1980 die Gewerkschaft Solidarność gründeten, hing wie selbstverständlich neben dem Bild Johannes Pauls II. auch das der Schwarzen Madonna am geschlossenen Werktor. Und als der Primas am 26. August eine Predigt hielt, die im Fernsehen durch Auslassungen in entstellter Form gesendet und die von den Arbeitern als Aufforderung zur Beendigung ihres Streiks verstanden wurde, antworteten sie durch ein Spruchband mit der Aufschrift „Die Madonna streikt!" Damit beriefen sie sich auf die noch über dem Primas stehende Autorität der Königin Polens.

Nach Anerkennung der Gewerkschaft begab sich Lech Wałęsa mit einer Delegation zur Jasna Góra, um die Solidarność der Gottesmutter zu weihen und diese gewerkschaftliche Freiheitsbewegung unter ihren Schutz zu stellen.

Auch die sechzehn Monate Solidarność fanden ihren lyrischen Niederschlag. So schreibt der junge Paulinermönch Jan Pach am 1. September 1980 in seinem „Gebet zur Mutter des Erwachens" die vor aller Welt offenbar gewordene „Wandlung der Herzen" der Madonna zu, sieht in Maria gleichsam einen „Schwamm", der das geschichtliche „Los" des polnischen Volkes aufsaugt, sowie die „Wiege für Leben und Freiheit". Er ruft sie an als:

> Schwester der Enterbten
> der gegen den Strom Schwimmenden
> der Gestrandeten mit dem Mut zu einem Neubeginn.

Und er sieht sie

> wandernd durch Werften Fabriken und Städte
> mit dem Siegel der Wunden.

Das Gebet endet mit der Bitte:

> Dunkelwangige Hüterin der Würde
> rette uns vor gesichtslosen Freunden
> und vor uns selbst.

Dysfunktionalität des tradierten Deutungsmusters nach erreichter Freiheit?

Die letzte Bitte aus dem Gebet von Jan Plach hat mit dem Ende kommunistischer Herrschaft, der demokratischen Entwicklung und der mit ihr verbundenen Herausbildung einer pluralistischen Gesellschaft eine vom Autor nicht vorhersehbare und von ihm selbst offensichtlich nicht geteilte Aktualität gewonnen. Der langjährige im Zeichen Mariens geführte Kampf um die Freiheit von Glaube und Nation hatte nunmehr sein Ziel erreicht. Doch wie sollte man jetzt mit dem tradierten religiös-nationalen Deutungsmuster der Ikone der Schwarzen Madonna umgehen? War es nicht aufgrund der veränderten Situation dysfunktional geworden? Oder blieb es vielmehr angesichts sich neu abzeichnender vermeintlicher und wirklicher Gefahren eines westlichen, die nationale Identität bedrohenden Säkularismus weiterhin aktuell?

Während ein der Entwicklung gegenüber offener und dialogbereiter Katholizismus in der neuen Situation weniger eine Gefährdung, sondern mehr eine chancenreiche Herausforderung sah, fühlten sich andere katholische Gruppierungen in ihrem national-katholischen Selbstverständnis bedroht, hielten an einer Festungsmentalität

fest, beschworen gleichsam eine neue „Sintflut", der mit dem gleichen tradierten Deutungsmuster zu begegnen sei.
Anstelle der einstigen Feinde von Glaube und Nation – der Fremdherrschaft unter den drei Teilungsmächten, der NS-Schreckensherrschaft während der fast fünfjährigen Okkupation sowie des über vierzig Jahre andauernden Kirchenkampfes mit dem atheistischen System kommunistischer Prägung – gerieten nun innergesellschaftliche und innerkirchliche Feinde ins Visier.
Vor allem „Radio Maryja" und einige mit dem Sender eng verbundene Kirchenzeitungen waren in deutlicher Anknüpfung an die Nationaldemokraten der Zwischenkriegszeit bestrebt, das Modell einer Einheit von katholischem Glauben und polnischer Nation unter Berufung auf Maria, Polens Königin, auf die weltanschaulich, ethnisch und politisch plurale Gesellschaft zu übertragen.
Die Folge waren eine bedenkliche Politisierung polnischer Mariologie sowie eine Verschärfung der innerkirchlichen Auseinandersetzung, in der die national-katholischen Gruppierungen in scharfer Form gegen die Vertreter eines offenen Katholizismus polemisierten und ihnen ihr Katholischsein förmlich absprachen. Es ließen sich manche Zitate aus auf der Jasna Góra gehaltenen Wallfahrtspredigten, auch solche von Bischöfen, anführen, in denen im Namen Mariens gegen vermeintliche Feinde der Kirche, gegen den sogenannten Liberalismus und gegen eine die nationale Identität Polens angeblich gefährdende Mitgliedschaft in der Europäischen Union zu Felde gezogen wurde. So sah beispielsweise der erwähnte Paulinermönch Jan Pach, nunmehr als Wallfahrtsprediger, in den Parlamentswahlen von 1991 keine bloße Abstimmung über politische Programme und Reformrichtungen, sondern er verstand diese Wahl „als Entscheidung entweder für Christus und seine die polnische Geschichte gestaltende Wahrheit oder für die Diener Satans, die sich zu einer Welt ohne Gott bekennen, fern jeder christlichen Moral."[2] Und Parlamentarier segnete er während ihrer Wallfahrt am Fest

---

2 Jan Plach: Wybrać Jezusa, nie Barabasza (Jesus wählen, nicht Barabbas), Niedziela v. 13. Oktober 1991.

Mariä Lichtmess mit den Worten: „Maria, die Mutter und Königin, schütze euch mit ihrem Mantel und einer Weihekerze vor dem Rudel der Wölfe – besonders vor denen im Schafpelz, die sich für fortschrittliche Katholiken halten."[3]

Die mit derlei Interpretationsmustern geführte Auseinandersetzung hält bis heute an. Angesichts dieser Situation scheint die Bitte um Rettung „vor uns selbst" höchst dringlich, will man nicht Gefahr laufen, daß die Jasna Góra, statt weiterhin der Einheit zu dienen, zu einem Ort der Zwietracht wird. Um dieser Gefahr wirksam zu begegnen, bedarf es einer der veränderten Situation angemessenen Pastoral und Verkündigung und dies auch in Bezug auf „Polens Königin". So könnte in Analogie zu dem zitierten Text von Gregor von Sambor die Jasna Góra zu einem Wallfahrtsort von europäischer Dimension werden und über eine nationale Fixierung hinaus wieder eine stärkere universale Ausrichtung finden. Ansätze in dieser Richtung gibt es bereits. Und als noch uneingelöstes Pfand der Versöhnung könnte – eingedenk der ostkirchlichen Herkunft der Ikone – Tschenstochau zu einem ökumenischen Zentrum werden, das sich der Einheit mit den Ostkirchen verpflichtet weiß.

Krakau – Heiligtum der polnischen Nation

Während sich in Tschenstochau das Nationalheiligtum auf die Jasna Góra mit dem Gnadenbild der Schwarzen Madonna beschränkt, erscheint die alte Königsstadt Krakau, die dritte Station unserer geschichtlichen Pilgerreise, im ganzen als Ausweis für die lebendige Präsenz katholischen Glaubens. So dicht bei dicht wie in Krakau mit seiner über tausendjährigen Geschichte liegen kaum in einer anderen Stadt Kirchen, Kapellen, Klöster und religiöse Denkmäler beieinander. Und man wird den zwischen Marienkirche und Tuchhallen liegenden Marktplatz zu keiner Tageszeit überqueren können, ohne daß einem Nonnen und Mönche sowie Priester in ihren Soutanen über den Weg laufen.

---

[3] Ders.: Wierni Maryi (Treu zu Maria), ebd. v. 14. Februar 1993.

Doch das eigentliche Zeugnis für die Symbiose von Religion und Nation ist der sich über die Stadt erhebende Wawel. Nahe beieinander befinden sich hier, hoch über der Weichsel, Königsschloß und Kathedrale, Polens Wahrzeichen für die Intensität einer Einheit von Glaube und Nation, die ihresgleichen sucht. Jahrhundertelang empfingen an dieser Stätte Polens Wahlkönige in einem feierlichen Ritus aus der Hand des Erzbischofs Zepter und Krone, nachdem zuvor über sie, die wie bei einer Priesterweihe lang ausgestreckt vor dem Altar lagen, alle Heiligen angerufen worden waren.

Wie im Mittelalter auch in anderen Königsstädten üblich, so dankte man gleichfalls in der Krakauer Kathedrale Gott für die Rettung aus nationaler Gefährdung und bewahrte die Fahnen der besiegten Feinde im Inneren der Kirche auf, und zwar am Grab des heiligen Stanislaus. Er ist nach dem heiligen Adalbert der zweite Nationalheilige Polens. Auch wenn die Hintergründe seines Todes der Wissenschaft noch Rätsel aufgeben, so weiß man doch mit Sicherheit, daß er im Jahr 1079 mit Bolesław Śmiały in Konflikt geriet und durch die Hand des Königs den Tod fand. Der mußte daraufhin das Land verlassen und soll in einem österreichischen Kloster seine Tat gebüßt haben. Wenige Jahre danach wurden die Gebeine des Ermordeten von der nahegelegenen Skałka, seinem vermutlichen Todesort, in den Dom überführt. Nachdem 1253 Stanislaus als Märtyrer der Kirche heiliggesprochen worden war, entwickelte sich seine bis heute anhaltende Verehrung. Seit dem 13. Jahrhundert zieht in Erinnerung an diese Geschehnisse Jahr für Jahr im Mai eine feierliche Prozession mit den Reliquien des Heiligen durch Krakaus Straßen nach Skałka. In der Zeit der Wahlkönige schritten die Monarchen zum Zeichen ihres Respekts vor dem bischöflichen Amt und der ihnen anvertrauten Wahrung der Menschenrechte unmittelbar hinter dem Schrein. Wie bedeutsam die Verehrung des heiligen Stanislaus noch in allerjüngster Zeit von staatlichen Stellen eingeschätzt wurde, zeigt die erste Pilgerreise Johannes Paul II. in seine Heimat. Sie war für die Stanislaus-Feierlichkeiten im Mai 1979 geplant gewesen, mußte aber nach dem Willen der Regierung auf den Juni verschoben werden. Offenbar hatte man befürchtet, in Rückbesinnung auf den Heiligen

könne der Papst im kommunistischen Polen allzu deutliche Worte für die Freiheit der Kirche und die Rechte der Menschen finden.
Bezeichnend ist in diesem Zusammenhang auch eine den Papstbesuch betreffende Information des Referatsleiters der für die Überwachung der Kirchen zuständigen Hauptabteilung XX/4 des Ministeriums für Staatssicherheit der DDR an Generalmajor Paul Kienberg vom 14. März 1979, in der es heißt: „Die katholische Kirche in der VR Polen betrachtet Stanislaus als ‚Nationalhelden', der bereits in früher Zeit sich für die ‚Menschenrechte' einsetzte." Die doppelte Apostrophierung zeigt, wovor man offensichtlich Angst hatte. Durch verschiedene „Maßnahmepläne" war denn auch die Stasi bemüht, zum fraglichen Zeitpunkt Reisen von katholischen Christen aus der DDR zu den Papstfeierlichkeiten in Polen zu überwachen und möglichst zu verhindern.
Als Karol Wojtyła am 8. März 1964 als neuer Krakauer Erzbischof in sein Amt eingeführt wurde, begann er seine Ansprache mit den Worten: „Alle sind wir uns einig, daß man diese Kathedrale nicht ohne innere Bewegung betreten kann; mehr noch: nicht ohne ein inneres Zittern, nicht ohne Furcht. Denn ihr ist – wie nur wenigen Kathedralen in der Welt – eine gewaltige Größe eigen, mit der unsere gesamte Geschichte, unsere ganze Vergangenheit zu uns spricht. Sie spricht zu uns durch Denkmäler und Grabstätten, Altäre und Statuen. Vor allem aber durch Namen, mit denen unsere ganze Vergangenheit, unsere Geschichte zu uns redet. Sprechende, bedeutungsvolle Namen: jeder spricht für sich, und alle zusammen markieren sie den gewaltigen, tausendjährigen Weg unserer Geschichte."[4]
Die Kathedrale auf dem Wawel bewahrt auf vielfache Weise die Erinnerung an die religiös-nationale Einheit der polnischen Geschichte. In den Krypten des Doms ruhen die Gebeine von Königen und Bischöfen. Doch nicht nur sie, auch Polens große Poeten und Nationalhelden fanden in den Grüften ihre letzte Ruhe:

---

4 Karol Wojtyła: Die Freiheit des Glaubens. Predigten zum Kirchenjahr, Kevelaer 1981, S. 19.

Tadeusz Kościuszko, der legendäre Anführer des Aufstandes von 1794, die beiden überragenden Nationaldichter der Romantik, Adam Mickiewicz und Juliusz Słowacki, schließlich Józef Piłsudski, Kommandeur der Polnischen Legion im Ersten Weltkrieg, Kämpfer für Polens Unabhängigkeit und Staatschef der Zweiten Republik, sowie Präsident Lech Kaczyński, der auf dem Weg zur Ehrung der in Katyń vom NKWD ermordeten polnischen Offiziere in der Flugzeugkatastrophe am 10. April 2010, dem 70. Jahrestag des Massakers, ums Leben kam.

Sie alle sind eine „gefährliche Erinnerung" für jene Mächte, die glaubten, Polen beherrschen zu können. Um das nationale Gedächtnis zu löschen, regte in der Zeit der Teilungen der österreichische Kommandant von Krakau an, die Kathedrale zu schließen, ein Ansinnen, das allerdings beim Wiener Hof kein Gehör fand.

Anders verhielt es sich in den Jahren deutscher Okkupation im Zweiten Weltkrieg, als die Hakenkreuzfahne über dem Wawel wehte, Generalgouverneur Hans Frank im Königsschloß residierte und der Besuch der Kathedrale kaum mehr gestattet wurde.

Die Kathedrale auf dem Wawel ist in der Tat ein steinernes Gedächtnis der Geschichte Polens, ihrer Höhen und Tiefen. Stanisław Wyspiański dichtete:

> Hier ist alles Polen, jeder
> Stein, jedes kleinste Stück, und
> der Mensch, der hier eintritt,
> wird ein Teil Polens ... das ewig
> unsterbliche Polen umgibt euch.[5]

Die Einheit von Religion und Nation ließe sich in Krakau noch an einer Vielzahl anderer Stätten belegen. Begnügen wir uns mit einem Abstecher nach Nowa Huta, zur dortigen „Arka", wie die mächtige, einer Arche nachempfundene und Maria, der Königin Polens, ge-

---

5 Michał Rożek, Stanisław Markowski: Der Waweldom in Kraków, Warszawa 1981, S.154.

weihte Kirche gemeinhin genannt wird. Sie besonders zu erwähnen, dafür gibt es einen speziellen Grund: Nowa Huta wurde nach dem Zweiten Weltkrieg als Krakauer Industrievorstadt gleichsam aus dem Boden gestampft. Wo sich vorher Weideflächen und Felder ausdehnten, entstanden ein Stahlwerk und Wohnungen für Tausende, meist aus Dörfern stammende Arbeiter und deren Familien. Nowa Huta sollte, als Gegensatz zum „reaktionär-katholischen" Krakau, eine Stadt ohne Gott werden. So widersetzten sich die Behörden lange Zeit dem Wunsch der Arbeiter nach dem Bau einer Kirche. Als diese am 17. März 1957 ein Kreuz errichteten, kam es zu blutigen Auseinandersetzungen mit der Miliz. Es gab Verletzte und zahlreiche Verhaftungen. Doch der Widerstand wuchs. Das Kreuz blieb an seinem Ort, doch erst fünf Jahre später wurde die Genehmigung zum Bau einer Kirche erteilt.

Am 11. Dezember 1965 konnte Pfarrer Józef Gorzelany den der alten Konstantinischen Basilika St. Peter entnommenen und von Papst Paul VI. geweihten Grundstein entgegennehmen. Zwei Jahre später segnete Kardinal Karol Wojtyła den inzwischen erworbenen Bauplatz ein. Während der langen Bauzeit fanden die sonntäglichen Gottesdienste bei Wind und Wetter unter freiem Himmel statt – eine eindrucksvolle Demonstration der Glaubensstärke der Arbeiter und ihrer Familien, die man eigentlich durch ihre Verpflanzung zu Atheisten hatte erziehen wollen. Es war zudem eine Zeit fruchtbaren Aufbaus der Gemeinde, denn die vom Architekten Wojciech Pietrzyk entworfene „Arka" wurde nicht schlüsselfertig übergeben, sie verdankt ihr Entstehen den Herzen und Händen der Gemeinde und vieler freiwilliger Helfer aus aller Welt. Ihre Außenwände sind von zahllosen Kieseln besetzt, die von der Gemeinde in den nahen Bergbächen gesammelt wurden.

Die Weihe der „Arka" fand am 15. Mai 1977 bei strömendem Regen statt, was die Gläubigen mit sinnigem Humor als himmlische Zugabe verstanden – zur Vervollständigung der Symbolik.

In seiner Kirchweihpredigt nannte Kardinal Wojtyła den Bau der Kirche ein „historisches Ereignis". Er spielte damit auf die dramatischen Auseinandersetzungen um das Kreuz und die gegen den massiven Widerstand der Behörden letztendlich erzwungene Genehmigung an.

Wörtlich sagte er: „Als man damals diese neue Stadt, diese neue, gewaltige Produktionsstätte schuf, da dachte man, die ökonomischen Gesetze, die Gesetze von Produktion und Konsumtion seien für die Geschichte des Menschen allein ausschlaggebend und deckten alle seine Bedürfnisse. Und während man so dachte, während im Namen dieser Prinzipien Nowa Huta erbaut wurde, in dem Gedanken, dies werde eine Stadt ohne Gott, ohne Kirche, da kam Christus zusammen mit den Menschen hierher, die sich bei diesem Großbetrieb einfanden, und von ihren Lippen verkündete er die grundlegende Wahrheit über den Menschen." Und weiter: „Dies ist keine Stadt, in der die Menschen niemandem zugehören. In der man mit den Menschen machen kann, was man will, in der man sie nach den Gesetzen und Regeln von Produktion und Konsumtion manipulieren kann."[6]

Auch die „Arka" steht in der Tradition religiös-nationaler Einheit. In der Unterkirche empfangen sechs Holzplastiken der Pietá von Antoni Rząsa den Besucher. Sie dienen der Erinnerung an die Schreckensjahre des letzten Krieges, an das Sterben der Städte, an millionenfachen Mord. Die Pietá „Polnische Erde" erhebt sich über eine von Kreuzen umsäumte Fußspur als Symbol des nicht enden wollenden Weges der ihrer Heimat beraubten Menschen, jener, die verschleppt wurden zu einem ungewissen Ziel, in das Elend der Fremde.

Andere Figuren verweisen auf konkrete Ereignisse: Pietá „1939" und Pietá „Westerplatte" auf den Ausbruch des Krieges, Pietá „Sterbendes Warschau" auf den verlustreichen Warschauer Aufstand, Pietá „Requiem" auf die in Katyń ermordeten polnischen Offiziere und Pietá „Auschwitz" auf die in Lagern zu Tode gequälten Opfer sowie schließlich, das unermeßliche Leid zusammenfassend, Pietá „Trauer und Trost". Und diese leidvolle Erinnerung steht ganz im Zeichen der Versöhnung. Jedem gilt mit großen Lettern am Eingang

---

[6] Karol Wojtyła: Die Hoffnung des Glaubens. Predigten in drängender Zeit, Kevelaer 1982, S. 150f.

in die Unterkirche die Mahnung, sich zuvor mit Gott, dem Nächsten und sich selbst zu versöhnen.

Auschwitz – ein Golgota des 20. Jahrhunderts

Die letzte Station unserer geistigen Pilgerschaft ist das auf polnischem Boden gelegene deutsche Konzentrations- und Vernichtungslager Auschwitz. Wahrlich kein Wallfahrtsort im üblichen Sinn. Hier wird der Besucher nicht mit Glockengeläut empfangen, hier umgibt ihn keine religiöse Symbolik, hier erklingen keine frommen Lieder. Es geziemt sich, dieses ehemalige Lager mit dem zynischen Spruch „Arbeit macht frei" über dem Eingang schweigend zu betreten.
Auschwitz – eine Stätte der Erinnerung an Grausamkeit und Leiden, an Quälerei und Erniedrigung, an einsames Sterben und millionenfachen Mord.
Auschwitz – ein Ort der Perversion aller menschlichen Werte, wo die Hybris des Menschen ihren Höhepunkt fand, wo dem Mit-Menschen das Menschsein abgesprochen, er zum Untermenschen deklassiert wurde.
Auschwitz – ein Angriff auf das Menschsein des Menschen, dem man mit seinem Namen die Würde nahm und ihn zur bloßen Nummer machte.
Auschwitz-Birkenau – Schienenstränge, die ins Nichts führen, eine Rampe zur Entladung der Todeszüge, ihre Fracht bestimmt zu einem langsamen Sterben oder zu schnellem, qualvollem Ersticken. Dunkler Rauch und Aschenregen als letzte Zeugen.
Auschwitz – ein Ort, an dem die Sprache versagt.

Der Besucher dieser Gedenkstätte wird die Bilder nicht los, die sich ihm bei seinem Rundgang tief einprägen: Berge von Koffern mit den Namen der Ermordeten, Massen an Schuhwerk und Brillen, von ihren einstigen Besitzern abgelegt vor ihrem letzten Gang in den Tod; Galgen und Todeswand, gesprengte Gaskammern und Krematorien als stumme Zeugen; Wände voller Fotos kahlgeschorener Lagerinsassen, die Augen auf den Betrachter gerichtet, eine wortlose Begegnung mit der immer gleichen Frage nach dem „Warum". Gibt es auf diese Frage eine Antwort? Der Hinweis auf den nationalsozialistischen Rassenwahn, auf die geisteskranke Vorstellung vom Übermenschen, auf das rational durchdachte System einer Todesmaschinerie erklärt noch nicht, warum dies alles möglich war und Wirklichkeit wurde. Als Rest aller Erklärungsversuche bleibt das Geheimnis des Bösen. Erst dieses abgrundtief Böse machte dieses Lager zu einer Hölle auf Erden.

Auschwitz ist somit ein unheiliger Ort *par excellence* – und doch zugleich für Polens Kirche, und nicht nur für sie, ein Golgota des 20. Jahrhunderts.

Am 2. November 1970 feierte Kardinal Wojtyła in Auschwitz eine Messe. Es war Allerseelen, der Tag, an dem katholische Christen die Gräber ihrer Angehörigen aufsuchen und Priester die Grabstätten segnen. Doch in Auschwitz, wo Millionen ermordet wurden, findet sich kein Grab. Nicht einmal diese letzte Ruhestätte war den zu Tode Gequälten vergönnt. Damals setzte der Kardinal in seiner Predigt Auschwitz in Beziehung zum Kreuzestod Christi und nannte das einstige Lager „ein Kalvaria unserer Nation und so vieler anderer Völker, ja der menschlichen Familie insgesamt." Und er verwies auf einen Menschen, der diesen unheiligen Ort geheiligt hat – Pater Maximilian Kolbe, selig gesprochen am 17. Oktober 1971.

Zu diesem Anlaß hielt Kardinal Wojtyła drei Tage später über Radio Vatikan eine Ansprache, in der er das heroische Maß an Liebe dieses Franziskaners herausstellte. Durch ihn habe Auschwitz eine Symbolwende erfahren: „Auschwitz wurde zunächst im Bewußtsein der Menschen unserer Zeit zu einem Symbol für die Qualen, die Menschen aus Haß Menschen zufügten. Doch dann wird Auschwitz zu einem Symbol der Liebe, die mächtiger ist als der Haß."[7]

Nach seiner Papstwahl sprach Johannes Paul II. 1982 diesen Zeugen selbstloser Liebe gegen den Haß heilig.

---

[7] Karol Wojtyła: Die Freiheit des Glaubens, a. a. O., S. 238.

Pater Maximilian Kolbe – Sieg der Liebe über den Haß
Nur wenige Monate liegen zwischen dem 17. Februar 1941, dem Tag der Verhaftung von Maximilian Kolbe und seiner Einlieferung in das berüchtigte Gestapogefängnis Pawiak, und dem 14. August des gleichen Jahres, als sein Akt heroischer Stellvertretung im Hungerbunker des Auschwitzer Todesblocks durch eine Phenolinjektion sein Ende fand. Zwei Wochen zuvor waren drei Häftlinge geflohen. Beim Abendappell wird den Häftlingen eröffnet, daß wegen dieser Flucht etliche von ihnen in den Hungerbunker müssen. Die Selektion findet am darauf folgenden Abendappell statt. Lagerführer Karl Fritzsch schreitet die Reihen ab und benennt willkürlich die Opfer. Er ist bereits an Kolbe vorbei, als seine Wahl auf Franciszek Gajowniczek fällt. Der zittert am ganzen Leibe und jammert um Frau und Kinder. Da tritt Pater Kolbe vor, wendet sich an den Lagerführer, weist mit der Hand auf seinen zum Tod bestimmten Mithäftling und bittet, an seiner Statt sterben zu dürfen. Eine Tat der Stellvertretung und der Selbsthingabe.
Mit Pater Kolbe werden neun weitere Häftlinge in die Todeszelle geführt. Hinter ihnen schließt sich die schwere Eisentür. Von diesem Moment an bleiben sie ohne Nahrung, ohne einen Tropfen Wasser, ohne Mitgefühl. Wen wundert es, würde dieses grausame Sterben von Ausbrüchen des Hasses und der Verzweiflung begleitet – solange den Häftlingen der Atem reicht. In diesem Falle war es anders. Mithäftlinge berichten, Gebete und Gesänge seien aus der Todeszelle zu hören gewesen, und bald hätte das Beten und Singen auch auf andere Zellen übergegriffen. So wurde Pater Kolbe seinen Leidensgefährten in der Bitterkeit des Todes zum Tröster und verhalf ihnen zu einem menschenwürdigen Sterben.
Mit dieser Tat stellvertretender Selbsthingabe errang Maximilian Kolbe gleichsam den Sieg über Auschwitz. In diesem Sinn hat Papst Johannes Paul II. in Auschwitz am 7. Juni 1979 Kolbes Zeugnis gedeutet, indem er seiner Ansprache ein Wort aus dem 1. Johannesbrief voranstellte: „... der Sieg, der die Welt überwindet, ist unser Glaube." – „Es war – so der Papst – ein Sieg durch Liebe, die den Glauben zum äußersten, zum letzten Zeugnis befähigt." Und es war

ein Sieg an einem Ort, „der im Zeichen der Leugnung des Glaubens – des Glaubens an Gott und des Glaubens an den Menschen – errichtet wurde, sowie einer radikalen Verhöhnung nicht nur der Liebe, sondern all dessen, was dem Menschen und der Menschheit heilig ist." Und es ist ein Sieg über den Haß an einem Ort, den wir als Deutsche zu verantworten haben, der neuen Haß hätte säen können und der doch zum Ausgangspunkt der Versöhnung wurde.

Doch Auschwitz verlangt von uns Christen Selbstbegrenzung bei den Versuchen einer Sinndeutung. Denn angesichts der Shoa erhält die Frage nach Auschwitz eine neue, andere Dimension, die sich einem christlichen Verständnis entzieht. Deutlich wurde dies Mitte der 80er Jahre des letzten Jahrhunderts im Streit um Kloster und Kreuz in Auschwitz.

Jüdisch-christlicher Konflikt um Auschwitz

Damals hatten Karmelschwestern das sogenannte Alte Theater, das während des Krieges als Lager des zur Judenvernichtung benutzten Cyklon B gedient hatte, bezogen und zu ihrem Kloster gemacht. Doch ihre, christlich verstanden, durchaus sinnvolle Präsenz an diesem Ort grausam erlittener Leiden war Juden ein Ärgernis. Es meldeten sich bald jüdische Stimmen mit der Forderung zu Wort, der Konvent müsse das Gebäude räumen, weil Christen kein Recht hätten, die Shoa gleichsam für sich zu vereinnahmen. Damit begann eine sich Jahre hinziehende polnisch-jüdische Konfrontation, bei der es sich im Kern um einen christlich-jüdischen Konflikt um Auschwitz handelte.

Zunächst schien es, als könne der Konflikt im wechselseitigen Einverständnis beigelegt werden. Hochrangige Delegationen beider Seiten erreichten in Genf eine Übereinkunft, wonach im Verlauf von zwei Jahren das Alte Theater geräumt und die Schwestern in ein neu zu errichtendes geistiges Zentrum unweit des Lagers umziehen sollten. Doch gegen diese Absprache gab es in Polen heftigen Widerstand: Die von ihrem Orden unterstützten Schwestern waren nicht willens, das Alte Theater zu verlassen und zögerten ihren Umzug hinaus. Dann wurde zum Zeichen des Protests gegen die Genfer Vereinbarung ein weithin sichtbares, acht Meter hohes Kreuz auf dem Gelände des Alten Theaters, dem so genannten Kiesplatz, errichtet, und der Streit eskalierte.

Es war ein Kreuz von hohem Symbolwert, hatte doch Papst Johannes Paul II. 1979 auf seiner ersten Pilgerreise in seine Heimat vor diesem Kreuz die Eucharistie gefeiert, und dies auf der Rampe in Birkenau. Während jüdische Stimmen vehement eine Verlegung des auf dem Kiesplatz errichteten Kreuzes verlangten, rief ein „Gesellschaftliches Komitee" zur „Verteidigung des Kreuzes" auf.

Dabei muß man wissen, daß es in Polen eine Tradition der „Verteidigung des Kreuzes" gibt, bei der christliche und nationale Wertvorstellungen eng miteinander verknüpft werden. So hatte Papst Johannes Paul II. 1979 auf dem geschichtsträchtigen Warschauer Siegesplatz unter einem mächtigen Kreuz in seiner Predigt dazu aufgerufen, „in diesem Land" das Zeugnis des Kreuzes neu zu entziffern – zum Verständnis des Menschen und seiner Würde. Polens Bischöfe hatten daraufhin ein knappes Jahr später in einem Hirtenwort zu Beginn der Fastenzeit dazu aufgerufen, die Kreuze wieder dort anzubringen, von wo sie durch die kommunistischen Behörden verdrängt worden waren. Die Folge war ein „Kreuze-Krieg", der Mitte der 1980er Jahre das Verhältnis zwischen Staat und Kirche schwer belastete und für manche Unruhe sorgte.

Dieser Tradition fühlten sich die „Verteidiger des Kreuzes" auf dem Kiesplatz in Auschwitz verpflichtet. Nach und nach verwandelte sich dieser in ein „Tal von Kreuzen", die aus allen Winkeln des Landes, oftmals in Form von Wallfahrten unter priesterlicher Leitung, auf den Kiesplatz geschafft und rund um das „Papstkreuz" aufgestellt wurden. Es fehlte auch nicht an antisemitischen Spruchbändern, welche die Juden beschuldigten, nach dem Krieg innerhalb des polnischen Sicherheitsdienstes für den Tod polnischer Patrioten verantwortlich gewesen zu sein. Anfänglich unterstützte auch der Episkopat den Verbleib des „Papstkreuzes". Erst als Polens Bischöfe die Kontrolle über die Vorgänge auf dem Kiesplatz zu verlieren drohten, schalteten sie sich in die Bemühungen um Lösung des Konflikts ein. Nach anfänglicher Weigerung und jahrelangen Auseinandersetzungen stimmte die polnische Kirchenführung schließlich einer Verlegung des „Papstkreuzes" zu und veranlaßte die Rücknahme der vielen dort inzwischen aufgestellten Kreuze. Und mit dem Umzug der Karmeliterinnen in das nahe dem Lager neu errichtete Kloster wurde der Konflikt endgültig beigelegt.

Doch es blieben Verwundungen auf beiden Seiten. Keineswegs alle polnischen Bischöfe, Priester und Laien haben aus dieser Kontroverse gelernt, daß Auschwitz als Ort der Judenvernichtung keine umfassende christliche Deutung erlaubt, daß sich das jüdische Verständnis von Auschwitz vom christlichen unterscheidet, daß Juden die von ihnen erfahrene unbegreifliche Abwesenheit Gottes in Auschwitz nicht durch christliche Deutung und Symbole verstellt wissen wollen, daß für sie das Kreuz kein Zeichen des Heils, sondern erlittener Pogrome ist und sie daher seine Präsenz am Ort ihrer Vernichtung nicht hinnehmen können.

Damit bildet Auschwitz den Ausgangspunkt zu zwei weiterführende Überlegungen – zum Beitrag beider Kirchen zur deutsch-polnischen Versöhnung sowie zur Position der polnischen Kirche in den Auseinandersetzungen um den sogenannten „polnischen" Antisemitismus. Beide Problemkreise werden noch zur Sprache kommen.

Symbiose von Kirche und Nation

Der Pilgerweg von Gnesen über Tschenstochau und Krakau nach Auschwitz hat eindrucksvoll gezeigt, wie stark Polens katholische Kirche im Volk verwurzelt ist. In ihrer Versöhnungsbotschaft an ihre deutschen Amtsbrüder sprachen denn auch Polens Bischöfe von einer in den Anfängen polnischer Geschichte grundgelegten, die Jahrhunderte überdauernden Einheit von Kirche und Nation. Wörtlich erklärten sie: „Die Symbiose Christentum, Kirche, Staat bestand in Polen seit Anfang an und wurde eigentlich nie gesprengt. Sie erzeugte mit der Zeit die fast allgemeine polnische Denkart: polnisch ist gleich katholisch. Aus ihr heraus erstand auch der polnische Religionsstil, in dem seit Anfang an das Religiöse mit dem Nationalen eng verwoben und verwachsen ist, mit allen positiven, aber auch negativen Seiten des Problems."[8] Im folgenden sollen diese Symbiose und die aus ihr resultierenden Probleme näher betrachtet werden, wobei ihren Auswirkungen bis in die Zeit des über vierzig Jahre währenden Konflikts mit dem kommunistischen System nachgegangen wird. Die mit der europäischen Wende des Jahres 1989 herbeigeführte neue kirchliche Ausgangslage verlangt indes eine kritische Überprüfung dieser traditionellen Symbiose im Rahmen der jüngsten Entwicklung des polnischen Katholizismus.

Polens Kirche eine „Volkskirche"?

Die polnischen Bischöfe hätten sich wohl kaum die Mühe gemacht, in ihrem Schreiben an den deutschen Episkopat die Spezifik ihrer

---

8 Hier zitiert nach R. Henkys (Hg.): Deutschland und die östlichen Nachbarn, Stuttgart 1966, S. 219.

Kirche so ausführlich zu erläutern, wenn sie der Überzeugung gewesen wären, deutsche Katholiken, einschließlich ihrer Bischöfe, würden über ein hinreichendes Verständnis der polnischen Kirche verfügen. In der Tat erschweren es die gänzlich anders gelagerten geschichtlichen Erfahrungen von Kirche und Katholizismus in Deutschland, das Phänomen der polnischen Kirche zu verstehen. So wird ihr nur bedingt der Begriff „Volkskirche" gerecht, der zumeist auf sie angewandt wird. Bei diesem Begriff handelt es sich um eine Fremdbestimmung, die schon allein deswegen durch das polnische kirchliche Selbstverständnis nicht gedeckt ist, weil es das Kompositum „Volkskirche" im Polnischen nicht gibt und man sich mit einer adjektivischen Konstruktion behelfen müßte. Allein schon das entsprechende, in der kommunistischen Zeit ideologisch besetzte Adjektiv „ludowy" läßt – zur Charakterisierung der polnischen Kirche – den Begriff „Volkskirche" als wenig tauglich erscheinen.

Doch es gibt in Anwendung des Begriffs „Volkskirche" nicht nur semantische, sondern auch sachliche Probleme. So zeigen ihm gegenüber manche deutsche Theologen eine deutliche Skepsis. Nach Johannes Baptist Metz folgt der „vorsichtige Umgang mit dem Begriff ‚Volk'" aus seinem Mißbrauch, vor allem durch den Nationalsozialismus, doch hält er ihn darüber hinaus für das nachindustrielle Zeitalter „als Muster kollektiver Identität" ohnehin für ungeeignet. Metz registriert zudem ein „Schisma zwischen Kirche und Volk", das dadurch charakterisiert sei, daß die Kirche „zwar immer noch ein starkes Milieu, aber immer weniger ein Volk" hat. Den Grund für diese Krise sieht Metz in einem kirchlichen Protektionismus, der das Volk „zu wenig zum Subjekt der Kirche" werden ließ und der dazu führte, seine „Lebens- und Leidensgeschichte" kirchlicherseits zu wenig zu artikulieren. Seine Schlußfolgerung: Die Kirche darf nicht nur „Kirche für das Volk", sie muß vor allem „Kirche des Volkes" sein.[9]

---

9 J. B. Metz: Glaube in Geschichte und Gesellschaft, Mainz 1984, S. 120f. Auch unter protestantischen Theologen ist eine Skepsis gegen den Begriff „Volkskirche" verbreitet. H. D. Wendland sieht ihn durch die auf die deutsche Romantik zurückgehenden völkischen Idee belastet, die durch die „Deutschen

Die Analyse von Metz mag für die kirchliche Situation in Deutschland und anderen westeuropäischen Ländern zutreffend sein, für Polen gilt sie indes nicht. Weder ist der Begriff „Volk" in Polen in Anwendung auf die Kirche historisch belastet, noch kann von einem „Schisma zwischen Volk und Kirche" die Rede sein. Und selbst wenn man nicht in Abrede stellen kann, daß es in Polens stark hierarchisch geprägten Kirche einen „kirchlichen Protektionismus" gibt, so kann dieser doch für sich in Anspruch nehmen, die „Lebens- und Leidensgeschichte" des Volkes, zumal in schweren Zeiten, stets zur Sprache gebracht zu haben. Die Defizite, die Metz am Begriff der „Volkskirche" festmacht, sind für Polens Kirche somit nicht belegbar. So gesehen, könnte sie durchaus als „Volkskirche" im Sinne einer „Kirche des Volkes" verstanden werden, wenngleich ein solches Verständnis, wie noch zu zeigen sein wird, um weitere Aspekte zu ergänzen wäre.

Doch nicht alle Theologen teilen die von Metz und Wendland am Begriff der „Volkskirche" geübte Kritik. Er findet nicht nur im Zusammenhang mit der lateinamerikanischen Befreiungstheologie eine positive Neubewertung, es gibt auch weiterhin im deutschen Sprachraum reichlich Theologen und Kirchenvertreter, die ihn zur Charakterisierung kirchlicher Erscheinungsformen für keineswegs überlebt halten. Zudem wecken in der gegenwärtigen Diskussion um eine „Wiederkehr der Religion" Phänomene der Volksreligiosität ein verbreitetes Interesse. In Verbindung mit der „Volkskirche" wird vor allem ihr Bezug zu einer im Volk verwurzelten Religiosität betont, die in religiöser Folklore und paraliturgischen Riten ihren Ausdruck sucht. Aus westlicher Perspektive erscheint dann die polnische Kirche, wie sie sich beispielsweise im Nationalheiligtum der Schwarzen Madonna präsentiert, als eine auf die Volksreligiosität reduzierte, Faszination und Fremdheit gleicherweise ausstrahlende „Volkskirche".

Christen in der NS-Zeit aufs äußerste pervertiert wurde". (H. D. Wendland, Die Krisis der Volkskirche, Opladen 1971.)

Ein solches Verständnis ist nicht einfach falsch; es ist partiell. Tatsächlich sind religiöse Folklore und paraliturgische Riten als Ausdruck elementarer religiöser Erfahrung, von der Kirche pastoral durchaus gefördert, in Polen reichlich anzutreffen.

Auch auf diesen Aspekt verweisen Polens Bischöfe im historischen Teil ihrer Versöhnungsbotschaft an ihre deutschen Amtsbrüder, indem sie den „religiösen Lebensstil" mit „Traditionen und Volkslegenden" in Zusammenhang bringen, „welche die Geschichtstatsachen wie Efeu umranken". Die Bischöfe sehen darin ein so enges Geflecht von Volk und Christentum, „daß man sie einfach nicht schadlos auseinanderbringen kann. Von ihnen her wird alles spätere polnische Kulturgeschehen, die gesamte polnische nationale und kulturelle Entwicklung bestrahlt, ja sogar zu einem Großteil geprägt."[10]

Ein Beispiel für diesen Befund ist der für Polens Kirche typische Bilderkult. Er dürfte einem westlichen Beobachter wohl erst durch die Einsicht verständlich werden, daß in Polen aufgrund anderer historischer Voraussetzungen auch eine andere Mentalität herrscht, die man vielleicht nicht teilen, aber doch respektieren kann. Der polnische Bilderkult ist jedenfalls nicht als bloßer Aberglaube und heidnisches Relikt abzutun, vielmehr kommt in ihm das Slawische im Polnischen zum Ausdruck, das den Zugang zur transzendenten Wirklichkeit mehr über das Bild als über den Begriff sucht.

In gewisser Weise ist für Polens Kirche eine ins Mittelalter zurückreichende, insbesondere durch die Mission der Franziskaner und Dominikaner herbeigeführte wechselseitige Durchdringung von Folklore und christlichem Glauben kennzeichnend, ein Prozeß, der wesentlich zu einer Polonisierung des Katholizismus beigetragen hat. Diese Entwicklung mit ihren bis heute nachwirkenden Konsequenzen blieb und bleibt nicht unumstritten. Immer wieder sieht sich Polens Kirche wegen dieser Folklorisierung des Christentums äußerer wie innerer Kritik ausgesetzt, und dies bis hin zu dem Vorwurf, die Polen praktizierten ihre Religion ohne das Fundament eines christlichen Glaubens. Wenn auch eine solche Einschätzung als übertrie-

---

10 R. Henkys: Deutschland und die östlichen Nachbarn, a. a. O.

ben gelten muß, so belegen doch seit Jahrzehnten religionssoziologische Untersuchungen eine verbreitete religiöse Praxis bei mangelnder persönlicher Identifikation mit den Inhalten katholischen Glaubens und katholischer Moral. Anders gesagt: Während in Deutschland die Zahl der Gläubigen die der religiös Praktizierenden weit übertrifft, verhält sich dies in Polen umgekehrt. In diesem Mißverhältnis liegt im übrigen einer der Schwachpunkte des polnischen Katholizismus.

Der nationale Charakter der polnischen Kirche

Der polnische Religionsstil ist nicht nur durch die Symbiose von Christentum und Volk, sondern auch von Glaube und Nation bestimmt. Auch wenn zuweilen „Volk" und „Nation" synonym gebraucht werden, so zeigt sich doch bei näherer Betrachtung eine geschichtlich vermittelte Differenz. Während in der Adelsrepublik der Begriff „Volk" sich allein auf die Bauern bezog, umfaßte der Begriff „Nation" ausschließlich die das Staatswesen tragende Schlachta. Erst im Verlauf der gesellschaftlichen Emanzipationsprozesse und der Herausbildung einer bürgerlichen Gesellschaft erfuhr der dem Bereich des Politischen näherstehende Begriff „Nation" seine Ausweitung. Neben ihrer Verwurzelung im Volk ist die Schicksalsgemeinschaft der Kirche mit der Nation ein weiteres Merkmal der polnischen Kirche, das es zu untersuchen gilt. Dabei beschränke ich mich zunächst auf die mit dem Ausgang des 18. Jahrhunderts beginnende und bis zum Ende des Ersten Weltkriegs reichende Zeit der polnischen Teilungen.

In dem im 18. Jahrhundert in Europa einsetzenden Prozeß vielfältiger Nationwerdung bildete Polen insofern eine Ausnahme, als sich die Entstehung eines nationalen Bewußtseins parallel zum Verlust der Eigenstaatlichkeit vollzog, was in vielerlei Hinsicht konsequenzenreich war. Ohne den gesicherten Rahmen eines eigenen Staates mußte dieser Schritt in die Moderne mit den Kräften geleistet werden, die den Polen verblieben waren – mit ihrer Kultur, mit ihrer Sprache. Und als Ersatz für den staatlichen Rahmen griff man auf verschiedene legale wie illegale Organisationsformen und in diesem Zusammenhang vor allem auf die Kirche zurück. Das bereits vorgegebene Modell einer Symbiose von Christentum und Kultur erhielt nun für die Ausprägung eines neuzeitlichen Nationalbewußtseins erhöhte Bedeutung, wobei der konfessionelle Gegensatz zu zwei Teilungsmächten, dem protestantischen Preußen und dem orthodoxen Russland, die Rolle des katholischen Bekenntnisses für die Entwicklung eines nationalen Selbstverständnisses noch verstärkte.

Polens Kirche war in der Zeit der Teilungen ein schützender Hort der Nation. Pfarreien und Bistümer waren, trotz mancher Behinderungen, funktionsfähig geblieben. Mit der Verteidigung des katholischen Glaubens diente die Kirche zugleich dem nationalen Überleben, indem sie in Wahrung der polnischen Sprache und Tradition sowohl den Russifizierungs- als auch den Germanisierungsbestrebungen entgegenwirkte. Dabei scheute die Kirche nicht den Konflikt mit den Teilungsmächten. Beispielhaft ist der Widerstand des Posener Erzbischofs Mieczysław Ledóchowski gegen die Abschaffung des Polnischen und die Einführung der deutschen Unterrichtssprache. Dieser von Otto von Bismarck diktierte Kulturkampf führte 1874 zur Verhaftung des Erzbischofs, dem die preußischen Behörden nach zweijähriger Haft die Rückkehr in seine Diözese verweigerten. Doch nicht nur er, auch an die hundert Priester wurden verhaftet und an der Ausübung ihrer Seelsorge gehindert, so daß zahlreiche Pfarreien für kurze oder längere Zeit unbesetzt blieben. Doch was als gezielte Aktion zur Zurückdrängung des Polentums und zur Beschneidung des Einflusses der Kirche in den preußischen Teilungsgebieten gedacht war, erwies sich als Fehlschlag. Mehr noch: Die Repressalien schwächten nicht, sondern stärkten im Gegenteil das polnische Nationalbewußtsein und erhöhten nicht nur die geistliche, sondern auch die nationale Autorität der Kirche.

Ein besonderes Verdienst der Kirche war es, die Einheit des unter drei absolutistischen Mächten geteilten Landes aufrechtzuerhalten. Durch ihre Präsenz in allen drei Teilungsgebieten bildete sie eine Klammer, die Polen ohne eigenen Staat zusammenhielt. Zudem bemühte sie sich, durch pastorale Maßnahmen die Gläubigen aus den getrennten Gebieten zusammenzuführen. Diesem Ziel dienten die Wallfahrten zur Schwarzen Madonna, die damit selbst zu einem Symbol der Einheit in der Zeit der Zerrissenheit wurde. Auch führten die Aufständischen ihren Freiheitskampf unter dem Banner der Madonna.

Wie nachhaltig die Funktion religiöser Symbolik das Bewußtsein der polnischen Nation im Kampf gegen Unterdrückung und Unfreiheit geprägt hat, dafür lassen sich aus den Jahren kommunistischer Herrschaft zahlreiche Beispiele anführen. So hatte Ende der 1970er Jahre der weit über Polens Grenzen bekannte Regisseur Andrzej Wajda für das polnische Fernsehen Wyspiańskis „Novembernacht" inszeniert. In einer Szene war zu sehen, wie sich das revoltierende Volk zu einer Prozession mit Heiligenbildern und Kirchenfahnen formierte, vor der die zaristischen Truppen scheu zurückwichen. Wajda ging es dabei kaum um eine bloße Erinnerung an den Aufstand von 1830/31, sondern um eine für das kommunistische System durchaus „gefährliche Erinnerung", wie die religiösen Manifestationen während der neunjährigen Vorbereitung auf das Millennium des Jahres 1966 oder der im Zeichen der Madonna in den Augusttagen 1980 geführte Kampf der Solidarność gezeigt haben.

Wie in keiner anderen Epoche der polnischen Geschichte haben die Erfahrungen mit den Teilungen des Landes den nationalen Charakter der polnischen Kirche im Sinne einer Schicksalsgemeinschaft mit der Nation geprägt. Die Leiden der Unterdrückung schufen ein Klima, in dem eine mit religiöser Symbolik verbundene Widerstandskultur entstand und die Teilnahme an religiösen Manifestationen zur patriotischen Pflicht wurde. In jener Zeit bildete sich der Typus der polnischen Kirche als schützender Hort, als Gewissen und als Anwalt der Nation heraus. So haben denn auch Polens Bischöfe während der kommunistischen Herrschaft in ihren Hirtenbriefen immer wieder im Namen der Nation und nicht nur der Kirche gesprochen und zu nationalen Problemen Stellung bezogen – eine Inanspruchnahme religiös-nationaler Autorität, wie sie in dieser Form in westlichen Staaten undenkbar wäre.

Reformation, Aufklärung, Romantik

Daß sich Polens Kirche im 18./19. Jahrhundert mit solcher Entschiedenheit den Machtansprüchen der Teilungsmächte widersetzen konnte, hat auch mit Entwicklungen zu tun, die seit dem 16. Jahrhundert unseren Kontinent tiefgreifend verändert haben, in Polen aber einen vom westlichen Europa abweichenden Verlauf nahmen. Dies gilt zunächst von der Reformation. Sie führte in weiten Teilen Westeuropas mit der Glaubensspaltung zu jahrzehntelangen Religionskriegen, in deren Folge ganze Landstriche verwüstet und entvölkert wurden, ehe 1648 im Westfälischen Frieden endlich die Gleichberechtigung der Konfessionen vereinbart wurde. Zurück blieb, zumal in deutschen Landen, aufgrund des von den jeweiligen Landesherren angewandten Prinzips *cuius regio, eius religio* ein konfessioneller Fleckenteppich.

Nicht daß es in Polen keine Reformation gegeben hätte. Es gab sie. Allerdings ganz anders als in Deutschland. Zwar lagen gleichfalls in Polen die kirchlichen Verhältnisse im argen. Auch dort verlangten Bischöfe und Priester Reformen. In der Krakauer Akademie entstand mit dem „Erasmuskreis" ein Zentrum kirchlicher Reformbemühungen. Aus ihm ging Jan Łaski (1499–1560), Polens umtriebiger Reformator, hervor. Er stand zunächst unter dem Einfluß von Erasmus, wandte sich gegen Martin Luther, wurde dann zu einem Anhänger Calvins und versuchte, wenngleich vergeblich, König Sigismund II. August für die Reformation zu gewinnen. Sein großer Gegenspieler war Kardinal Stanislaus Hosius (1504–1579), humanistisch hoch gebildet, ein kluger Theologe und geschickter Taktiker, päpstlicher Legat auf dem Konzil von Trient. Mit seiner *Confessio fidei catholicae christiana* (1553/57) reichte sein Einfluß als Verteidiger des katholischen Glaubens weit über Polens Grenzen hinaus. Er war es auch, der die Jesuiten als treibende Kraft der Gegenreformation nach Polen holte.

Doch es waren weniger die theologischen Auseinandersetzungen um die Reform der Kirche, sondern – auch dies eine Besonderheit Polens – die politischen Bestrebungen der die „Nation" repräsentierenden Schlachta, des polnischen Landadels, die dazu führten, daß die Reformation in Polen Fuß fassen konnte. Ihr ging es vor allem darum, im Staat die Führung zu übernehmen. Dazu benutzte sie die Reformation, und zwar bezeichnenderweise nicht ihre lutherische Form, sondern – wegen seiner republikanischen Elemente – den Calvinismus. Für die Annahme der neuen Lehre waren somit politische Motive mit ausschlaggebend. Von einer Konversion im eigentlichen Sinn kann hier kaum die Rede sein. Dies zeigt sich im übrigen auch darin, daß die Schlachta mit dem Calvinismus weder dessen moralischen Rigorismus, noch die Prädestinationslehre übernahm. Beides spielte in ihrem religiösen Bewußtsein und in ihrer religiösen Praxis keine nennenswerte Rolle.

So verwundert es nicht, daß sich die Schlachta wieder vom Calvinismus löste, als mit Erreichen ihrer politischen Ziele die Motivation zur Annahme der religiösen Neuerung wegfiel. Ende des 16. Jahrhunderts war der Prozeß der Rückkehr zum Katholizismus bereits abgeschlossen. Die Reformation blieb somit – aufs Ganze gesehen – in Polen eine Episode.

Hinzu kommt, daß das „Volk", nämlich die Masse der Bauern, trotz Abhängigkeit vom Landadel, unverbrüchlich am alten Glauben festhielt. Das „Volk" erwies sich gegenüber den religiösen Neuerungen immun. Der Hauptgrund für diese Resistenz dürfte darin zu sehen sein, daß die calvinistisch gewordene Schlachta kein Interesse daran hatte, die klassenmäßige Aufspaltung der Gesellschaft in „Volk" und „Nation" zu überwinden und die Lage der Bauern zu verbessern. Auch waren diese noch weniger als ihre Herren an diffizilen Glaubensfragen interessiert. Also verblieben sie in ihrer vom religiösen Brauchtum und den Festen des Kirchenjahres geprägten traditionellen Dorfkultur und hielten an den überlieferten Mustern religiöser Praxis fest, die dem Leben des Einzelnen wie der Gemeinschaft im ganzen Sinn und ordnende Regeln vorgaben.

Und noch ein weiterer Gesichtspunkt war für die Sonderrolle Polens in der Reformationszeit von Bedeutung – die religiöse Toleranz. Schon im 14. Jahrhundert gab es in Polen einen gewissen religiösen Pluralismus. So lebte am Vorabend der Reformation die katholische Mehrheit friedlich mit Orthodoxen, Armeniern, Böhmischen Brüdern und Antitrinitariern zusammen. Den Letzteren gegenüber hatte sich Stephan Báthory (1533–1586) geweigert, Sanktionen zu verhängen. Von ihm ist der Ausspruch überliefert, er sei „nicht König über die Gewissen, sondern über die Völker". Zudem hatten die im Mittelalter im westlichen Europa verfolgten Juden in Polen Zuflucht gefunden, und ihre Gemeinden erfreuten sich aufgrund königlicher Privilegien einer weitgehenden Autonomie. Diese Toleranz erleichterte lange vor dem Westfälischen Frieden das Zustandekommen der Konföderation von Warschau (1573), die in ihrer Akte die Gleichberechtigung aller Bekenntnisse festlegte und den Grundsatz weitgehender Bekenntnisfreiheit formulierte, wie sie in Westeuropa erst mit der Aufklärung möglich wurde. Mit der religiösen Toleranz und der Bekenntnisfreiheit als Alternative zur Polarisierung religiöser Gegensätze hat Polen einen Weg beschritten, der das Land vor einem Religionskrieg bewahrte und dadurch einer die Kirche schwächenden Religionskritik den Boden entzog, so daß sie in der Zeit der Teilungen über die nötige Stärke verfügte, um ihrer religiös-nationalen Aufgabe gerecht zu werden.

Das über die Reformation Gesagte gilt *mutatis mutandis* auch für die Aufklärung. Es gab sie nicht nur im westlichen Europa, sondern auch in Polen, wenngleich hier in einer eigenen Form. Die westliche Aufklärung ist ein sehr vielschichtiger Vorgang, der hier nicht in all seinen Aspekten untersucht werden kann. Wie immer man sie jedoch definieren mag, ihrem Ursprung nach ist die Aufklärung ein Protest der Vernunft gegen eine unvernünftige, als Belastung erfahrene Geschichte der Religionskriege und der konfessionellen Zersplitterung, die es unmöglich machte, eine gesellschaftliche und staatliche Ordnung, wie noch im Mittelalter, weiterhin auf Prinzipien des Christentums zu gründen. Weil Kirche und Christentum in die als unvernünftig empfundene Geschichte involviert waren, ja ihr tragendes Fundament gebildet hatten, war eine Aufklärung angesagt, die deren Ungenügen aufdecken und die staatliche Ordnung nunmehr auf Vernunft gründen sollte. So wurde von ihrem Ansatz her die westeuropäische, zumal die französische Aufklärung zu einer Epoche umfassender Kritik, die darauf abzielte, den Menschen aus den Zwängen seiner bisherigen religiös-christlichen Tradition zu befreien. Aus diesem Bemühen resultierte der für die westliche Aufklärung charakteristische Konflikt zwischen Wissenschaft und Offenbarungsglauben, in dem die Philosophie ihre Position wechselte und – wie Immanuel Kant es formuliert hat – der Theologie mit der Fackel voranleuchten sollte, statt ihr die Schleppe nachzutragen.

In letzter Konsequenz wurde auf diese Weise die Vernünftigkeit des christlichen Glaubens in Frage gestellt, sei es, indem sogar der Gottesglaube als solcher auf eine Projektion des Menschen zurückgeführt (Ludwig Feuerbach) oder die Bibel „entmythologisiert" und auf einen Vernunftglauben philosophischer Aussagen reduziert wurde (David Friedrich Strauß). Auf den christlichen Altar wurde nun, wie in der französischen Revolution geschehen, die Göttin der Vernunft inthronisiert. Folgerichtig mündete die Religionskritik der Aufklärung in den Atheismus.

Zugegeben, diese Charakterisierung westeuropäischer Aufklärung ist einseitig und läßt ihre positiven Impulse unbeachtet. Die gab es durchaus, wie auch der aufklärerische Protest gegen eine schlechte, von den Kirchen mit zu verantwortende Geschichte berechtigt war. Auch als „Ausgang aus selbst verschuldeter Unmündigkeit" (Kant), als Prozeß gesellschaftlicher Emanzipation und Freiheit, kommt der Aufklärung das Verdienst zu, die Grundlagen einer modernen, auf humanen Werten basierenden bürgerlichen Gesellschaft gelegt zu haben, wobei allerdings auf dem Hintergrund äußerst inhumaner Erfahrungen des 20. Jahrhunderts zu fragen bleibt, ob die „humanen Werte" zu ihrer Letztbegründung und Verteidigung nicht doch einer religiösen Verankerung bedürfen.

Auch die Krise, in die der Offenbarungsglaube durch die Kritik der Vernunft geriet, hatte ihr Gutes. Sie hat die moderne Bibelwissenschaft ermöglicht, durch welche die befreiende Kraft christlichen Glaubens neu entdeckt wurde. Ohne Aufklärung wäre jedenfalls die moderne Theologie kaum denkbar, mit der sich Polens Kirche aufgrund anderer historischer Bedingungen allerdings bis heute schwer tut. Hier war die Aufklärung schon aufgrund eines anderen Verlaufs der Reformation und fehlender Religionskriege kein radikaler Konflikt zwischen Glaube und Vernunft, keine Auflehnung gegen eine Geschichte, bei der die Kirche eine unrühmliche Rolle gespielt hat. Für eine Aufklärung, die den Offenbarungsglauben in eine Vernunftreligion verwandelt und damit dem Atheismus Vorschub leistete, fehlten in Polen jegliche Voraussetzungen. Wenn an religiösen Erscheinungen Kritik geübt wurde, dann ohne die einem Voltaire eigene Bissigkeit und grundsätzliche religiöse Ablehnung.

So wird man, um ein Beispiel zu nennen, die „Monachomania" von Ignacy Krasicki (1735–1801), dem feingeistigen Fürstbischof von Ermland und bedeutenden Vertreter der polnischen Aufklärung, kaum als ein religionskritisches Pamphlet einstufen können. Diese, übrigens ohne Wissen des Autors veröffentlichte, Satire beschreibt eine recht handgreifliche Auseinandersetzung zweier Klostergemeinschaften um eine theologische Spitzfindigkeit. Ziel der Kritik ist nicht das Klosterleben als solches, auch nicht die Unvernunft jeglicher Theologie, Ziel sind bestimmte Mißstände, die einer Reform bedürfen.

„Reform" ist denn auch das die polnische Aufklärung charakterisierende Stichwort. Und für Reformen gab es in der Tat Anlaß genug. Schließlich war die Schwäche der Adelsrepublik mit dafür verantwortlich, daß das Land eine leichte Beute der absolutistischen Teilungsmächte geworden war. Was Hugo Kołłątaj (1750–1812) und die anderen polnischen Aufklärer zur, wenngleich letztlich vergeblichen, Rettung ihres Landes an westlichen Einflüssen übernahmen, waren bestimmte staatsreformerische Ideen, die ohnehin ihrem traditionellen republikanischem Grundverständnis nahestanden. Es ging ihnen nicht um eine Abschaffung der Adelsrepublik, wohl aber um die Beseitigung der „goldenen Freiheit" der auf ihre Privilegien pochenden adeligen Vertreter.

Ausdruck dieses Reformwillens war der Vierjährige Sejm (1788–1792), der am 3. Mai 1791 eine für die damalige Zeit moderne Verfassung verabschiedete, übrigens die erste in Europa. Flankiert wurden diese von den Teilungsmächten unterdrückten Reformbemühungen durch eine Bildungsreform, an der Geistliche, zumal Piaristen und Jesuiten, maßgeblichen Anteil hatten. Sowohl bei der Abfassung der

Verfassung als auch bei der Reform des Bildungswesens spielte der für Westeuropa typische Konflikt zwischen Offenbarungsglauben und Vernunft keine Rolle. Ganz im Gegenteil – Verfassung und Bildungsreform basierten auf christlichen Werten. Die Kirche nahm, anders als in Westeuropa, durch die Aufklärung jedenfalls keinen Schaden.

Daß der gegenüber Westeuropa andersartige Verlauf der polnischen Aufklärung nicht nur von historischer, sondern durchaus von aktueller Bedeutung ist, zeigte sich im Zusammenhang mit dem Streit um die Präambel des letztlich gescheiterten europäischen Verfassungsvertrages. In ihr ließ sich bekanntlich gegen den von Frankreich angeführten westeuropäischen Widerstand weder eine *invocatio Dei* noch eine Würdigung des Christentums in seiner Bedeutung für die Europäisierung unseres Kontinents unterbringen. Wie in keinem anderen Land haben sich Polens Kirche und Regierung bis zuletzt gegen eine laizistische Präambel gewehrt.

In ihrer Erklärung vom 18. März 2004, also kurz vor der Aufnahme Polens in die Europäische Union, hat sich der polnische Episkopat auf die „historischen Erfahrungen der Völker Mittel- und Osteuropas" berufen. Sie würden in ihnen eine Lehre sehen, „daß Gott allein der einzig wahre und unerschütterliche Garant für die Würde des Menschen und die Freiheit der Völker ist". Dabei respektierten sie sehr wohl die religiöse Vielfalt Europas, unterstrichen aber die besondere Bedeutung des Christentums für seine zivilisatorische Einheit. Dadurch daß das Christentum in der Präambel unerwähnt bleibe, „bringe man Europa um eines der wesentlichen Elemente seiner historischen Identität".

Dem Für und Wider um die Präambel des Verfassungsvertrages liegt letztlich das skizzierte unterschiedliche Verständnis der Aufklärung zugrunde. Mehrfach war von westlichen Politikern in Zusammenhang mit dem Streit um die Präambel betont worden, daß diese auf den allen Europäern gemeinsamen Werten der Aufklärung basieren müsse, da eine Berufung auf die christliche Religion auf eine Spaltung Europas hinauslaufen würde. Dabei wurde offensichtlich übersehen, daß es in Europa nicht nur eine, nämlich die westliche, Aufklärung gegeben hat, sondern auch die ganz anders geartete polnische Aufklärung, nach deren Verständnis humane und christliche Werte keinen Gegensatz, sondern eine Einheit bilden. An diesem Beispiel wird deutlich, wie wichtig im heute geeinten Europa das Wissen um historisch bedingte Unterschiede zwischen den Mitgliedstaaten ist, um Mißverständnissen vorzubeugen und Auseinandersetzungen zu entschärfen.

Die für die Ausprägung des polnischen Nationalbewußtseins bedeutsamste und bis heute nachwirkende Epoche ist die sich über das gesamte 19. Jahrhundert erstreckende Zeit der Teilungen des Landes. In diese Phase fällt die in einem engen Bezug zu den Leiden der Nation stehende polnische Romantik. Um sie in dieser engen Beziehung zu verstehen und ihre Bedeutung zu würdigen, muß man sich vor Augen halten, daß die besondere Situation Polens im 19. Jahrhundert so tiefgreifend das Nationalbewußtsein bestimmt hat, daß sich bis heute jede nachfolgende Generation mit den in jener Zeit gewonnenen Erfahrungen auseinandersetzt. Wie unterschiedlich die Urteile dabei auch ausfallen mögen, eines bleibt unbestritten, daß nämlich jene Phase Einsichten von bleibendem Wert vermitteln, so jene, wie man als Nation ohne eigenen Staat und unter Fremdmächten aufgeteilt überleben kann. Diese Einsicht bestätigt die These, daß Leiden offenbar ein stärkeres Nationalbewußtsein zu schaffen vermögen als dies durch eine Serie von Siegen und politischen Erfolgen der Fall wäre.

Mit dem Verlust der Eigenstaatlichkeit war Polen seiner staatsmännischen Führer beraubt. An ihre Stelle traten die Poeten mit ihren Werken, aber auch – gemäß der Parole „mit Feder und Schwert" – mit ihrer subversiven Tätigkeit und ihrer Beteiligung an den Aufständen. Ihre Texte wurden als politische Manifeste gelesen und waren auch so gemeint. So erreichte den Adressaten das politische Denken in literarischer Verkleidung. Dieses hinwiederum besaß ein reiches Arsenal an religiösen bzw. quasireligiösen Aussagen und Bezügen. So wurde beispielsweise das Vaterland, moralisch aufgeladen, zu einem Höchstwert stilisiert. Daraus resultierte dann der Patriotismus als eine heilige Pflicht, der sich kein Pole entziehen darf. Zudem entwickelte sich ein Kult um die Märtyrer der Nation, wobei diese selbst in den Rang einer quasi religiösen Gemeinschaft erhoben wurden, in der die Romantiker gleichsam die Rolle von Propheten einnahmen. Sie verkündeten ein Polen als Verkörperung höchster und – wie die Freiheit – universale Geltung beanspruchender Werte, und dies unbeschadet dessen, daß ein solches Ideal der Wirklichkeit kaum standhalten konnte.

Die polnische Romantik besaß damit die Deutungshoheit über das Schicksal der Nation unter der Fremdherrschaft der absolutistischen Teilungsmächte. Und dieses Schicksal ließ sich nicht mit rein rationalen Kategorien erklären. In dieser Absage an den Rationalismus liegt einer der Unterschiede der polnischen Romantik zur vorangegangenen Epoche der Aufklärung. Die Freiheit der Nation konnte nur – so die Auffassung der Romantiker – um den Preis von Opfern errungen werden. Das aber bedeutete, daß die Leiden der Nation einer Sinngebung bedurften, wie sie durch den Rückgriff auf den christlichen Glauben möglich schien. Ein Resultat dieses Rückgriffs ist der von den Romantikern postulierte unauflösliche Zusammenhang von Glaube und Freiheit, wie er formelhaft in ihren Texten immer wieder zum Ausdruck kommt.

Eine Konsequenz dieser politisch-religiösen Denkweise ist darin zu sehen, daß neben der traditionellen Volksreligiosität mit der Romantik auch die geistige Kultur eine religiöse Prägung erfuhr. So heißt es etwa in einem Hirtenbrief des polnischen Episkopats zu den Pflichten der durch das kommunistische System bedrohten nationalen und religiösen Kultur vom 21. Mai 1978: „Wenngleich wir alle sehr wohl wissen, daß der Begriff der religiösen Kultur etwas anderes beinhaltet als der Begriff der nationalen Kultur, so ist diese doch – wenn es um unsere nationale Kultur geht – so eng mit der religiösen Kultur verbunden, daß es ihrer Deformierung gleichkäme, wollte man aus ihr die religiösen Werte streichen. Wer immer unsere Kultur in ihrer Fülle kennenlernen will, der muß auch ihre religiösen Faktoren in Betracht ziehen."

Es wäre reizvoll, das Gesagte anhand der polnischen Romantiker, vor allem an den Werken des großen Dreigestirns Adam Mickiewicz,

Cyprian Kamil Norwid und Juliusz Słowacki zu verifizieren. Begnügen wir uns mit einigen Erläuterungen zu Mickiewicz. Bei ihm ist der religiöse bzw. quasireligiöse Charakter seines politischen Denkens am stärksten ausgeprägt. Für ihn ist das, was Polen während der Zeit der Teilungen und Aufstände widerfuhr, nur unter einem gleichsam heilsgeschichtlichen Aspekt verstehbar. Zur Deutung des Schicksals der Nation greift er daher auf Überlieferungen des christlichen Glaubens zurück. So zitiert er aus den Evangelien den Satz Jesu vom Weizenkorn, das nur Frucht bringt, wenn es zuvor in der Erde stirbt (Joh 12, 24). Seine Botschaft lautet: Der Weg in die Auferstehung der Nation führt durch Leiden und Tod. Doch dieses Leiden und Sterben geschieht um höherer Werte willen. Sie beanspruchen, wie die Freiheit, eine nicht nur nationale, sondern eine universale Geltung.

Am deutlichsten kommt Mickiewicz' romantischer Messianismus in seinen nach dem verlorenen Novemberaufstand von 1830/31 erschienenen „Büchern der polnischen Nation und der polnischen Pilgerschaft" zum Ausdruck. So in folgendem Zitat:

„Die polnische Nation wurde gemartert und ins Grab gelegt, worauf die Könige riefen: Getötet und bestattet haben wir die Freiheit. Doch ihr Rufen war Dummheit. Mit ihrem letzten Verbrechen ward das Maß ihrer Untaten voll, und ihre Macht endete, da ihr Jubel am größten.

Denn die polnische Nation starb nicht. Zwar liegt ihr Leib im Grab, doch ihre Seele erstand von der Erde, das heißt, sie entwich in den Abgrund, in das verborgene Leben der unter Unfreiheit leidenden Völker in der Heimat und außerhalb ihrer – um ihre Leiden zu schauen. Doch am dritten Tag kehrt die Seele in den Leib zurück und die Nation ersteht von den Toten und befreit alle Völker Europas von der Knechtschaft."

Ein ohne Frage beeindruckender Text, der in das Schicksal der Nation in Analogie zu Jesu Tod, seinem Abstieg in das Totenreich und seiner Auferstehung deutet. Diese gleichsam heilsgeschichtliche Deutung nationalen Geschicks ist sicher theologisch höchst bedenklich. Auch liegt die Versuchung nahe, sie nationalistisch mißzuver-

stehen, zumal dann, wenn man sie aus dem historischen Kontext löst und nicht als einen Versuch liest, den gescheiterten Novemberaufstand zu verarbeiten.
Mit dieser Niederlage, so die Botschaft, ist der Kampf gemäß der gleichfalls romantischen Parole „Für eure und unsere Freiheit" nicht zu Ende. Er geht weiter, durch die Solidarität mit allen Völkern, die – wie die eigene Nation – unter der Unterdrückung leiden. So erfährt der Wert der Freiheit seine Universalisierung und bewahrt den Text vor nationalistischer Mißdeutung. Und in der Universalisierung der Freiheit liegt die Hoffnung auf Auferstehung begründet – für die eigene Nation wie für „alle Völker Europas".
Die nachhaltige Wirkung des zitierten Textes zeigte sich während des von General Jaruzelski verhängten Kriegsrechts. In Analogie zu dem am Karfreitag in den polnischen Kirchen errichteten symbolischen Grab Christi konnte man mancherorts offensichtlich von diesem Text inspirierte Solidarność-Gräber antreffen. Und die mit ihnen verbundene Hoffnung auf eine Auferstehung der Solidarność hat nicht getrogen.
Die Romantik erweist sich nach dem Gesagten als eine wesentliche Quelle für den nationalen Charakter der polnischen Kirche. In ihr deswegen eine Steigbügelhalterin des Nationalismus zu sehen, verkennt die historischen Wurzeln dieser Besonderheit und übersieht, daß die Symbiose zwischen Kirche und Nation an universale und nicht ausschließlich nationale Werte gebunden ist. Denn unter dem Einfluß der Romantik wurde das als Staat nicht existente Polen durch unverbrüchliche Werte definiert. Dies erklärt auch, daß sich Polens Bischöfe jeweils auf Werte berufen und diese in den Vordergrund stellen, wenn sie sich zu Fragen der Nation oder zu Europa äußern und ihre Zustimmung wie ihre Kritik nach ihnen bemessen.
Dennoch soll nicht verkannt werden, daß das auf eine zentrale christliche Glaubenswahrheit bezogene Deutungsmuster der Nation Gefahren in sich birgt. Diese Sakralisierung der Nation besaß zwar im Kampf um das nationale Überleben einen defensiven und zugleich emanzipatorischen Charakter, festigte die innere Einheit der Nation und trug zur Überwindung oder doch zur Relativierung der

sozialen Spannungen bei. Doch die negative Kehrseite einer Sakralisierung der Nation sollte sich nach der Wiedergewinnung der Eigenstaatlichkeit in der Zweiten Republik zeigen. Damals verfolgte die Nationaldemokratie unter dem Einfluß ihres Ideologen Roman Dmowski (1864–1939) entsprechend der Formel „Pole gleich Katholik" eine auf die Exklusion der Minderheiten, zumal der jüdischen, zielende Politik.

Kirchenkampf im Kommunismus

In dem bislang Gesagten kamen bereits verschiedentlich Konflikte der Kirche mit dem kommunistischen System zur Sprache. Dabei drängte sich der Eindruck auf, daß Polens Kirche aus ihnen gestärkt hervorging. Dieser Eindruck trügt nicht, doch wird darüber leicht die Ausgangssituation nach dem Zweiten Weltkrieg übersehen, in der die Kirche unter den massiven Druck des stalinistischen Regimes geriet und sich ihm gegenüber zu erheblichen Zugeständnissen genötigt sah.
Der Kirchenkampf jener Frühphase ist keine polnische Besonderheit, sondern gilt für alle Länder, die als Folge des Krieges unter sowjetische Vorherrschaft gerieten. Um die kommunistische Macht zu festigen, mußten nicht nur wirkliche oder vermeintliche politische Gegner ausgeschaltet, sondern auch die Kirchen um ihren Einfluß gebracht und weitmöglichst der Kontrolle des Staates unterstellt werden. Angesichts der Tatsache, daß das kommunistische System weltanschaulich wie politisch in einem eklatanten Widerspruch zu Polens religiös-nationaler Tradition stand, war dort mit dauerhaften Konflikten zu rechnen, es sei denn, dem Regime würde es in den Anfangsjahren durch einschneidende Maßnahmen gelingen, die Kirche so zu schwächen und sich gefügig zu machen, daß sie den Rückhalt im Volk verlieren und zu einem ernsthaften Widerstand nicht mehr fähig sein würde.
Eben dies war das Ziel der auf Moskaus Gnaden in Polen regierenden Kommunisten. Und es sprach durchaus einiges dafür, daß ihre Rechnung aufgehen könnte. Schließlich hatte Polens Kirche während der Kriegsjahre unter deutscher sowie unter sowjetischer Besetzung bereits einen Kirchenkampf zu bestehen gehabt, der ihr einen hohen Blutzoll und erhebliche materielle Einbußen abverlangt

hatte. Hinzu kam die durch den Verlust der Ostprovinzen bedingte Westverschiebung von Millionen Polen in die Oder-Neiße-Gebiete unmittelbar nach dem Krieg mit all den daraus resultierenden kirchenrechtlichen und pastoralen Problemen. Angesichts dieser Ausgangslage mußte Polens Kirche alles daran setzen, einen neuerlichen, ihr nun von den Kommunisten aufgezwungenen Kirchenkampf möglichst zu vermeiden.

Zu dieser Einschätzung gelangte auch Primas Stefan Wyszyński, der nach dem plötzlichen Tod von Kardinal August Hlond seit November 1948 mit der obersten Leitung der Kirche betraut worden war. Um ihr eine Erholungspause zu verschaffen, war er bemüht, mit dem kommunistischen System einen *modus vivendi* zu finden. Dieses war nicht grundsätzlich abgeneigt, mit der Kirche ein Abkommen zu schließen, allerdings zu seinen Bedingungen.

Um die Kirche zu weitgehenden Zugeständnissen zu zwingen, erhöhte man den Druck und schuf Tatsachen. So erklärte die Regierung das 1925 mit dem Vatikan abgeschlossene Konkordat für hinfällig, womit die Kirche ihre rechtliche Grundlage im kommunistischen Staat einbüßte. Mit der Gründung einer regimetreuen Gruppe „patriotischer Priester" (1949) gelang den Kommunisten eine, wenn auch nur marginale, Spaltung der Kirche. Als weiteren Schritt folgte die Verstaatlichung der „Caritas", wodurch der Kirche die Ausübung einer ihrer fundamentalen Aufgaben fast unmöglich gemacht wurde. Katholische Laienorganisationen wurden verboten, der kirchliche Grundbesitz beschlagnahmt, die Pfarreien mit hohen Steuern belegt, Priester und Ordensleute unter fadenscheinigen Beschuldigungen inhaftiert.

Trotz dieser kirchenfeindlichen Maßnahmen hielt der Primas an seiner Absicht fest, mit der Regierung zu einer Vereinbarung zu gelangen, um der Kirche wenigstens ein gewisses Maß an Rechtssicherheit zu verschaffen. Er verfolgte eine Doppelstrategie, indem die Bischofskonferenz einerseits auf die Repressionen mit Protestschreiben und Eingaben reagierte und andererseits im Rahmen einer aus Vertretern von Kirche und Staat gebildeten „Gemischten Kommission" über den Abschluß eines Abkommens verhandelt wurde.

Dieses kam im April 1950 zustande und umfaßt in 19 Artikeln die beiderseitigen Rechte und Pflichten. Bei genauerer Betrachtung kann diese Vereinbarung kaum als „historischer Kompromiß" verstanden werden, sind doch die kirchlichen Zugeständnisses ihrer politischen Brisanz wegen äußerst konflikträchtig. So sollen die Geistlichen zur „Achtung der Gesetze und der Autorität des Staates" verpflichtet werden (Art. 1) und sich für den „Wiederaufbau des Landes" engagieren. (Art. 2) Indem die Autorität des Papstes ausdrücklich auf Fragen des Glaubens, der Moral und der kirchlichen Jurisdiktion beschränkt und von einem Handeln des Episkopats „entsprechend der polnischen Staatsräson" unterschieden wird, zielt Art. 5 faktisch auf einen Konflikt der Kirche mit dem Vatikan und seiner Weigerung, in den Oder-Neiße-Gebieten vor Abschluß eines Friedensvertrages mit Deutschland polnische Diözesen einzurichten. Zudem wird die Kirche darauf festgelegt, sich nicht Ausdrucksformen der „Volksfrömmigkeit zu staatsfeindlichen Zwecken" zu bedienen (Art 7), Priester, die mit dem Untergrund zusammenarbeiten, „anzuprangern" und zu „bestrafen" (Art 8) sowie den „Kampf zur Festigung des Friedens" zu unterstützen (Art 9).

Die von den Bischöfen eingegangenen Verpflichtungen sind, wie zu sehen ist, so formuliert, daß sie dem kommunistischen Regime bei entsprechender Interpretation die Möglichkeit bieten, die Kirche eines Loyalitätsbruchs zu bezichtigen, um aus diesem Grund weitere Unterdrückungsmaßnahmen zu rechtfertigen. Zudem mußte die Kirche damit rechnen, daß der Staat unter Berufung auf – konstruierte – kirchliche Verstöße gegen das Abkommen für sich in Anspruch nehmen würde, von seinen den kirchlichen Zugeständnissen in den Art 10–19 nachgeordneten Verpflichtungen Abstand zu nehmen, was diese im Grunde wertlos macht.

Doch der Vollständigkeit halber seien die wichtigsten staatlichen Pflichten dieses Abkommens kurz erwähnt: Erlaubnis zu einem schulischen Religionsunterricht (Art 10), Bestandsgarantie für die Lubliner Katholische Universität (Art 11), für katholische Vereine (Art 12), Verlage und Presseorgane (Art 13). Zudem sollen öffentliche Gottesdienste (Wallfahrten und Prozessionen) (Art 15) und

pastorale Dienste in Gefängnissen (Art 17) und Krankenhäusern (18) erlaubt sein sowie Orden und Kongregationen „im Rahmen der geltenden Gesetze" Handlungsfreiheit genießen.
Tatsächlich war das Abkommen das Papier nicht wert, auf dem es gedruckt worden war. Polens Kirche mußte die gleiche Erfahrung wie der deutsche Episkopat nach Abschluß des Konkordats mit dem Nazi-Regime machen – daß totalitäre Mächte solche Abkommen lediglich als ein weiteres Instrument der Unterdrückung nutzen.
Statt der erhofften Erleichterung sah sich denn auch Polens Kirche nur wenige Monate nach Unterzeichnung des Abkommens einem verschärften Kirchenkampf ausgesetzt: Der Kielcer Bischof Czesław Kaczmarek wurde verhaftet, die Apostolischen Administratoren aus den Oder-Neiße-Gebieten wurden ausgewiesen und durch dem Staat genehme Kapitelsvikare ersetzt. Art 9 des Abkommens nutzte die Regierung, um die Bischöfe zur Unterzeichnung des kommunistisch gelenkten Stockholmer Friedensappells zu nötigen. Priester, welche die Unterschrift verweigerten, mußten ihre Pfarreien verlassen.
1952 kam es dann in Krakau zu einem Schauprozeß gegen Priester und Laien wegen angeblicher Spionage für den amerikanischen Geheimdienst. Der im Abkommen zugesagte Religionsunterricht in den Schulen wurde durch Schikanen weitgehend eingeschränkt, und Bischöfe, die dagegen protestiert hatten, erklärte man für abgesetzt.
Höhepunkt dieser kirchenfeindlichen Aktionen war das am 9. Februar 1953 vom Staatsratsvorsitzenden erlassene „Dekret über die Besetzung kirchlicher Ämter", das bezweckte, die Ausbildung und Anstellung der Priester staatlicher Kontrolle zu unterstellen. Obwohl das „Dekret" sowohl dem Abkommen von 1950 als auch der neuen polnischen Verfassung von 1952 widersprach und die Bischofskonferenz Protest einlegte, wurde es nicht zurückgenommen. Damit war der Punkt erreicht, der seitens der Kirche keine weiteren Zugeständnisse mehr zuließ; zwischen der Staatsführung und dem Primas kam es zum offenen Bruch.
Das vom Primas verfaßte und von allen Bischöfen unterzeichnete Schreiben vom 22. Mai 1953, das als Antwort auf das „Dekret" die

Unterdrückungsmaßnahmen auflistet und Bolesław Bierut zuging, endet mit dem denkwürdigen „non possumus". Es verdient, wenigstens mit den Schlußsätzen zitiert zu werden:
„Und wenn es geschehen sollte, daß äußere Stellen es uns unmöglich machen, geeignete und kompetente Menschen auf geistliche Posten zu berufen, dann sind wir entschlossen, diese überhaupt nicht zu besetzen, statt daß wir die religiöse Leitung der Seelen in unwürdige Hände gäben. Wer aber sich unterstehen würde, irgendeinen kirchlichen Posten von anderer Seite entgegenzunehmen, der soll wissen, daß er dadurch unter die schwere Strafe des Kirchenbanns fallen wird. Ebenso werden wir nicht schwanken, wenn man uns vor die Alternative stellen sollte: entweder Auslieferung der kirchlichen Jurisdiktion als eines Instruments weltlicher Macht oder das persönliche Opfer. Wir werden der Stimme unserer apostolischen Berufung und unseres priesterlichen Gewissens folgen, wir werden unseren Weg mit innerem Frieden und im Bewußtsein gehen, daß wir zur Verfolgung nicht den geringsten Anlaß gegeben haben, daß das Leiden unser Anteil am Werke Christi und der Kirche Christi wird. Es ist uns nicht erlaubt, göttliche Dinge auf den Altären des Kaisers zu opfern. Non possumus!"[11]
Es sollte nur noch wenige Monate dauern, ehe das Wort vom Leiden als „Anteil am Werke Christi" mit der Verhaftung des inzwischen zum Kardinal erhobenen Primas am 25. September 1953 wahr wurde. Hatte die kommunistische Führung geglaubt, damit die Kirche endgültig unter ihre Kontrolle und um ihren Einfluß gebracht zu haben, dann mußte sie bald erfahren, daß sie einer Illusion erlegen war. Die Verfolgung der Kirche schwächte nicht, sondern stärkte die Treue des Kirchenvolkes. Zudem verlor das System durch ihre im Widerspruch zur nationalen Tradition stehende Kulturpolitik zunehmend die Unterstützung der Intelligenz. Die auf Kosten der Konsumproduktion rücksichtslos vorangetriebene Industrialisierung des Landes führte zu Versorgungsengpässen und zur Verschlechterung

---

11 Andrzej Micewski: Stefan Kardinal Wyszyński. Primas von Polen, Mainz – München 1990, S. 122.

des Lebensstandards breiter Schichten der Bevölkerung. Durch die von Nikita Chruschtschow nach Stalins Tod (5. März 1953) auf dem XX. Parteitag der KPdSU (14.–25. Februar 1956) eingeleitete Entstalinisierung geriet die Polnische Vereinigte Arbeiterpartei (PVAP) in ideologische Turbulenzen und parteiinterne Auseinandersetzungen. Als sich schließlich im Oktober 1956 die mit den politischen und sozialen Zuständen unzufriedene Bevölkerung während der Posener Messe erhob und Unruhen das System in seinen Grundfesten erschütterten, bedeutete dies zugleich das Scheitern der repressiven Kirchenpolitik. Erstmals kam es zu einem sich im Verlauf späterer Krisen wiederholenden Paradigmenwechsel: Statt die Kirche weiterhin zu unterdrücken, sah sich die kommunistische Führung zum eigenen Machterhalt auf ihre Unterstützung angewiesen.

Am 26. Oktober 1956 verhandelten Abgesandte von Władysław Gomułka, dem neuen mächtigen Mann in Partei und Staat, mit dem noch inhaftierten Primas über die Bedingungen seiner Freilassung und Rückkehr nach Warschau, um mit seiner Autorität die politische Lage im Land zu beruhigen.

Kardinalprimas Stefan Wyszyński stellte nun seinerseits Bedingungen. An oberster Stelle seines Forderungskatalogs verlangte er die Aufhebung des Dekrets über die Besetzung geistlicher Ämter. Zudem bestand er auf die sofortige Freilassung der inhaftierten Bischöfe, Priester und Ordensleute sowie auf die Wiedereinsetzung der aus den West- und Nordgebieten vertriebenen Ordinarien. Nachdem Gomułka zugesagt hatte, den Forderungen des Primas zu entsprechen, kehrte er als freier Mann nach Warschau zurück, wo ihm die Bevölkerung einen triumphalen Empfang bereitete.

Mit diesem bedeutungsvollen kirchenpolitischen Vorgang begann die Ära eines neuen Verhältnisses zwischen Staat und Kirche, die den weiteren Gang der Dinge bis zum Untergang des kommunistischen Systems im Jahr 1989 bestimmte. Eine in den 1980er Jahren in der „Polityka" erschienene Karikatur fand dafür einen treffenden Ausdruck: Ein Priester stützt mit einem mächtigen Kreuz ein Gebäude in bedenklicher Schieflage. Ohne Bild gesprochen: Das System bedarf zum eigenen Machterhalt der Unterstützung der verhaßten

Kirche, diese aber ist ihrerseits darauf bedacht, das von ihr ungeliebte System schwach zu halten. Je nach der politischen Lage war der Neigungswinkel des krisengeschüttelten Systems mal größer, mal kleiner. Hatte es sich wieder ein wenig gefestigt, dann nahmen die Unterdrückungsmaßnahmen gegen die Kirche wieder zu, geriet es wie in den Krisen der Jahre 1968, 1970, 1976 und 1980/81 in Gefahr, dann ließ der Druck auf die Kirchenführung nach und sie gewann einen größeren Handlungsspielraum. Tendenziell zeigte sich indes bei wachsender Schwächung des Systems eine zunehmende Stärkung der Kirche.

1970 kam es in gewisser Weise zu einer Wiederholung der Vorgänge von 1956. Der Streik der Danziger Werftarbeiter wurde zu einer Massendemonstration der Arbeiter gegen das System, die durch bewaffnete Kräfte blutig beendet wurde. Wiederum erfuhr das kommunistische Regime eine Krise, die zur Ablösung von Gomułka führte und den Kattowitzer Parteichef Edward Gierek an die Macht brachte. Auch diesmal trug Primas Wyszyński zur Beruhigung der Situation bei, wohl wissend, daß die Kirche aus einer nationalen Katastrophe keinen Nutzen ziehen würde. Immerhin sah sich Gierek genötigt, dem Primas für seine „patriotische Haltung" Anerkennung zu zollen.

Mit Edward Gierek, der weniger den Parteichef herauskehrte, sondern sich mehr in der Rolle des Reformers, ja eines Vaters der Nation gefiel, begann für die Kirche eine relativ ruhige Zeit.

Gierek war in der Tat bestrebt, Konflikte mit der Kirche zu vermeiden und auf Restriktionen gegen den Klerus zu verzichten. Er hoffte, trotz unüberbrückbarer ideologischer Gegensätze, die Kirche für ein auf einer moralisch-nationalen Einheit basierendes Bündnis zu gewinnen, um so auch mittels der Kirche das System zu stabilisieren. In Verfolgung seiner kirchenpolitischen Ziele lag ihm daran, mit dem Vatikan ins Gespräch zu kommen, der seinerseits im Rahmen seiner Ostpolitik daran interessiert war, Verhandlungen mit den sozialistischen Staaten aufzunehmen.

So kam es seit Anfang der 1970er Jahre zwischen der polnischen Regierung und dem Vatikan zu einer regen Reisediplomatie. Ihr

Startsignal war der zwischen Bonn und Warschau im Dezember 1970 abgeschlossene Vertrag „über die gegenseitige Normalisierung ihrer gegenseitigen Beziehungen", der Rom den Weg freimachte, in den ehemals deutschen Ostgebieten reguläre Bistümer zu errichten und damit der von der kommunistischen Regierung seit einem Vierteljahrhundert erhobenen Forderung nachzukommen. Den sich über den Zeitraum von 1971–1978 erstreckenden Gesprächsrunden und Verhandlungen gegenüber bewahrte Primas Wyszyński ein gesundes Mißtrauen, befürchtete er doch, es könnten über seinen Kopf hinweg Vereinbarungen getroffen werden, welche der Kirche in Polen mehr schaden als nützen würden.

Höhepunkt dieser Verhandlungsphase, zumal aus der Sicht des kommunistischen Systems, war der 1. Dezember 1977. An diesem Tag wurde der polnische Parteichef Edward Gierek von Papst Paul VI. in Privataudienz empfangen, wobei Gierek Gelegenheit fand, seine Vorstellung einer von der Kirche mit zu tragenden moralischen Einheit der Nation vorzustellen. Doch zu einer Umsetzung dieser, vom Primas im übrigen skeptisch betrachteten, Konzeption kam es nicht. Bevor die langjährigen Verhandlungen mit einer förmlichen Vereinbarung zu einem Abschluß gebracht wurden, wählte das Konklave am 16. Oktober 1978 den Krakauer Kardinal Karol Wojtyła zum Papst. Mit dem Pontifikat des „polnischen" Papstes begann für Polens Kirche und Nation eine neue Ära, und sein Beginn markiert den Anfang vom Ende des Kommunismus in Polen sowie in allen übrigen sowjetisch beherrschten Ländern Europas.

Eintreten für Menschenrechte und Widerspruch gegen eine „sozialistische" Verfassung

Die mit dem Ende des Stalinismus verbundene neue Verhältnisbestimmung zwischen Staat und Kirche ermöglichte es dieser, sich über die Verteidigung eigener Rechte hinaus für gesellschaftliche und nationale Belange einzusetzen. In diesem Zusammenhang verdient das Engagement der Kirche für die Menschenrechte besondere Erwähnung. Als ihr Anwalt hat sich die Kirche in zahlreichen

Stellungnahmen und Hirtenbriefen immer wieder zu Wort gemeldet. Als im März 1968 die studentische Jugend für die Wahrung kultureller Werte sowie für Meinungs- und Pressefreiheit auf die Straße ging und die Staatsmacht die Demonstrationen gewaltsam auflöste, ihre Anführer exmatrikulierte und verhaftete, reagierte die Kirche mit einer „Stellungnahme des Episkopats zu den schmerzlichen Vorgängen". Auch die Abgeordneten der der Kirche nahestehenden Znak-Gruppe ergriffen im Sejm für die Studenten Partei, übrigens als einzige öffentliche Stimme im Land.

In der Stellungnahme der Bischöfe heißt es: „Die gesellschaftlichen Beziehungen müssen so geregelt sein, daß die grundlegenden Rechte des Individuums und der Gesellschaft anerkannt werden. Diese Rechte sind das Recht auf Wahrheit, Freiheit, Gerechtigkeit und Liebe. Alle Probleme, die die Menschen heute trennen, müssen durch einen vertieften Dialog und nicht mit Gewalt gelöst werden. Nur so lassen sich Diskriminierungen vermeiden und vor allem Wahrheit und Gerechtigkeit in die menschlichen Verhältnisse bringen. [...] Brutaler Einsatz von Gewalt zieht die Menschenwürde in Mitleidenschaft und reißt alte schmerzhafte Wunden auf, statt wirklich der Aufrechterhaltung des Friedens zu dienen."[12]

Für die traditionell antiklerikal eingestellte polnische Linke war dieses Plädoyer der Kirche für die 68er Generation polnischer Studenten und junger Intellektueller ein entscheidender Wendepunkt in der Einschätzung der Kirche bezüglich ihres Engagements in der Menschenrechtsfrage.

Einschränkend muß freilich gesagt werden, daß die Stellungnahme der Kirche zu den Märzereignissen keineswegs den Ausgangspunkt einer gemeinsamen Front zwischen der oppositionellen, der Idee eines „demokratischen Sozialismus" verpflichteten Linken und der katholischen Kirche bildete. Dazu waren Argumentationsmodelle und Wirkungsebenen zu verschieden: Das Engagement der Kirche war, wenn auch von politischer Relevanz, religiös und nicht poli-

---

[12] Hier zitiert nach Adam Michnik: Die Kirche und die politische Linke. Von der Konfrontation zum Dialog, München 1980, S. 75f.

tisch motiviert, während die Opposition politische Ziele mit politischen Mitteln verfolgte. Die Kirche trat in der Menschenrechtsfrage mit moralischer Autorität auf, die Opposition in Form politischer Analysen, Forderungen und Aktionen.
Wenngleich es zwischen beiden Gruppierungen auch Spannungen gab, weil die Kirche nicht mit allen Aktionen der Opposition einverstanden war und diese ihrerseits mitunter von der Kirche ein noch stärkeres Engagement erwartete, so bot doch die Kirche der Opposition einen moralischen Rückhalt und zuweilen einen sehr konkreten Schutz.
Auch im Vorfeld der am 10. Februar 1976 verabschiedeten neuen Verfassung äußerte die Kirche ihren Widerspruch. Nachdem bereits andere Mitgliedstaaten des Warschauer Paktes ihre Verfassungen modifiziert, ihnen ein deutliches sozialistisches Gepräge gegeben und in ihnen die „unverbrüchliche Freundschaft mit der Sowjetunion" verankert hatten, entschloß sich auch die polnische Parteiführung zu einem ähnlichen Schritt. Sie legte einen Entwurf vor, der indes in der polnischen Gesellschaft auf Ablehnung stieß. Kern des Protestes war die Absicht, in der Verfassung die Führungsrolle der Partei noch stärker zu betonen, und dies bei gleichzeitiger Bindung an die Sowjetunion, worin eine breite Öffentlichkeit einen eklatanten Verstoß gegen die Souveränität der polnischen Nation und ihres Staates sah.
An der Verfassungsdiskussion beteiligte sich gleichfalls die Kirche. Sie hat in einem Schreiben an die Verfassungskommission des Sejm nicht nur ihre religiösen Rechte eingefordert, sondern darüber hinaus eine zu enge Bindung an die Sowjetunion mit dem Argument zurückgewiesen, dies könnte „zur Begrenzung der Souveränität Polens und zur Einmischung der Nachbarstaaten in dessen innere Angelegenheiten führen". In gleicher Weise lehnte sie die „führende Rolle der Partei" ab, „weil sie den polnischen Pluralismus gefährden kann".
So ist die Abschwächung des ursprünglichen Entwurfs auch dem Einspruch der katholischen Kirche zu verdanken, wodurch Polen das Etikett einer „sozialistischen Republik" erspart blieb, die Partei nur

als „führende Kraft der Gesellschaft" bezeichnet wurde und statt von einer „unantastbaren Bindung" nurmehr „von Freundschaft und Zusammenarbeit mit der Sowjetunion" in der novellierten Verfassung die Rede ist. Damit blieb die Möglichkeit erhalten, sich weiterhin in Menschenrechtsfragen auf die Verfassung zu berufen, wie dies im August 1980 der Fall war, als unter Hinweis auf die eingeschränkte Funktion der kommunistischen Partei die Bildung freier, sich selbst verwaltender Gewerkschaften legal möglich wurde, wobei auch hier die Kirche mit der Forderung nach gesellschaftlicher Koalitionsfreiheit die Entwicklung maßgeblich unterstützt hat.
Vergleichbare kirchliche Stellungnahmen reichen bis in die Endphase des Systems. So legte der „Gesellschaftliche Rat beim Primas" am 11. Juli 1987 ein Papier vor zur Stellung der „Katholiken im öffentlichen Leben". Es geht von der Voraussetzung aus, daß „das Recht des Bürgers, über die Angelegenheiten seiner Gemeinschaft zu befinden und am öffentlichen Leben teilzunehmen, ein anderen Gesetzen gegenüber primäres und übergeordnetes natürliches Recht des Menschen ist".[13]
Damit verwies die Kirche – ähnlich wie die Opposition – zum wiederholten Male auf die Lösung der Grundfrage, ohne die alle anderen, noch so drängenden Probleme unlösbar waren: daß nämlich die polnische Gesellschaft das über das öffentliche Leben entscheidende Subjekt sein muß, ein Begehren, das – was die Bischöfe eigens betonen – in den Jahren 1980–1981 in der Phase der Solidarność seinen Ausdruck fand.
Diese Grundfrage erwies sich innerhalb des Systems als unlösbar. Es mußte überwunden werden, um den Subjektcharakter des Bürgers und der Gesellschaft im ganzen zurückzugewinnen. Daß dies 1989 gelang, ist auch ein Verdienst der Kirche.

---

13 Zitiert nach dem in der Kirchenzeitung „Posłaniec warmiński" 21/1987 veröffentlichten polnischen Text.

Johannes Paul II. – der „polnische" Papst

Ich hatte das Glück, den Tag der Papstwahl des Krakauer Kardinals Karol Wojtyła in Polen zu erleben. So wurde ich unmittelbar Zeuge der Begeisterung, von der eine ganze Nation ergriffen wurde. Die Menschen, die angesichts der herrschenden Wirtschaftskrise und fehlender Versorgungsgüter für gewöhnlich einen eher verdrießlichen Eindruck machten, hatten mit einem Male strahlende Gesichter. Man identifizierte sich mit Johannes Paul II., erfuhr die Anteilnahme an seiner Wahl als Aufwertung der Nation, ja des eigenen Lebens.
Damit nicht genug. Wie ein Lauffeuer verbreiteten sich zwei Strophen eines Gedichts, das Juliusz Słowacki 1848, im Jahr des Völkerfrühlings, verfaßt hatte. Die Verse stehen in einem ganz bestimmten zeitgeschichtlichen Kontext. Damals war die Einstellung der Päpste gegenüber den „revolutionären", sich gegen die russische Besetzung ihres Landes auflehnenden Polen alles andere als freundlich. Insofern handelt es sich um einen deutlich antipäpstlichen Text. Doch auf diesem Hintergrund verkündet Słowacki das Kommen eines slawischen, sprich polnischen, Papstes:

> Mitten in den Streit
> schlägt Gottes Glockenton
> ein slawischer Papst steht bereit
> ihm öffnet er den Thron
>
> Schwer zu heben die Welt
> welch' gewaltige Kraft
> ein slawischer Papst ist erwählt
> mit dem Volke in Bruderschaft

Am 16. Oktober 1978, so die allgemeine Überzeugung, war diese dichterische Prophetie in Erfüllung gegangen und ein neuer Völkerfrühling angebrochen.

Der Enthusiasmus der Polen erfuhr am 22. Oktober, dem Tag der Amtseinführung Johannes Paul II., eine weitere Steigerung. Man muß wissen, daß der Kirche im kommunistischen Polen der Zugang zum Fernsehen versperrt war und zu keiner Zeit religiöse Sendungen ausgestrahlt wurden. Doch angesichts der allgemeinen Stimmung im Land konnte es sich das Regime nicht erlauben, dieses welthistorische und zumal für Polen so bedeutsame Ereignis zu ignorieren. So kam es, daß als erste religiöse Fernsehsendung, welche die Polen auf ihren Bildschirmen verfolgen konnten, die Inthronisation des „polnischen" Papstes zu sehen war, wobei der Kommentator insbesondere jenen Teil der liturgischen Handlung hervorhob, in dem in langer Reihe die Kardinäle der Welt dem „polnischen" Papst huldigten.

Damals berichteten die Zeitungen, wie man diese Amtseinführung erlebt hatte. In Erinnerung ist mir die Aussage eines Mannes, der sich als alter Kommunist ausgab und von sich sagte, er sei unter dem Eindruck des von ihm auf dem Bildschirm verfolgten Geschehens mit den Worten in die Knie gesunken: „Marx helfe mir, ich bin gläubig." In einem Gespräch, das ich in jenen Tagen mit dem polnischen Schriftsteller Roman Brandstaetter um die Bedeutung dieser Papstwahl führte, meinte er: „Das hält das System nicht aus." Er sollte mit seiner Prognose recht behalten.

Reaktion des kommunistischen Lagers

Wenngleich die Begeisterung über die Wahl des „polnischen" Papstes bis weit in die Reihen der Partei reichte, so war sich doch ihre Führung darüber im klaren, daß sie sich im Verhältnis zur Kirche nunmehr einer gänzlich neuen Situation gegenüber sah. Man hatte sehr wohl registriert, daß sich Johannes Paul II. in seinen Grußbotschaften nicht nur an seine Landsleute, sondern auch an Russen, Ukrainer und Litauer gewandt hatte, und dies in deren Sprache. Auch sein Aufruf, für Christus die Türen aufzustoßen und trennende Grenzen zu öffnen sowie seine Aufforderung, die Angst abzulegen, wurden in den kommunistischen Zentren als ein herausforderndes Signal verstanden. Man schloß daraus, daß die von Besitzwahrung und Ausgleich bestimmte bisherige vatikanische Ostpolitik mit diesem Papst offensivere Züge annehmen würde.

Daher verwundert es nicht, daß sich am 15./16. November 1978 die Vertreter der Kirchenämter kommunistischer Staaten in Berlin zu einem „Gedankenaustausch über die Wahl des Papstes Johannes Paul II." trafen.[14] Zwar räumte der polnische Vertreter ein, Johannes Paul II. könne „für den Kreuzzug der ‚Bürgerrechtler' theologische Begründungen liefern", doch prognostizierte er keine Verschärfung eines antisozialistischen Kurses vatikanischer Ostpolitik, sondern ihre auf Verständigung zielende Fortsetzung. Dem widersprach der sowjetische Vertreter. Seiner Auffassung nach werde der neue Papst eine offensivere Politik verfolgen und seine bessere Kenntnis der Situation in den sozialistischen Ländern für seine Zwecke zu nutzen wissen.

Man sprach auch über einen etwaigen Papstbesuch in Polen, wobei der polnische Vertreter seine Kollegen wissen ließ, man könne einen solchen Besuch „schwer ablehnen", sollte offiziell darum nachgesucht werden.

Es sollte nicht lange dauern, bis sich die polnische Regierung genötigt sah, Johannes Paul II. nach Polen einzuladen. Ende Februar äußerte Primas Stefan Wyszyński im Namen der Polnischen Bischofskonferenz „den Wunsch des Episkopats und der Bevölkerung" nach einem baldigen Besuch des Papstes. Parallel dazu erklärte Henryk Jabłoński als Vorsitzender des Staatsrates, der in der Geschichte „erste Sohn des polnischen Volkes, der die höchste Kirchenwürde bekleidet", sei in Polen herzlich willkommen.[15]

---

14 Akten der Dienststelle des Staatssekretärs für Kirchenfragen, Barch., DO-4, 4758.

15 Adam Bujak, Mieczysław Maliński: Johannes Paul II., Graz 1979, S. 169.

Diese freundlichen Worte täuschen indes darüber hinweg, daß man parteiintern den bevorstehenden Papstbesuch durchaus als ideologische Herausforderung und Gefährdung der eigenen Macht verstanden hat. Und dies über Polens Grenzen hinaus. Auch das Ministerium für Staatssicherheit der DDR (MfS) wurde aktiv.[16] Erich Mielke machte den Papstbesuch zur Chefsache. So wurden sämtliche Diensteinheiten des MfS in einem eigenen Maßnahmeplan dazu verpflichtet, „zur Verhinderung feindlicher Aktivitäten und zur rechtzeitigen Einleitung politisch-operativer Maßnahmen" Vorsorge zu treffen, „durch den Einsatz qualifizierter inoffizieller Mitarbeiter" etwaige Reiseabsichten „im Zusammenhang mit dem Papstbesuch" festzustellen, „Hinweise und Erkenntnisse" über einen möglichen Mißbrauch der Reise „für feindliche Zwecke" zu gewinnen und „inoffizielle Mitarbeiter" bereitzustellen, die während des Papstbesuches in Polen zum Einsatz kommen können.

In Anbetracht dieses Aufwands war das Ergebnis äußerst mager. Der „Schild der Partei" erwies sich als wenig nützlich und ihr „Schwert" als stumpf. Denn das Eigentliche, nämlich die geistig-religiöse Wirklichkeit des Papstbesuchs, blieb den hauptamtlichen wie den inoffiziellen Mitarbeitern des MfS verschlossen. Welche verändernde Kraft von ihr ausging, sollte die weitere Entwicklung zeigen.

Die erste Pilgerfahrt Johannes Pauls II. in seine Heimat

Der ersten Reise des Papstes in seine Heimat war ein Tauziehen zwischen Staat und Kirche um den Termin vorausgegangen. In Vorbereitung auf die Feier des 900. Jahrestag des Märtyrertodes des hl. Stanislaus im Mai 1979 wollte Polens Kirche den Papst gerne zu diesem Zeitpunkt im Land haben, doch wegen der symbolhaften Bedeutung des Heiligen für die Wahrung kirchlicher Rechte gegenüber staatlicher Macht sowie ganz allgemein für die Menschenrechte bestand die Regierung auf eine Verlegung des von der Kirche

---

16 Theo Mechtenberg: Der erste Besuch Johannes Pauls II. in Polen und die Staatssicherheit, Deutschlandarchiv 6/2007, S. 145–151.

geplanten Termins. So kam es, daß Johannes Paul II. erst am 2. Juni zu einem neuntägigen Besuch in seiner Heimat eintraf.

Wenngleich die Reise des Papstes einen religiösen Charakter besaß und seine Ansprachen und Predigten keine unmittelbaren politischen Aussagen enthielten, so war doch schon allein die Tatsache, daß sich Millionen Polen zu den Gottesdiensten mit „ihrem" Papst einfanden, oftmals auf öffentlichen Plätzen, auch eine politische Manifestation. So auf dem Warschauer Siegesplatz, über dem sich ein riesiges Kreuz erhob. Vor diesem Kreuz betonte der Papst in seiner Predigt, ohne Christus sei die Geschichte der polnischen Nation nicht zu verstehen. „Wenn wir diesen Schlüssel zum Verständnis unserer Geschichte zurückweisen, begehen wir einen grundlegenden Fehler. Wir verstehen dann uns selber nicht mehr."[17]

Auch in seinen Predigten in Gnesen, Tschenstochau und Krakau klang dieser Grundtenor einer tiefen Verwurzelung der polnischen Nation in der christlichen Tradition immer wieder an. In seinem vertrauten Krakau, in Skałka, dem Ort des Martyriums des hl. Stanislaus, sagte der Papst vor Studenten: „Ihr habt die gewaltige Erfahrung der Geschichte, die mit dem Namen ‚Polen' verbunden ist, in die Zukunft zu tragen. Eine schwere Erfahrung. Wohl eine der schwersten in der Welt, in Europa, in der Kirche. Doch fürchtet die Mühe nicht! Fürchtet allein Leichtfertigkeit und Kleinmut! Aus dieser schweren Erfahrung, die mit dem Namen ‚Polen' verbunden ist, läßt sich eine bessere Zukunft bauen, doch nur unter der Bedingung der Ehrlichkeit und Nüchternheit, des Glaubens, der Geistesfreiheit und der Überzeugungskraft."[18]

---

[17] Sekretariat der Deutschen Bischofskonferenz (Hg.): Verlautbarungen des Apostolischen Stuhls, 10. Predigten und Ansprachen von Papst Johannes II. bei seiner Pilgerfahrt durch Polen, 2. bis 10. Juni 1979, S. 15.

[18] Ebd., S. 93.

Abschied in Trauer und Dankbarkeit

Die Hoffnung, die Johannes Paul II. mit seiner Wahl und ersten Pilgerfahrt in seine Heimat bei seinen Landsleuten geweckt hat, war gewaltig. Er hat sie in seinem über ein Vierteljahrhundert währenden Pontifikat nicht enttäuscht. Bedürfte es dazu eines Beweises – die polnische Bevölkerung lieferte ihn in den Tagen der Schwäche „ihres" Papstes: Als ihm 1999 auf seinem letzten Besuch in seiner Heimat die Kräfte verließen und er den Gottesdienst auf den Weichselwiesen im Schatten des Krakauer Wawel nicht feiern konnte, da verharrte die unübersehbare Schar der Gläubigen, von Trauer erfaßt, an Ort und Stelle und betete um die Gesundheit „ihres" Papstes.
Schnell verbreitete sich die Kunde vom Schwächeanfall des Papstes im ganzen Land; die Gläubigen versammelten sich spontan in den Kirchen und auf öffentlichen Plätzen zum Gebet. Dies war eine Ouvertüre dessen, was Polen am 2. April 2005, in der Todesnacht des Papstes, und an den Tagen danach erlebte. Wieder waren die Kirchen bis zum Bersten gefüllt. Nächtelang hielten Abertausende Totenwache zum Zeichen ihrer Anteilnahme und Dankbarkeit. Und noch heute, Jahre nach dem Tod „ihres" Papstes, strömen zahllose Polen in die Ewige Stadt, um nach stundenlangem Warten für einen Augenblick am Sarg ihres geliebten Papstes zu verweilen.
Wenn im folgenden der weitere Weg der polnischen Kirche nachgezeichnet wird, dann wird immer wieder davon die Rede sein, in welcher Weise Johannes Paul II. seine Sorge um seine Heimatkirche zum Ausdruck brachte, welche Orientierung er ihr gab und wie Hierarchie und Gläubige seine Initiativen aufgriffen und – mehr oder weniger – umsetzten. Auch wenn durch keine Statistik zu belegen ist, inwieweit Johannes Paul II. über eine flüchtige Begeisterung hinaus eine dauerhafte Umkehr der Herzen bewirkt hat, so gibt es doch Zeugnisse in Fülle, die solche tiefgreifenden Veränderungen bestätigen. Ob allerdings Polens Kirche im Ganzen durch Johannes Paul II. nachhaltig geprägt wurde, ist eine andere Frage. Die Krisenphänomene, die seitdem in Polens Kirche zu beobachten sind, lassen eine uneingeschränkt positive Antwort auf diese Frage nicht zu.

Der Kampf der Solidarność und das Verhalten der Kirche

In den Augusttagen des Jahres 1980 dürfte sich angesichts der aus Polen übertragenen Fernsehbilder so mancher westliche Gewerkschaftler verwundert die Augen gerieben haben. Da halten Arbeiter in Danzig ihre Werft besetzt, hängen das Bild „ihres" Papstes neben das der Madonna ans geschlossene Werktor, feiern Gottesdienste und legen vor Priestern die Beichte ab. Später taucht dann mit dem „Anker" an den Hauswänden ein Zeichen auf, das zwar Polen zu entziffern wissen, den meisten Ausländern aber unverständlich bleibt. Als religiöses Symbol bezeichnet es den christlichen Glauben, doch unterteilt in die Buchstaben „P" und „W" läßt sich der „Anker" auch als „Polska wolna" (freies Polen) oder „Polska walcząca" (kämpfendes Polen) lesen. Damit stellte sich die Solidarność in die Tradition der Symbiose von Nation und Glauben, auf die Johannes Paul II. auf seiner ersten polnischen Pilgerreise immer wieder Bezug genommen hatte. Daher ist die verbreitete Meinung keineswegs abwegig, die durch Solidarność initiierte Entwicklung sei ohne den „polnischen" Papst nicht möglich gewesen.

Ausgelöst wurde sie allerdings durch Edward Giereks gescheiterte Wirtschaftspolitik, wodurch sich das Regime zu erheblichen sozialen Einschnitten gezwungen sah. Auf sie reagierte die Arbeiterschaft Anfang 1980 vielerorts mit Streiks und Lohnforderungen. Eingedenk so mancher Krise war dies für Polen im Grunde keine neue Situation. Ungewöhnlich an ihr war, daß das Streikkomitee der Danziger Leninwerft im August die Forderung nach unabhängigen Gewerkschaften erhob und sie nach Verhandlungen mit einer Regierungskommission auch durchsetzen konnte.

Diese Entwicklung war indes nicht ohne Risiko. Das kommunistische System hätte auch, ähnlich wie 1970, mit dem Einsatz bewaffneter Kräfte die Werft räumen und die „Rädelsführer" verhaften können. Daher war Primas Stefan Wyszyński, nicht anders als der Papst im fernen Rom, bei aller Sympathie für den Gang der Dinge darum bemüht, beide Seiten zu ermahnen, es zu keiner Eskalation kommen zu lassen. Erst nach der Legalisierung der unabhängigen Gewerkschaft Solidarność gab Johannes Paul II. seine Zurückhaltung auf und empfing am 15. Januar 1981 eine von Lech Wałęsa angeführte Gewerkschaftsdelegation in Privataudienz.

Auch die *Enzyklika Laborem exercens*, die Johannes Paul II. am 14. September 1981 zum 90. Jahrestages von *Rerum novarum* veröffentlicht hatte, muß in Zusammenhang mit der Solidarność gesehen werden. Der Papst hätte zu diesem Anlaß auch ein anderes Thema als die menschliche Arbeit zum Gegenstand seiner Überlegungen machen können. So aber traf die Enzyklika genau auf die aktuelle Situation in Polen zu und wurde dort auch in diesem Sinn verstanden.

Dies zumal, weil ein eigenes Kapitel der „Solidarität der arbeitenden Menschen" gewidmet war, in dem es u. a. heißt: „Will man die soziale Gerechtigkeit in den verschiedenen Teilen der Welt, in den verschiedenen Ländern und in den Beziehungen zwischen ihnen verwirklichen, bedarf es immer neuer Bewegungen von Solidarität der Arbeitenden und mit den Arbeitenden. Diese Solidarität muß immer dort zur Stelle sein, wo es die soziale Herabwürdigung des Subjekts der Arbeit, die Ausbeutung der Arbeitnehmer und die wachsenden Zonen von Elend und sogar Hunger erfordern."[19]

Bei Erscheinen der Enzyklika hatte es sich jedoch längst gezeigt, wie brüchig die Vereinbarungen vom August 1980 waren. Während Solidarność über eine bloße Gewerkschaft hinaus zu einer immer größeren politischen Bedeutung gelangte und sich in Polen eine Art Doppelherrschaft herausbildete, gewannen im kommunistischen Partei- und Regierungslager jene Kräfte die Oberhand, welche die

---

19 Sekretariat der Deutschen Bischofskonferenz (Hg.): Verlautbarungen des Apostolischen Stuhls Nr. 32/1981, S. 19.

Konfrontation mit Solidarność suchten und den gesamten Prozeß gesellschaftlicher Erneuerung zurückschrauben wollten. Die Vermittlungsfunktion der Kirche wurde dadurch immer schwieriger. Hinzu kam, daß die Kirche durch das am 13. Mai 1981 auf Johannes Paul II. verübte Attentat, in das offensichtlich der bulgarische Geheimdienst verwickelt war, sowie durch den Tod von Primas Wyszyński am 28. Mai nur bedingt handlungsfähig war.

Mit der Verhängung des Kriegszustandes am 13. Dezember 1981 wurde, wenn auch nur vorerst, das Scheitern der Solidarność besiegelt, doch zugleich wurde deutlich, daß sich eine unabhängige Gewerkschaft sowie ein Demokratisierungsprozeß, der diesen Namen verdient, innerhalb eines kommunistischen Systems nicht realisieren lassen, was in den Augen der polnischen Opposition seine Überwindung nur umso dringlicher erscheinen ließ.

Polens Kirche reagierte auf die Verhängung des Kriegszustands, wie sie immer auf gesellschaftspolitische Krisen reagiert hatte: Sie goß kein Öl ins Feuer, sondern rief zu Vernunft und Mäßigung auf, um einen möglichen Bürgerkrieg zu verhindern. In diesem Sinne predigte Wyszyńskis Nachfolger, Primas Józef Glemp, am Abend des 13. Dezember 1981: „Beginnt keinen Kampf ‚Pole gegen Pole'. Opfert nicht euren Kopf, ihr Brüder Arbeiter und ihr Mitarbeiter der Großbetriebe, denn der Preis eines abgehauenen Kopfes wird sehr niedrig sein, dagegen wird jeder Kopf und jedes Paar Hände unschätzbar sein beim Wiederaufbau Polens, welches sein wird und sein muß nach Beendigung des Kriegszustandes."[20]

Dieser Aufruf war keine Rechtfertigung des Kriegszustandes. Ganz im Gegenteil. Die Kirche verurteilte ihn in einem Kommuniqué der Bischofskonferenz vom 15. Dezember und forderte die Freilassung der Inhaftierten und Internierten sowie die Wiederzulassung der suspendierten Gewerkschaft. Auch Johannes Paul II. schaltete sich ein. Mit beschwörenden Worten wandte er sich an Wojciech Jaruzelski, Polens Premier und obersten General, der den Kriegszustand ver-

---

20 Andrzej Micewski: Kirche, ‚Solidarność' und Kriegszustand, Mainz – München 1988, S. 57.

hängt hatte. Der Papst forderte ihn auf, nicht weiter „polnisches Blut" zu vergießen, den „Kriegszustand" zu beenden und die im August 1980 getroffenen Vereinbarungen zu respektieren.
Jaruzelski hatte den Kriegszustand mit der Wahl des „geringeren Übels" gerechtfertigt und damit kaum verhüllt auf eine Intervention Moskaus und der übrigen sozialistischen Staaten des Warschauer Paktes angespielt. Abgesehen von der letztlich ungeklärten Frage, ob eine solche Militäraktion wie 1968 in der Tschechoslowakei tatsächlich unmittelbar bevorgestanden hat, muß man Jaruzelski zugute halten, daß er einem solchen für Polen tragischen Szenario zuvorkommen wollte. Ihm ging es daher nicht um eine Generalabrechnung mit allen dem System gegenüber feindlich eingestellten Kräften. Er war vielmehr bemüht, mit Hilfe des Kriegszustandes die Situation zu stabilisieren, so daß die Kirche ihre Handlungsfreiheit behielt. Sie konnte in den folgenden Monaten und Jahren ihre Bemühungen zur Beilegung der Krise fortsetzen. Von Johannes Paul II. unterstützt nahm denn auch Polens Kirche ihre Vermittlerrolle wahr, verhandelte mit der Regierung, unterbreitete Vorschläge zur Lösung der Krise, erreichte nach und nach die Freilassung der Internierten und schließlich die Aussetzung des Kriegszustandes. All diese erfolgreichen Bemühungen standen indes in Zusammenhang mit dem von der Bischofskonferenz bereits am 8. Juni 1982 geäußerten Wunsch nach einer erneuten Polenreise des Papstes.

Papstbesuch im Zeichen der Hoffnung

Mit der Verhängung des Kriegszustandes waren zwar die Führungskräfte der „Solidarność" interniert und ihre Organisation weitgehend zerschlagen worden, doch die Idee der Solidarität blieb lebendig. Im Untergrund formierte sich neuer Widerstand, der an Bedeutung gewann, je länger der Kriegszustand anhielt. Polen geriet in eine Staats- und Gesellschaftskrise, die nur auf der Grundlage einer nationalen Verständigung überwunden werden konnte. Darin waren sich Regierung und Kirche einig, doch während der Episkopat die Regierung aufforderte, die nationale Verständigung bei Anerkennung der

Danziger Vereinbarungen durch einen Dialog mit der Opposition anzustreben, glaubte diese, die nationale Verständigung unter Ausschluß der Opposition durch die Schaffung regierungsnaher Organisationen erreichen zu können. Ein Irrtum, wie der weitere Verlauf der Entwicklung zeigen sollte. Es wurde immer deutlicher, daß mit der regierenden kommunistischen Partei kein Staat mehr zu machen war. Als Voraussetzung für eine Rückkehr zur Normalität gedacht, erwies sich die Verhängung des Kriegszustands als Anfang vom Ende des kommunistischen Systems.

Doch bis dieses Ende eintrat, sollten noch einige Jahre vergehen. Die Kirche nutzte sie, um die Hoffnung auf einen Wandel der Verhältnisse wachzuhalten. Dem sollte ein neuer Papstbesuch dienen, der auf Drängen der Kirche durch Einladung der Regierung vom 16.–23. Juni 1983 zustande kam. Doch auch die Regierung verband mit dem Papstbesuch bestimmte Erwartungen, konnte er doch dazu beitragen, ihr durch die Verhängung des Kriegszustandes ramponiertes Image international aufzubessern.

Äußerer Anlaß der zweiten Reise Johannes Pauls II. in seine Heimat war der Abschluß der 600-Jahr-Feier der Präsens des Gnadenbildes der Schwarzen Madonna im Nationalheiligtum auf der Jasna Góra. Eingedenk der von Primas Stefan Wyszyński in Auseinandersetzung mit dem kommunistischen System über Jahrzehnte aktualisierten religiös-nationalen Bedeutung der Gnadenmadonna verstand die Gesellschaft den neuerlichen Besuch „ihres" Papstes als Ausdruck seiner Solidarität mit den Leiden der Nation unter den Bedingungen des Kriegszustandes, der für die Dauer des Papstbesuchs lediglich ausgesetzt worden war. Zugleich erwartete man, daß Johannes Paul II. auf die gesellschaftspolitische Lage Bezug nehmen und von ihm eine moralische Stärkung der Nation ausgehen würde.

Analysiert man die Predigten und Ansprachen, die Johannes Paul II. in jenen Junitagen gehalten hat, dann zeigt sich eine doppelte Tendenz: Zum einen zielten sie auf eine moralische Stärkung der Nation, die der Papst immer wieder dazu aufrief, an den Werten festzuhalten, die der verbotenen Solidarność zugrunde lagen. So erläuterte er vor Jugendlichen in Tschenstochau die Solidarität als eine für das menschliche Zusammenleben unverzichtbare Haltung, was der Aufforderung gleichkam, trotz des äußeren Scheiterns der Solidarność an der Idee der Solidarität festzuhalten. Zudem machte er angesichts der mit dem Kriegszustand verbundenen einschneidenden Beschränkungen zum Abschluß der 600-Jahr-Feier die Freiheit zum Thema seiner Predigt und forderte sie als Recht des einzelnen wie der Nation ein. Und in Piekary, dem traditionellen Wallfahrtsort schlesischer Arbeiter, sowie in Nowa Huta griff der Papst die Thematik seiner Enzyklika *Laborem exercens* auf, predigte über die Bedeutung der menschlichen Arbeit und bekannte sich in Wahrung des Koalitionsrechts der Arbeiter zur Solidarność.

Zum anderen richteten sich seine Worte, ganz im Sinne der Bischofskonferenz, an die Regierung, indem Johannes Paul II. wiederholt eine nationale Verständigung auf der Basis eines glaubwürdigen Dialogs anmahnte. Für den sozialen Frieden in der Gesellschaft sei ein solcher Dialog zwischen der Regierung und der Nation unverzichtbar. Fehle er, dann käme dies einem „Kriegszustand" gleich. Zudem ließ der Papst keinen Zweifel daran, daß die Lösung der Krise die Respektierung der Vereinbarungen vom August 1980 erfordere. Auch wenn der Papst eine Aufhebung des Verbots der Solidarność nicht *expressiis verbis* verlangte, so signalisierte er doch deutlich, daß für die Kirche in ihren Vermittlungsbemühungen eine Preisgabe der Solidarność nicht in Frage komme. Das als rein privat ausgegebene Treffen des Papstes mit Lech Wałęsa ließ sich gleichfalls in diesem Sinn interpretieren.

Der zweite Polenbesuch Johannes Pauls II. brachte nicht die erhoffte gesellschaftliche Entspannung. Zwar hob die Regierung einen Monat später den Kriegszustand auf, doch zugleich sorgte sie durch eine ganze Reihe von Sondergesetzen für eine verschärfte gesellschaftliche Kontrolle. Dagegen protestierte die Bischofskonferenz am 25. August 1983 mit einer ausführlichen Stellungnahme.

Die Ermordung des Priesters Jerzy Popiełuszko

Solidarność blieb weiterhin im Untergrund aktiv. Auch wenn der Klerus mehrheitlich zum Untergrund Distanz hielt, so gab es doch eine Gruppe von rund 70 Priestern, die in enger Verbindung zur verbotenen Gewerkschaft standen und in „Vaterländischen Gottesdiensten" die Hoffnung auf ihr Wiedererstehen wachhielten. Sie wurden zur besonderen Zielscheibe der Sicherheitskräfte und sahen sich mannigfachen Repressionen ausgesetzt. Es häuften sich Überfälle auf sie, deren Täter niemals ermittelt wurden. Doch im Falle des am 19. Oktober 1984 ermordeten Warschauer Kaplans Jerzy Popiełuszko mißlang die Geheimhaltung. Weil seinem Fahrer bei der Festnahme die Flucht gelang und dieser umgehend die kirchlichen Stellen informierte, kam die Regierung nicht umhin, die Sicherheitsoffiziere, die den Mord verübt hatten, vor Gericht zu stellen und zu verurteilen. Ihre Hintermänner blieben allerdings im Prozeß unentdeckt.

Der Priestermord signalisierte das Scheitern der von General Jaruzelski verfolgten Politik, unter Schonung der Kirche die Gesellschaft unter Kontrolle zu halten. Nun war sie durch die Ermordung eines ihrer Priester direkt betroffen. Zudem sah sie sich im Prozeß gegen die Mörder selbst auf die Anklagebank versetzt. So wurde beispielsweise während der Verhandlung ein an die Kirchenführung adressierter Brief des im Range eines Ministers fungierenden Kirchenamtsleiters verlesen, in dem Geistliche des politischen Mißbrauchs von Gottesdiensten beschuldigt wurden. Ziel dieses Schreibens war es, die Kirchenleitung zur Disziplinierung dieser Priester zu veranlassen. Dem dienten zudem weitere im Prozeß verlesene Dokumente des Kirchenamtes, welche die Zusammenarbeit einzelner Priester und Bischöfe mit der verbotenen Gewerkschaft beanstandeten, dabei aber zugleich das ganze Ausmaß an Überwachung der Kirche offenlegten. Zudem kam es während des Prozesses zu Aussagen, die einzelne Vertreter der Kirche unter Nennung ihres Namens moralisch diskriminieren sollten, wobei derlei Ausfälle über den Gerichtssaal hinaus durch die Massenmedien Verbreitung fanden.

Gegen diese Art der Prozeßberichterstattung legte die Kirche Protest ein. In einem vom Sekretär der Bischofskonferenz unterzeichneten Schreiben vom 1. Februar 1985 heißt es: „Eine derartige Information der öffentlichen Meinung über den Prozeßverlauf bewirkt, daß die schändliche Mordtat an dem Priester Jerzy Popiełuszko sekundär wird. [...] Darüber hinaus ergibt sich angesichts der Tatsache, daß in Polen die Massenmedien ein staatliches Monopol bilden, die unabweisbare Folgerung, daß jemand ein spezielles Interesse daran hat, die Beziehungen zwischen Staat und Kirche zu stören."
1984/85 verstärkte sich ganz allgemein die kirchenfeindliche Propaganda in den staatlich gelenkten Medien. Man warf der Kirche für die Zeit nach dem August 1980 einen Rückfall in den Klerikalismus vor. In dem damals viel zitierten Buch von Stanisław Markiewicz mit dem Titel „Staat und Kirche in Polen" liest sich das so: „Nach dem August 1980 wurde unser Land von einer gewaltigen Welle des Klerikalismus überflutet, wie sie seit langem in keinem europäischen Land mehr beobachtet wurde. [...] Mit äußerster Verbissenheit gingen dem Sozialismus feindliche Kräfte daran, kirchliche Institutionen, Riten und Symbole für ihren politischen Kampf gegen die Volksmacht zu instrumentalisieren und auszunutzen [...]."[21]
In den Medien erschienen zu jener Zeit zahlreiche Beiträge ähnlichen Inhalts, die allesamt auf eine Interpretation der Trennung von Staat und Kirche zielten, nach der letztere jede „außerreligiöse" Tätigkeit als rechtswidrig zu unterlassen habe. Danach hätte die Kirche ihre traditionelle Symbiose mit der Nation aufgeben müssen und nicht mehr als ihr schützender Hort in Erscheinung treten können.

---

21 Stanisław Markiewicz: Państwo i Kościół w Polsce (Staat und Kirche in Polen), Warszawa 1984, S. 184.

Der Kampf um die Kreuze

Der verschärfte kirchenpolitische Kurs des Systems fand seinen besonderen Ausdruck im sogenannten „Kreuze-Krieg". In einem Fastenhirtenbrief in Erinnerung an den von Johannes Paul II. 1979 auf dem Warschauer Siegesplatz unter einem mächtigen Kreuz gehaltenen Gottesdienst hatten Polens Bischöfe die Gläubigen aufgefordert, die Kreuze wieder dort anzubringen, wo sie verdrängt worden waren.
So kehrten, begünstigt durch die Entstehung von Solidarność, die Kreuze in Schulen und Krankenhäuser, in Ämter und Betriebe zurück. Nun waren Partei und Regierung bemüht, diese Entwicklung wieder rückgängig zu machen. Es kam zu Schändungen öffentlicher Kreuze, zu Schulstreiks, wo Lehrer die Kreuze aus den Schulen verbannten, zu Verhaftungen und Verurteilungen von Geistlichen, die Eltern und Schüler in Verteidigung der Kreuze unterstützten. Der Konflikt um die Kreuze sorgte für manche Unruhe innerhalb der Gesellschaft und belastete das Verhältnis von Staat und Kirche ernsthaft. Wie angeheizt die Stimmung war, zeigen beispielsweise die vom Ermländer Ordinarius in einem Hirtenwort vom 31. März 1985 gestellten Fragen: „Warum will man heutzutage das Kreuz entehren? Im Namen welcher Wertvorstellungen verpflichtet ein Chefarzt die Stationsschwester, daß kein Kreuz im Krankenzimmer aufgehängt wird? Wohin führt diese kreuzesfeindliche Kultur unser seit jeher katholisches Volk?"
Die Bischofskonferenz protestierte ihrerseits mit einem „Pro memoria" vom 13. Februar 1985. Darin ging es dem Episkopat vor allem darum, die vom System interpretierte und propagierte Trennung von Staat und Kirche zurückzuweisen. Unter Hinweis auf das besonders laikale Frankreich zeigten die Bischöfe, daß dort Katholiken das Recht besitzen, ihre Interessen öffentlich, etwa durch politische Kundgebungen, zu vertreten. Wörtlich heißt es in diesem Dokument: „In Polen liegen die Dinge so, daß es eine objektive Trennung der Kirche vom Staat nicht gibt. Was es indes gibt, ist das System eines laikalen, ideologischen Staates. Auch ist unser Schulwesen nicht eigentlich weltlich, sondern einer strengen ideologischen Indoktrination un-

terworfen. […] Somit ist die ganze Argumentation bezüglich des Prinzips einer Trennung der Kirche vom Staat, der Weltlichkeit der Schule und der in zivilisierten Gesellschaften geltenden Grundsätze nichts anderes als eine konsequente Durchführung einer marxistischen Ideologisierung der Schule unter dem Vorwand einer Rechtslage, die jedoch, anders als in manchen westlichen Ländern, keinerlei Faktizität besitzt."

Solidarität mit den in der Wirtschafts- und Versorgungeskrise Notleidenden

Die mit der Phase der Solidarność und der Verhängung des Kriegsrechts verbundenen Jahre eines wirtschaftlichen Niedergangs gingen einher mit einer Versorgungskrise, die weite Teile der polnischen Gesellschaft an den Rand existentieller Bedrohung brachte. Der Mangel an Lebensmitteln und Medikamenten war enorm. In dieser Situation war nicht nur die Solidarität in, sondern auch mit der polnischen Gesellschaft gefragt. Es war die Zeit der deutschen Hilfsaktionen, zu denen auch die katholische Kirche in der Bundesrepublik aufgerufen und ihren eigenen Beitrag geleistet hat. Gemeinden halfen Gemeinden, die persönlichen Paketsendungen schufen zwischenmenschliche Kontakte, die in nicht wenigen Fällen zu dauerhaften Beziehungen führten. Was als Solidarität in der Not gedacht war, hatte zudem eine versöhnende Wirkung. Denn die Hilfe aus Deutschland, das Polen vor über einer Generation überfallen hatte, erreichte nicht nur den Leib, sondern auch die Seele der Menschen, heilte manche innere Verletzungen und schenkte ihnen eine neue Offenheit für eine freundschaftliche Begegnung mit dem einstigen Feind. Aus der Vielzahl der Hilfsaktionen soll wenigstens eine Initiative näher vorgestellt werden – die Partnerschaft Dortmunder und Breslauer Gemeinden im Rahmen der St.-Hedwig-Stiftung.[22]

---

22 Die folgenden Ausführungen basieren auf der Schrift von Frank M. Grelka: Zehn Jahre St. Hedwig-Stiftung. Partnerschaft Dortmund – Breslau 1991–2001, Dortmund 2001.

Die Vorgeschichte dieser Stiftung reicht bis in das Jahr 1970 zurück. Zu diesem Zeitpunkt beauftragte der Bensberger Kreis seine Dortmunder Gruppe mit der Anknüpfung und Pflege seiner Polenkontakte. Aus einer im September 1971 unternommenen Erkundungsreise ergab sich eine besondere Beziehung zum Breslauer Klub Katholischer Intelligenz (KIK) unter ihrer Vorsitzenden Dr. Ewa Unger. Zwischen 1973 und 1988 traf man sich zu insgesamt zehn Seminaren, die neben der Aufarbeitung deutsch-polnischer Vergangenheit ethisch und gesellschaftlich relevante Zeitfragen zum Thema hatten. Unter dem Eindruck der mit der Gründung von Solidarność entstandenen politisch brisanten Situation und der sich dramatisch verschlechternden Versorgungslage kam es zur Idee einer förmlichen Partnerschaft zwischen Dortmunder und Breslauer Pfarreien, um von Gemeinde zu Gemeinde Solidarität zu üben. Im Herbst 1981 wurde diese Idee durch die Partnerschaft von 54 Dortmunder mit 36 Breslauer Gemeinden in die Tat umgesetzt. Von Anfang an war in diese Partnerschaft eine evangelische Dortmunder Pfarrei mit einbezogen, die mit der einzigen evangelischen Gemeinde in Breslau in Kontakt trat. Damit begann die Zeit der Hilfsgütertransporte. Zwischen 1981 und 1989 schafften es die Dortmunder Pfarreien trotz politisch bedingter Schwierigkeiten, ihre Breslauer Partnergemeinden durch 21 Großtransporte mit insgesamt 1320 Tonnen Hilfsgüter zu versorgen. Auch während der Jahre des Kriegsrechts erreichten diese ihr Ziel und ermöglichten es, über die vom Breslauer Kardinal Henryk Gulbinowicz eigens zu diesem Zweck gebildete „Erzbischöfliche Karitative Kommission", die rund vierhundert in Niederschlesien Internierten sowie etliche untergetauchte Oppositionelle nebst ihren Familien in dieser schwierigen Lage zu unterstützen.

Mit der politischen Wende der Jahre 1989/90 kam es zu einer bedeutsamen Veränderung der Partnerschaft. Durch die Möglichkeit des Geldtransfers und aufgrund eines nunmehr ausreichenden Warenangebots waren die aufwendigen Hilfsgütertransporte nicht mehr im bisherigen Umfang notwendig. Zudem bot sich die Chance, mit einem neuen Konzept „Hilfe zur Selbsthilfe" einen Beitrag zum Aufbau der Zivilgesellschaft zu leisten. Zur Erreichung dieses Ziels wurde

aus Anlaß des zehnjährigen Bestehens der Gemeindepartnerschaften am 14. Juni 1991 nach polnischem Recht die von einem deutsch-polnischen Präsidium geleitete St.-Hedwig-Stiftung gegründet.
In den fast zwanzig Jahren ihrer Tätigkeit hat die Stiftung eine Fülle von Projekten realisiert. So wurde in einer der Breslauer Gemeinden ein Second-Hand-Laden eingerichtet, der zwischen 1992 und 2000 durch den Verkauf gespendeter Gebrauchskleidung ungefähr 250 000 DM erwirtschaftete, die verschiedenen karitativen Initiativen zugute kamen. Um den Ärmsten der Armen wenigstens einmal täglich zu einer warmen Mahlzeit zu verhelfen, betreiben einige Breslauer Gemeinden mit Unterstützung der Stiftung Suppenküchen. Täglich werden etwa 70 kranke Rentner und Arbeitslose kostenlos mit rezeptpflichtigen Medikamenten versorgt, die mit jährlich zwei Dortmunder Transporten einer kirchlichen Notapotheke zur Verfügung gestellt werden. Die Stiftung engagiert sich auch bei der Betreuung von Strafgefangenen. Ihrer Resozialisation dienen verschiedene berufsfördernde Bildungsprojekte.
Mit der Hochwasserkatastrophe vom Juli 1997 sah sich die Stiftung einer außergewöhnlichen Herausforderung konfrontiert. Und sie bestand diese Bewährungsprobe. In kürzester Zeit sammelten die Dortmunder Gemeinden 225 000 DM, eine Summe, die in ihrer Höhe die von der Europäischen Union gewährte Hilfe noch übertraf. Mit diesen Geldern konnte durch den Einsatz von Desinfektionsmitteln eine drohende Seuche abgewendet und besonders schwer betroffenen Menschen ohne Ansehen der Person geholfen werden. Daß sich die Breslauer durch ihre gut organisierte und effektive Bekämpfung des Hochwassers weithin Anerkennung erworben haben, ist nicht zuletzt das Verdienst des von der Stiftung gebildeten zehnköpfigen „Hochwasserkomitees", das auf ein breites, mit der Stiftungsarbeit eng verbundenes soziales Netzwerk zurückgreifen konnte. Das Konzept „Hilfe zur Selbsthilfe" hatte sich ausgezahlt!
Zudem setzte die Stiftung ihre auf die 1970er Jahre zurückgehende Tradition deutsch-polnischer Seminare fort. Im Zentrum der Überlegungen standen die Armutsbekämpfung, die Ausbildung neuer, ökumenisch orientierter Caritasstrukturen, der Beitrag christlicher

Gemeinden zur Lösung sozialer Probleme sowie das christliche Zeugnis im Rahmen der Europäischen Union.

Angesichts der Tatsache, daß sich die Gründergeneration altersbedingt nach über zwanzigjähriger Tätigkeit in absehbarer Zeit aus dem aktiven Leben zurückziehen dürfte, gewinnt die Frage an Bedeutung, ob die Existenz der Stiftung für die Zukunft gesichert ist. In dieser Hinsicht hat sie u. a. durch die Organisation regelmäßiger deutsch-polnischer Jugendbegegnungen, durch Berufspraktika Breslauer Jugendlicher in Dortmunder Unternehmen sowie durch die Bildung eines bei der Stiftung angesiedelten Breslauer Jugendkreises Vorsorge getroffen, so daß zu hoffen ist, daß das einmal begonnene Werk mit dem fälligen Generationenwechsel fortgeführt werden kann.

Die in den Tagen der Not geleistete Hilfe deutscher Katholiken war den polnischen Bischöfen so wichtig, daß sie in der Erklärung beider Episkopate zum 70. Jahrestag des Kriegsbeginns am 1. September 1939 eigens Erwähnung findet: „Mit großer Dankbarkeit rufen wir die organisierten und spontanen Hilfsaktionen von Seiten der deutschen Katholiken und der deutschen Gesellschaft für die Menschen in Polen in Erinnerung, die sich im Zuge des auseinanderbrechenden kommunistischen Wirtschaftssystems im Jahr 1980 am Abgrund einer humanen Katastrophe befanden. Damals sind feste Bande der Solidarität und der Freundschaft zwischen Familien, Pfarreien und Gemeinden entstanden. Ein echter Prozeß der Annäherung, des Sich-Kennenlernens und der gegenseitigen Annahme ist in Gang gekommen. Dieses enorme Kapital an sozialen Beziehungen muß auch in Zukunft sorgsam gepflegt werden."

Die Kirche in der Endphase des kommunistischen Systems

Der „Kreuze-Krieg" war gleichsam das retardierende Moment vor dem letzten Akt der Nachkriegsgeschichte Polens, der als Finale den Untergang des kommunistischen Systems besiegelte. Der Versuch, unter Berufung auf das Prinzip der Trennung von Kirche und Staat den kirchlichen Einfluß auf die Gesellschaft zurückzudrängen und

die Kirche auf den „rein religiösen" Bereich zu beschränken, scheiterte wie alle anderen Bemühungen des Systems, die Lage in Polen unter Führung der kommunistischen Partei und nach ihren Vorstellungen zu „normalisieren". Zudem war der Kurs eines verschärften Kirchenkampfes innerhalb der Partei umstritten, die sich zunehmend in die Fronten der „Betonköpfe" und „Reformer" spaltete.
Letztere wußten sehr wohl, daß Polen nicht gegen die Kirche zu regieren war. Ihnen lag daran, den Gesprächsfaden mit der Kirche nicht abreißen zu lassen, die ihrerseits, nicht anders als in der Vergangenheit, selbst unter dem Druck des Kirchenkampfes zu Verhandlungen mit der Regierung bereit war. Allerdings hielt sie an ihrer Grundforderung eines authentischen Dialogs mit allen gesellschaftlichen Kräften, einschließlich der verbotenen Solidarność, fest.
Diese wiederum war im Untergrund neu erstarkt. In dem von Sicherheitsoffizieren ermordeten Priester Jerzy Popiełuszko besaß sie zudem ihren Märtyrer. Sein Grab bei der Stanisław-Kostka-Kirche im Warschauer Stadtteil Żoliborz entwickelte sich zu einem Wallfahrtsort ganz im Sinne der traditionellen Symbiose von Kirche und Nation. Eine Gedächtniswand polnischen Martyrologiums verzeichnet die Namen von Toten des Warschauer Aufstandes. Auf Tafeln sind Worte polnischer Dichter zu lesen, so ein Vers von Juliusz Słowacki: „Gott ist unsere Zuflucht / und unser Schutz! / Solange er mit uns ist, / zerbrechen ganze Höllen! / Weder erschrecken / noch ängstigen uns / Feuerschlünde."
Ende der 1980er Jahre war die Situation im Lande ähnlich der zur Zeit der Entstehung der Solidarność. Allerdings mit dem Unterschied, daß ein neuerlicher 13. Dezember nicht mehr in Frage kommen konnte, hatte sich doch die Verhängung des Kriegszustandes nicht als gangbarer Weg zur „Normalisierung" erwiesen. Zudem ließ sich der Einsatz des Militärs zur innenpolitischen Stabilisierung kein weiteres Mal als „geringeres Übel" rechtfertigen, nachdem mit Michail Gorbatschow vom Kreml her keine Intervention mehr drohte. Nun wuchs auch innerhalb der PVAP die Einsicht, nicht umhin zu können, den von der Kirche angemahnten authentischen Dialog zu führen, um so einen Ausweg aus der Krise zu finden.

In diese politische Stimmungslage fiel die 3. Pilgerreise Johannes Pauls II. in seine Heimat (14.–22. Juni 1987). Vorausgegangen war ihr am 13. Januar der Vatikanbesuch von Partei- und Staatschef Jaruzelski. Sein Gespräch mit dem „polnischen" Papst kann als Ouvertüre zu dem von der Kirche geforderten authentischen Dialog verstanden werden, der die Endphase des kommunistischen Systems in Polen und darüber hinaus einleiten sollte.

Wenngleich der Aufenthalt des Papstes in seiner Heimat aus Anlaß des landesweiten II. Eucharistischen Kongresses eine stark religiöse Prägung besaß, so fehlten doch nicht Aussagen zur konkreten gesellschaftlichen Situation. Am deutlichsten waren sie in der Ansprache des Papstes vor Vertretern des Staates am ersten Besuchstag. Und dies im Warschauer Königsschloß, eines mit der Eigenständigkeit und Souveränität Polens eng verbundenen symbolischen Ortes. Dort erteilte Johannes Paul II. der Staatsführung eine Lektion bezüglich des Aufbaus einer friedlichen Gesellschaft auf der Basis der Beachtung der Menschenrechte und der Wahrung der Würde der Person. Wörtlich sagte er: „Im Namen dieser Würde streben jeder und alle danach, nicht nur Objekte einer übergeordneten Handlung der Staatsmacht zu sein, einer Institution des staatlichen Lebens, sondern Subjekt zu sein. Subjekt zu sein aber heißt, teilzuhaben an der Entscheidung über die res publica aller Polen."

Es sollte noch ein gutes Jahr dauern, ehe Innenminister Czesław Kiszczak gegen erhebliche innerparteiliche Widerstände das Angebot eines Dialogs mit der Solidarność aufgriff, es am 31. August 1988 zu einer ersten Begegnung mit Lech Wałęsa kam und die Idee eines „Runden Tisches" Gestalt annahm. Den Durchbruch brachte das am 30. November ausgestrahlte Fernsehduell zwischen Lech Wałęsa und Alfred Miodowicz, dem Vorsitzenden der staatlich gelenkten Gewerkschaft und entschiedenen Gegner des „Runden Tisches".

Sowohl die Tatsache, daß der Vorsitzende der verbotenen Solidarność nach Jahren gesellschaftlicher Isolierung öffentlich auftrat, als auch seine Überlegenheit über seinen Kontrahenten führten innerhalb der Gesellschaft zu einem derartigen emotionalen Solidarisierungseffekt, daß der Regierung keine andere Wahl blieb, als in Verhandlungen mit der Opposition am „Runden Tisch" den Weg zur Wiederzulassung der Solidarność und damit zu einem gesellschaftlichen Pluralismus freizumachen.

In Wahrung ihrer Unabhängigkeit saß kein kirchlicher Vertreter als Verhandlungspartner mit am „Runden Tisch", wohl aber als Beobachter und Berater. Aber die Kirche war in den aus den Verhandlungen resultierenden und sie begleitenden Prozeß, den sie schließlich mit herbeigeführt hatte, stark involviert. In welcher Weise sie in der Zeit des Niedergangs des Systems agierte, soll im folgenden näher untersucht werden.

Die Kirche als Wahlhelfer der Opposition

Die alles entscheidende Vereinbarung am „Runden Tisch" betraf die auf den 4. Juni 1989 vorgezogenen Sejm- und Senatswahlen. Die aus der Illegalität kommende, als Bürgerkomitee der Solidarność agierende Opposition mußte binnen zweier Monate gleichsam aus dem Stand einen Wahlkampf führen, ohne in genügendem Maße über eigene Strukturen, Räumlichkeiten und finanzielle Mittel zu verfügen. Zudem war das Wahlverfahren so kompliziert, daß nur eine breite Aufklärung der Wählerinnen und Wähler den Erfolg ihrer Kandidaten garantieren konnte. Angesichts dieser Situation leistete die Kirche tatkräftige Wahlhilfe, indem sie ihre Räumlichkeiten zur Verfügung stellte, bei der Organisation des Wahlkampfes behilflich war und von den Kanzeln für die Kandidaten des Bürgerkomitees geworben wurde. In vielen Gemeinden dürfte der Wahlkampf so verlaufen sein, wie dies in einer Reportage beschrieben wurde: In einem abgelegenen masurischen Dorf werden die Kandidaten der Opposition vom Pfarrer in der Kirche vorgestellt, und er ist es auch, der das Schlußwort hat: „Seid unbesorgt, Bauern, diese Leute werden sich für eure Interessen einsetzen. Diese Männer haben Gott nicht verraten, und das Ihre auch nicht. Bei der Wahl denkt daran: Vier Leute. Punktum. Alles andere durchstreichen. Egal was."[23]

---

23 Polityka 19/1989.

Diese für westliche Verhältnisse kaum vorstellbare politische Einmischung bedarf einer Erklärung, zumal das 1987 vom Gesellschaftlichen Rat beim Primas publizierte Dokument „Katholiken im öffentlichen Leben" klarstellt, daß ein am öffentlichen Leben teilnehmender Katholik dies nicht im Namen der Kirche tun dürfe. Zwei Jahre später publizierte dasselbe Gremium eine Stellungnahme zu den am „Runden Tisch" getroffenen Vereinbarungen, die – aufgrund der veränderten gesellschaftspolitischen Lage – gegenüber der zuvor eingenommenen Zurückhaltung nunmehr die Chance betont, die Belange des Landes durch die bevorstehenden Wahlen aktiv zu beeinflussen: „Die Wahlen sollen unter Beweis stellen, daß die katholische Gesellschaft im Sejm und im Senat Vertreter haben will, die das gesellschaftliche Leben aufgrund christlicher Werte gestalten, die sich für den Schutz des Lebens, die Würde der menschlichen Person und die Rechte des Menschen einsetzen; Vertreter, für die eine solche Teilhabe am öffentlichen Leben ein Dienst am Gemeinwohl ist. Es ist daher notwendig, daß jene, die für einen solchen Dienst die Voraussetzungen besitzen, sich nicht verweigern."

Die Stellungnahme zeigt, daß die Kirche in den Wahlen vom 4. Juni 1989 eine Art Volksentscheid sah, durch den deutlich werden sollte, daß die polnische Gesellschaft auf einem christlichen Wertesystem basiert und nicht auf der marxistisch-leninistischen Ideologie, wie sie durch die PVAP über vierzig Jahre mit dem Führungsanspruch in Staat und Gesellschaft repräsentiert wurde. Dies erklärt den massiven Einsatz der Kirche bei diesen Wahlen, wirft aber zugleich die Frage auf nach dem Verhalten der Kirche bei künftigen Wahlkämpfen nach vollzogener Demokratisierung der Gesellschaft.

Abschluß eines Vertrages zwischen Staat und Kirche

Es ist schon eine Ironie der Geschichte, daß es nur zwei Wochen vor den die politische Wende einleitenden Juniwahlen zum Abschluß eines Vertrages kam, welcher der Kirche im noch kommunistisch regierten Polen Selbständigkeit und weitgehende Wirkmöglichkeiten garantierte. Das entsprechende, vom Sejm am 17. Mai 1989 verabschiedete Gesetz trat am 25. Mai in Kraft. Es hat eine lange Vorgeschichte. Nachdem die kommunistische Führung das Konkordat aus dem Jahr 1925 am 12. September 1945 aufgekündigt und in den fünfziger Jahren einige kirchenfeindliche Dekrete erlassen hatte, war das konfliktreiche Verhältnis von Staat und Kirche ohne eine beiderseitig akzeptierte Rechtsgrundlage. Bemühungen in den 1970er Jahren, die Beziehung zwischen Staat und Kirche zu normalisieren, führten zu keinem Ergebnis. 1981 wurde dann durch eine gemeinsame Kommission von Staat und Episkopat eine Redaktionsgruppe zu dem Zweck berufen, eine Gesetzesvorlage zu erarbeiten. Der 1983 fertiggestellte Text fand allerdings auf beiden Seiten keine Zustimmung, so daß weitere Verhandlungen erforderlich waren, welche die Verabschiedung des Gesetzes schließlich ermöglichten.

Die Kirche und ihre Organe waren nun als juristische Personen anerkannt. Kirchliche Aktivitäten im öffentlichen Raum erforderten lediglich technische Absprachen mit den Behörden und bedurften keiner Genehmigung. Die Kirche erhielt das Recht auf eigene Schulen, bestand aber nicht auf die Erteilung von Religionsunterricht im staatlichen Schulsektor. Angesichts der 1950 verstaatlichten Caritas verdienen die Gesetzesbestimmungen besondere Beachtung, die der Kirche das Recht einer uneingeschränkten karitativen Tätigkeit einräumen. Ähnliches gilt für den Zugang zu den Massenmedien einschließlich des Rechts auf Gründung eigener Rundfunk- und Fernsehanstalten. Zur Sicherung der materiellen Basis der Kirche wurden Schenkungen und Erbgüter weitgehend von Steuern und Zöllen befreit. Was die Rückgabe verstaatlichen Kirchenbesitzes betrifft, so sieht das Gesetz für die Regelung der damit verbundenen Fragen eine gemeinsame Kommission vor.

Mit diesem Gesetz erreichte Polens katholische Kirche als einzige im kommunistischen Herrschaftsbereich ein Optimum an Rechtssicherheit und Wirkmöglichkeit. Zugleich wurde mit diesem Gesetz das von der Partei bislang beanspruchte Monopol über die Gesellschaft praktisch aufgegeben und ein erster Schritt auf dem Weg zur vollen Demokratisierung vollzogen.

Initiative zum Rechtsschutz des ungeborenen Lebens

Mit dem Gesetz vom 27. April 1956 und den entsprechenden Ausführungsbestimmungen des Gesundheitsministeriums vom 11. Mai 1956 waren in Polen die Bedingungen für eine zulässige Schwangerschaftsunterbrechung festgelegt worden. Dieses Gesetz ließ den Schutz des ungeborenen Lebens gänzlich außer acht und argumentierte ausschließlich von der Position des Gesundheitsschutzes einer schwangeren, die Abtreibung ihres Leibesfrucht wünschenden Frau. Damit war die Schwangerschaftsunterbrechung praktisch uneingeschränkt freigegeben und lediglich in das Gesundheitswesen integriert worden.
Polens katholische Kirche hat dieses Gesetz in offiziellen Erklärungen wiederholt als Produkt eines atheistischen Regimes abgelehnt und den Schutz des ungeborenen Lebens eingefordert. Doch ohne Erfolg. Es dauerte bis zum 10. Mai 1989, ehe sich dies änderte. An diesem Tag brachten 79 katholische Abgeordnete des noch kommunistisch dominierten Sejms eine Gesetzesvorlage „über den Rechtsschutz des ungeborenen Kindes" ein und lösten damit in der polnischen Gesellschaft eine emotional stark aufgeladene Diskussion aus.
Diese Gesetzesvorlage geht davon aus, „daß das menschliche Leben als höchstes Gut vom Augenblick seiner Empfängnis an zu schützen und zu achten ist". Aus dieser Prämisse wird gefolgert, daß jeder Mensch vom Augenblick seiner Empfängnis an rechtsfähig ist und nach der Geburt Schaden einklagen kann, die er durch fremde Schuld während der Schwangerschaft davongetragen hat. Jeder, der den Tod eines Kindes im Mutterschoß willentlich herbeiführt, kann nach dieser Vorlage mit bis zu die drei Jahren Freiheitsentzug und für willentliche Beschädigung der Leibesfrucht mit bis zu zwei Jahren Haft bestraft werden. Bedingungen für eine Zulässigkeit eines Schwangerschaftsabbruchs enthält die Vorlage nicht.
Es waren vor allem die strafrechtlichen Bestimmungen, welche die Öffentlichkeit erregten, so daß bald Plakate zu sehen waren, die darauf hinwiesen, daß jeder, der diese Vorlage unterstützt, jährlich

eine halbe Million Frauen zu drei Jahren Gefängnis verurteile -– wobei die in der Vorlage enthaltene Einschränkung unbeachtet blieb, die „in besonders begründeten Fällen" einen Straferlaß vorsieht. Zum Teil wurde diese Initiative als Signal gewertet, daß die eine – kommunistische – Diktatur möglicherweise durch eine andere – katholische – abgelöst werden könnte und als nächstes ein Verbot der Ehescheidung zu erwarten sei, da auch diese mit der Lehre der Kirche in Widerspruch stehe.

Angesichts solcher und ähnlicher Reaktionen sah sich die Bischöfliche Kommission für Familienfragen zu einer Stellungnahme veranlasst. Unter Hinweis auf das Kommuniqué der 234. Plenarkonferenz des Polnischen Episkopats wird die Gesetzesinitiative unter dem Aspekt des Lebensrechts des Kindes und der Würde der Mutterschaft positiv gewürdigt. Die Kommission spricht den 76 Abgeordneten, welche die Vorlage einbrachten, ihren Dank aus. Unter Bezugnahme auf die öffentliche Debatte, der ein niedriges, teils demagogisches Niveau bescheinigt wird, verlangt die Kommission eine sachliche Diskussion auf der Basis von Wissenschaft und Gewissen. In Anlehnung an die Enzyklika *Humanae vitae* werden – bei Ablehnung künstlicher Empfängnisverhütung – verantwortliche Elternschaft und natürliche Geburtenregelung betont. In scharfer Form wird das Gesetz vom 27. April 1956 als ein „Produkt schlimmsten stalinistischen Geistes" verurteilt. Es untergrabe „die Grundprinzipien allgemein menschlicher Moral", bedrohe die „Zukunft nationaler Existenz" und sei eine „Schande polnischer Gesetzgebung". Es lasse zudem die in der „analogen westlichen Gesetzgebung" verankerten Einschränkungen vermissen, so daß in Polen „der Weg zu einer unvergleichlich breiteren Vernichtungswelle des Bösen eröffnet" worden sei. Eine Novellierung jenes Gesetzes hält die Kommission für ausgeschlossen, „da sich aus einer Guillotine keine Arznei" machen lasse. Demgegenüber wird der positive, auf die Erhaltung des Lebens ausgerichtete Charakter der Gesetzesvorlage hervorgehoben. Die Kommission sieht in ihr zwar kein Allheilmittel, wohl aber „den Beginn eines Prozesses moralischer Erneuerung der Gesellschaft", wobei freilich alles darauf ankomme, die in der Gesetzesvorlage angeführten flankierenden Maßnahmen zum Schutz des ungeborenen Lebens sowie der sozialen Sicherheit der Familie und alleinstehender Mütter auch tatsächlich zu ergreifen.

Bedauert wird, daß in der Publizistik zum Schaden der gesamten Problematik fast ausschließlich die Strafbestimmungen betont wurden, eine aus der Sicht der Kirche sekundäre Frage, zu deren Modifizierung die kirchlichen Experten bereit seien. Man solle daher die jetzige Diskussion auf die Grundfragen bezüglich des Rechtsschutzes des ungeborenen Kindes beschränken.[24]

Aufgrund der Wahlen vom 4. Juni kam es im Sejm über diese Gesetzesvorlage nicht mehr zur Abstimmung. Die mit ihr verbundene Problematik sollte die Gesellschaft nach dem politischen Umbruch noch lange beschäftigen, ehe eine Kompromißlösung gefunden worden war.

---

24 Tygodnik Powszechny 22/1989.

Der schwierige Prozeß kirchlicher Selbstfindung in der Demokratie

Polens katholische Kirche befand sich mit dem 1989 vollzogenen Machtwechsel in einer paradoxen Situation: Die kommunistische Partei hatte sich aufgelöst, um in sozialdemokratischer Gewandung die politische Bühne erneut zu betreten. Und in der Solidarność zeigten sich bald innere Gegensätze, die über einen „Krieg an der Spitze" eine Entwicklung politischer Pluralisierung einleiteten. Der Kirche dagegen blieben derlei tiefgreifende Veränderungen vorerst erspart. Sie vollzog den Wechsel von der Volksrepublik zur III. Republik in gleichsam nahtloser Kontinuität und konnte sich zudem ihres großen Anteils an der Überwindung des ungeliebten Systems rühmen. Doch was auf den ersten Blick als Vorteil erscheint, sollte der Kirche bald zum Nachteil gereichen.
Als die eigentliche Siegerin des geschichtlichen Umbruchs stand die Kirche nun in der Gefahr, dem Triumphalismus zu erliegen. Mit großer Selbstverständlichkeit war sie nach dem Ende kommunistischer Herrschaft bestrebt, der weiteren Entwicklung ihren Stempel aufzudrucken – und bescherte sich damit wachsende Konflikte. So verlagerte sie am Parlament vorbei eigenmächtig den einst aus den Klassenzimmern verdrängten Religionsunterricht zurück in die Schulen, befürwortete ein einschränkungsloses Verbot von Abtreibungen und forderte die gesetzliche Verankerung „christlicher Werte". Dabei ließen sich Polens Bischöfe von ihrer durchaus richtigen Überzeugung von einer dringend gebotenen geistigen und moralischen Erneuerung leiten, doch fragt es sich, ob dazu der politische Druck das angemessene Mittel war.
Mit dem Untergang des kommunistischen Systems hatte Polens Kirche zudem ihr politisches Gegenüber verloren, ohne daß damit

die durch die Jahrzehnte lange Konfrontation bedingte Denkweise in den Kategorien von „Wir" und „Sie" überwunden worden wäre. Unter kommunistischer Herrschaft war die Gesellschaft in Unmündigkeit gehalten worden, wobei sich die Partei ungeprüft als ihr objektiver Wille ausgab.

In dieser Situation verstand sich die Kirche als Widerpart zu Partei und Regierung, verlieh der Nation eine Stimme und trat als ihr Anwalt auf. Angesichts eines sich nun herausbildenden gesellschaftlichen Pluralismus war dieses dichotome Modell einer in zwei Lager gespaltenen Gesellschaft nicht mehr praktikabel.

Polens Kirche, deren moralische Autorität in den zurückliegenden Jahrzehnten hoch in Kurs stand, wurde nun wegen ihrer teils massiven politischen Einflußnahme zur Zielscheibe der Kritik. Durch Karikaturen und Kommentare, die in ihrer antikirchlichen Deutlichkeit in den letzten Jahren wohl selbst der kommunistischen Zensur zum Opfer gefallen wären, wurde nun den Lesern der den kommunistischen Nachfolgeorganisationen nahestehenden Medien das Schreckgespenst einer klerikalen Gewissensdiktatur vor Augen geführt, wobei freilich der Ehrlichkeit halber gesagt werden muß, daß die öffentlichen Äußerungen aus dem nationalistisch-katholischen Lager dieser Polemik mit umgekehrtem Vorzeichen kaum etwas schuldig blieben.

Der äußere Beobachter gewinnt den Eindruck, daß sich Polens Bischöfe nach dem politischen Umbruch von Vorstellungen leiten ließen, die der Nationaldemokratie der Zwischenkriegszeit nahekommen. Die Nationaldemokratie, die so genannte Endecja, war damals eine starke politische Kraft und genoß die Unterstützung von Hierarchie und Klerus. In ihrem Parteiprogramm räumte sie der Kirche nicht nur eine privilegierte Stellung ein, die Partei strebte vielmehr danach, wie es in ihrem Programm von 1925 heißt, „dem Katholizismus einen realen Einfluß auf das staatliche Leben und den Lauf der öffentlichen Angelegenheiten zu geben". In der programmatischen Schrift „Kirche, Volk und Staat" von Roman Dmowski, dem Mitbegründer und Theoretiker der Nationaldemokratie, steht zu lesen: „Der polnische Staat ist ein katholischer Staat. Er ist es nicht nur deshalb, weil die überwiegende Mehrheit der Bevölkerung katholisch ist [...]. Von unserem Standpunkt aus ist er katholisch in der vollen Bedeutung dieses Begriffs, weil unser Staat ein Nationalstaat ist und unser Volk ein katholisches Volk ist."[25]

Auseinandersetzung um den Liberalismus

Der Rückgriff auf die Zwischenkriegszeit mag zwar manche Nach-Wende-Erscheinung erklären, reicht aber nicht aus, um den Weg der Kirche in den 1990er Jahren insgesamt zu werten. Wer die jahrelangen innerkirchlichen Auseinandersetzungen verfolgt hat, der wurde immer wieder darauf gestoßen, daß es im Kern um die Freiheit ging. Sie bildete offenbar für die polnische Kirche die eigentliche Herausforderung. Mit der gesellschaftlichen Pluralisierung zeigte sich auch eine zunehmende Individualisierung des religiösen Lebens, so daß die in der Vergangenheit praktizierten kollektiven religiös-nationalen Identifikationsmuster an Kraft verloren. Zudem wurden die negativen Begleiterscheinungen der mit dem Ende des Kommunismus gewonnenen – westlichen – Freiheit sichtbar, was kirchliche Abwehrreaktionen hervorrief.

Auf diesem Hintergrund wurde der „Liberalismus" in den katholischen Medien zu einem hervorstechenden Thema. Während die Vertreter eines dialogoffenen Katholizismus für eine differenzierte Sicht des „Liberalismus" eintraten, dabei auch geschichtliche Versäumnisse der Kirche zur Sprache brachten und für ein Freiheitsverständnis eintraten, das neben seiner christlichen Verwurzelung auch den säkularen Freiheitsbewegungen den ihnen gebührenden Raum zugestanden, operierten stark national-katholisch geprägte Kreise, so „Radio Maryja" und ihm nahestehende Kirchenzeitungen, sowie Teile des Episkopats mit dem Feindbild eines „Demoliberalismus", der nun an die Stelle des früheren Kommunismus getreten sei.[26]

---

25 Roman Dmowski: Kościół, Naród i Państwo (Kirche, Nation und Staat), Warszawa 1927, S. 25.

26 Zur innerkirchlichen Auseinandersetzung um den Liberalismus siehe

Bezeichnend ist in diesem Zusammenhang, daß Johannes Paul II. auf seiner fünften Pilgerreise in seine Heimat (1997) die Freiheit zum zentralen Thema seiner Verkündigung machte. Unter Hinweis auf die Jahrzehnte nazistischer und kommunistischer Unterdrückung hob er den besonderen Wert der Freiheit hervor, für die man „einen hohen Preis zahlen mußte."

Allerdings brauche die Freiheit eine moralische Ordnung. Vehement wandte er sich gegen Bestrebungen, die Kirche als Feind der Freiheit hinzustellen. Wörtlich sagte er: „Man bemüht sich heute, dem Menschen und der ganzen Gesellschaft einzureden, Gott sei ein Hindernis auf dem Weg zur vollen Freiheit, die Kirche sei ein Feind der Freiheit, sie verstehe die Freiheit nicht, sie fürchte sie. Hier liegt eine ungeheure Begriffsverwirrung vor. Denn die Kirche hört nicht auf, in der Welt Verkünderin des Evangeliums der Freiheit zu sein!"[27]

Pluralismus statt Totalitarismus

Zu den besonderen Stärken der polnischen Kirche in der Zeit der Volksrepublik zählte ihre innere Geschlossenheit. Alle Versuche des kommunistischen Systems, die Kirche innerlich zu spalten, liefen mehr oder weniger ins Leere. Daß um der inneren Geschlossenheit willen interne Meinungsverschiedenheiten und Spannungen unterdrückt wurden, war der zu entrichtende Preis, um in Auseinandersetzung mit dem System mit *einer* Stimme sprechen und die Rechte der Kirche wie der Nation wirksam verteidigen zu können. Doch mit dem Übergang vom prinzipiell totalitären kommunistischen System zur pluralistischen Demokratie wurde es notwendig, das bisherige kirchliche Weltverhältnis zu überprüfen.

Eben dies versuchte der Dominikanertheologe Maciej Zięba bereits Ende 1989. „Kirche in der posttotalitären Epoche – Bedrohungen

---

Jarosław Gowin: Kościół po komunizmie (Kirche nach dem Kommunismus), Kraków 1995, hier besonders das Kapitel „Liberalizm albo co Kościołowi zagraża naprawdę" (Liberalismus oder was die Kirche in Wahrheit bedroht), S. 178–218.

27 Tygodnik Powszechny 1997, Nr. 23, S. 5.

und Chancen" lautete sein Beitrag in der katholischen Wochenzeitung „Tygodnik Powszechny". In der bislang so sehr betonten Geschlossenheit sieht Zięba gleichsam ein Spiegelbild des von der Kirche eigentlich bekämpften Totalitarismus. Der habe weitgehend die Fähigkeit zerstört, „unterschiedliche Ansichten zur artikulieren." Zudem habe er suggeriert, „die Vielfalt sei etwas Schlechtes, weil sie Spannungen und Konflikte hervorruft, weil sie die totale Kontrolle erschwert." In Bezug auf die Kirche schreibt er: „Der Totalitarismus ist der Zwang zu einer einzigen Form, zu einem einzigen zentralen Willen. So etwas kann uns in der Kirche drohen, wenn wir die Vielfalt für schlecht und gefährlich halten."

Maciej Zięba stand mit seiner Meinung nicht allein. In ähnlicher Weise äußerten sich Józef Tischner, Priester und Philosoph, sowie Chefredakteur Jerzy Turowicz. In einem „Betrachtungen nach Zeiten der Gewalt" betitelten Interview, das 1990 im „Tygodnik Powszechny" veröffentlicht wurde, warnt Tischner seine Kirche vor einer „totalitären Versuchung". Zu meinen, „die Kirche verdanke ihren Sieg über den Kommunismus schlagkräftiger Organisation, Disziplin und Homogenität", sei eine „gefährliche Überzeugung".

Im Unterschied zum „monologischen Totalitarismus" plädiert Tischner für eine „Kirche des Dialogs". Auch Jerzy Turowicz sieht in der Auffassung, „der neue polnische Staat müsse ein katholischer Staat sein", einen verkappten Totalitarismus: „Es gibt Leute, die meinen, der Totalitarismus im Dienste einer falschen Ideologie sei schlecht, im Dienste einer richtigen und wahren Ideologie dagegen gut. Das stimmt nicht. Katholizismus (bzw. Christentum) ist keine Ideologie, und jeder Totalitarismus ist schlecht. [...] Der Staat ist gemeinsames Gut aller Bürger, ohne Rücksicht auf ihr Bekenntnis, ihre Nationalität oder Überzeugung. Polen ist kein ausschließliches Eigentum der Katholiken, mögen sie noch so zahlreich sein."[28]

Die Herausforderung, vor die sich Polens Kirche mit dem Übergang vom totalitären System zur pluralistischen Demokratie gestellt sah,

---

28 Jerzy Turowicz: Skąd i dokąd idziemy (Woher wir kommen und wohin wir gehen), Tygodnik Powszechny v. 25. März 1990.

wurde somit durchaus erkannt. Dennoch hat es Polens offizielle Kirche in den frühen 1990er Jahren versäumt, sich auf den mit dem demokratischen Aufbau unlösbar verbundenen gesellschaftlichen Pluralismus einzustellen und entsprechende Formen innerkirchlichen Lebens und gesellschaftlicher Diakonie zu entwickeln.

Die Problematik kirchlichen Demokratieverständnisses

Polens katholische Kirche hat nach 1989 die Demokratie als solche in keiner Weise in Frage gestellt; sie war auch von ihr gewollt, allerdings nach ihren Vorstellungen. So war die Argumentation der Bischöfe in der Auseinandersetzung mit dem kommunistischen System immer auf die traditionell katholische Nation bezogen. Nun stellten sie sich offenbar nicht die Frage, ob das, was auf der Ebene der Nation gegolten hatte, jetzt auch für die Gesellschaft Gültigkeit beanspruchen konnte. Die Konsequenz dieser Fragestellung liegt auf der Hand: Bestand zwischen Nation und Gesellschaft keine Differenz, dann konnten Polens Bischöfe, wie dies teilweise in den ersten Jahren nach dem politischen Umbruch der Fall war, mit dem Begriff einer „katholischen Gesellschaft" operieren und den Anspruch erheben, das gesellschaftliche Leben entsprechend den Gesetzen katholischer Moral zu gestalten. Bestand aber zwischen der katholischen Nation und der Gesellschaft ein deutlicher Unterschied, dann lief der Versuch der Kirche, der Gesellschaft ihren Willen aufzuzwingen, auf eine gegenüber dem kommunistischen System andere Variante eines Totalitarismus hinaus.
Und einen solchen deutlichen Unterschied gab es, wie Umfrageergebnisse von Anfang der 1990er Jahre zeigen. So befürworteten lediglich 8,9 Prozent ein politisches Engagement der Kirche. Für Rechtsvorschriften zur Wahrung christlicher Werte sprachen sich 29,7 Prozent aus, 53 Prozent lehnten dies ab, 19,3 Prozent zeigten sich unentschieden. Ein uneingeschränktes Abtreibungsverbot hielten lediglich 28,9 Prozent für richtig. Die Umfrageergebnisse zeigen, daß es für die von den Bischöfen vertretenen Auffassungen keine gesellschaftliche Mehrheit gab. Polens katholische Nation ist eben

keine katholische Gesellschaft. Aus dem religiös-nationalen Identitätsbewußtsein ließen und lassen sich nicht ohne weiteres in Einklang mit der katholischen Moral stehende politische Handlungsmaxime ableiten. Der Versuch mußte somit den Widerspruch der faktisch pluralistischen Gesellschaft hervorrufen.

Natürlich bedeutet dies nicht, daß Polens Kirche gegenüber gesellschaftlichen Fragen Abstinenz üben und sich auf innerkirchliche Probleme beschränken muß. Das Problem liegt vielmehr in der Art der Vermittlung. Die Kirche konnte und kann nicht für sich den Anspruch einer moralischen Autorität jenseits des Parteienstreits erheben und gleichzeitig direkten politischen Einfluß nehmen. Sie hat lernen müssen, in Respektierung demokratischer Prozesse ein dialogisches Weltverhältnis anzustreben und den Laien die politische Gestaltung zu überlassen, zu der Bischöfe und Priester inspirierend, aber nicht manipulierend ihren Beitrag zu leisten haben.

Wie problematisch das Verhältnis der Kirche zu einer Demokratie im Sinne einer rechtsstaatlichen, auf der Souveränität des Bürgers basierenden politischen Ordnung in den ersten Jahren nach dem politischen Umbruch war, läßt sich unter anderem mit den kirchlichen Äußerungen zu den Wahlen belegen. Liest man die offiziellen kirchlichen Verlautbarungen, dann erscheinen diese als höchst widersprüchlich. Die „Stellungnahme des Episkopats Polens zu den Parlamentswahlen" vom Herbst 1991 klingt noch durchaus politisch neutral: „Wir sagen deutlich, daß wir uns für keine konkrete Seite aussprechen." Die Geistlichen werden denn auch verpflichtet, „in Kirchen und Kapellen keine Wahlkampagnen durchzuführen oder zu erlauben, noch für irgend jemanden Partei zu ergreifen".[29]

Abgesehen davon, daß sich der Klerus an diese Weisung nicht unbedingt gehalten hat, finden sich wenig später in einem „Hirtenwort der Polnischen Bischöfe zu den Aufgaben bezüglich der Parlamentswahlen" konkrete Kriterien, die sich kaum mit der ersten „Stellung-

---

29 Stanowisko Episkopatu Polski w sprawie wyborów parlamentarnych (Standpunkt des Polnischen Episkopats in der Frage der Parlamentswahlen), Pismo Okólne v. 2.–8. September 1991.

nahme" in Einklang bringen lassen. Diese Kriterien, nach denen sich die Gläubigen bei ihrer Stimmabgabe richten sollen, standen im engen Zusammenhang mit dem damaligen Bemühen des Episkopats um Einführung eines schulischen Religionsunterrichts sowie eines strikten Abtreibungsverbots. Des weiteren galt als Richtschnur der Wahlentscheidung „die Einstellung zur christlichen Identität der Nation sowie zu einem Staatsaufbau auf dem Wertefundament des Evangeliums".[30]

Wenig später erließ die Bischofskonferenz noch ein „Kommuniqué", in dem ausdrücklich zur Unterstützung der Wahlkomitees aufgerufen wurde, „die auf dem Boden von Werten stehen, die der christlichen Ethik und der katholischen Soziallehre entsprechen".[31]

Gemeint war eine zu diesem Zeitpunkt gebildete „Katholische Wahlaktion". Am deutlichsten äußerte sich Bischof Józef Michalik, der damalige Ordinarius von Gorzów und spätere Vorsitzende der Polnischen Bischofskonferenz. Seine am Schluß eines Gottesdienstes gemachten Äußerungen veröffentlichte die für ihren national-katholischen Kurs bekannte Kirchenzeitung „Niedziela". Unter der Überschrift: „Die Parlamentswahlen – eine Prüfung der Reife und des Gewissens der Nation" heißt es darin: „Die Katholiken haben die Pflicht, für einen Katholiken zu stimmen."[32]

Analysiert man diese Wahlempfehlungen, dann ergibt sich für das Demokratieverständnis der katholischen Kirche Polens zu Anfang der 1990er Jahre folgendes Ergebnis: 1. Polens Kirche nimmt eine direkte politische Einmischung für sich in Anspruch. 2. Das kirchliche Demokratieverständnis basiert auf einer christlichen Identität der

---

30 Słowo Pasterskie Biskupów Polskich o zadaniach katolików wobec wyborów do parlamentu (Hirtenwort der polnischen Bischöfe zu den Aufgaben der Katholiken bezüglich der Parlamentswahlen), Pismo Okólne v. 16.–22. September 1991.

31 Komunikat z 250. Konferencji Episkopatu Polski (Kommuniqué der Polnischen Bischofskonferenz), Pismo Okólne v. 14.–20. Oktober 1991.

32 Wybory do parlamentu sprawdzianem dojrzałości i sumienia narodu (Parlamentswahlen als Reife- und Gewissensprüfung der Nation), Niedziela v. 17. Oktober 1991.

Nation, aus der sich der gesellschaftliche Anspruch ableiten läßt, „christliche Werte" gesetzlich verpflichtend zu machen. 3. Die Stimmabgabe wird in den Rang einer Gewissensentscheidung erhoben. 4. Die Konfessionszugehörigkeit wird politisiert, was bei über 90 Prozent Katholiken praktisch auf einen katholischen Bekenntnisstaat hinauslaufen würde.

Gesellschaftliche Auseinandersetzung um das kirchliche Demokratieverständnis

Das von der Kirche Anfang der 1990er Jahre vertretene Demokratieverständnis blieb nicht unwidersprochen. Es löste im Gegenteil eine in aller Schärfe geführte gesellschaftliche Diskussion aus. Zeitweilig sprach man sogar von einem „Religionskrieg". Antikirchliche Kräfte meinten, die Kirche strebe mit ihrem „Klerikalismus" die Macht im Staate an, wodurch der eine Totalitarismus durch einen anderen ersetzt werde. Doch auch der Kirche gegenüber positiv eingestellte Persönlichkeiten wie Czesław Miłosz und Leszek Kołakowski fragten besorgt, ob Polens Kirche einen katholischen Bekenntnisstaat errichten wolle und sich auf dem Weg zu einer „Theokratie" befinde. Leszek Kołakowski unterstellt der Kirche zwar nicht die Absicht, bewußt auf eine Gottesherrschaft hinzuarbeiten. Doch würden bestimmte Anzeichen darauf hindeuten, daß die Kirche alle Aktivitäten des Staates von moralischer Bedeutung unter ihre Kontrolle bringen und damit ihren Moralvorstellungen Gesetzeskraft verleihen wolle. „Dann wäre das, was im Sinne der Kirche Sünde ist, gleichzeitig nach staatlichem Recht eine strafbare Handlung."[33]

Doch Kritik kam auch aus den Reihen der Kirche. Es gab Stimmen, die davor warnten, den Vorwurf des „Klerikalismus" lediglich polemisch zurückzuweisen, ohne ernsthaft danach zu fragen, ob die gegen die Kirche erhobene Kritik nicht doch teilweise berechtigt sei.

---

33 Leszek Kołakowski: Krótka rozprawa o teokracji (Kurze Skizze über Theokratie), Gazeta Wyborcza v. 24. August 1991.

So veröffentlichte Józef Tischner 1993 im „Tygodnik Powszechny" einen Artikel unter der provokanten Frage: „Hat die Kirche uns belogen?" Darin stellt er fest, die Kirche habe sich zwar ausdrücklich zur Demokratie bekannt, sei aber in den Verdacht geraten, die demokratische Ordnung nicht respektieren zu wollen. Und er fragt: „Will die Kirche Macht oder will sie diese nicht? Will sie einen klerikalen Staat, einen Bekenntnisstaat?" Eine Antwort gibt er nicht. Ihm geht es um die Berechtigung der Fragestellung, die einen Anlaß zu selbstkritischer Besinnung biete und eine Klärung des Verhältnisses von Kirche und Demokratie verlange.

Eine solche Klärung ist zugegebenermaßen schwierig. So verwies Polens Kirche zu ihrer Rechtfertigung in den frühen 1990er Jahren darauf, daß sie lediglich fordere, in der Gesetzgebung die Prinzipien christlicher Ethik zu berücksichtigen, denen eine universale Geltung zukomme. Doch wer entscheidet über die Universalität christlicher Prinzipien? Basiert etwa die Forderung nach einem schulischen Religionsunterricht, der unter dem Druck der Kirche am Parlament vorbei eingeführt wurde, auf einem universal geltenden Prinzip? Wohl kaum. Und was ist von einem strikten Abtreibungsverbot zu halten, das sich zwar auf das universal geltende Gebot des Lebensschutzes berufen kann, aber in seiner Abstraktheit keine Antwort auf schwerwiegende ethische Probleme gibt, wie sie sich etwa im Rahmen einer medizinischen Indikation stellen? Unter der Voraussetzung einer für die Demokratie fundamentalen Trennung von Staat und Kirche sind kirchliche Moralgebote mit der Gesetzgebung nicht ohne weiteres in Deckung zu bringen. Kirchliche Moral und staatliches Recht stehen in der Demokratie eben auch zueinander in Spannung.

Übrigens hat sich nach den harten Auseinandersetzungen der frühen 1990er Jahre, zumindest was die offiziellen Verlautbarungen des Episkopats betrifft, die Lage bald wieder beruhigt. Polens Kirche hatte schmerzlich, aber auch heilsam erfahren, daß sich für sie ihre zuweilen massive politische Einmischung nicht gelohnt hatte. Die ihrer Meinung nach „katholische Gesellschaft" war den Bischöfen auf dem von ihnen gewiesenen Weg in ihrer Mehrheit nicht gefolgt, und sie selbst hatten einen beachtlichen Autoritätsverlust erlitten.

In diese Situation fiel 1997 die 5. Pilgerreise Johannes Paul II. in seine Heimat, wenige Wochen vor den Parlaments- und Senatswahlen. Es herrschte Wahlkampfstimmung. Doch wer gehofft oder wer befürchtet hatte, der „polnische" Papst würde auf irgendeine Weise die Wahlentscheidung der Bürger „christlich" beeinflussen, erlebte ein ausgesprochen „unpolitisches" Kirchenoberhaupt. Józef Tischner kommentierte diese Papstreise im „Tygodnik Powszechny" geradezu als „Wendepunkt in der Geschichte der polnischen Kirche und des polnischen Katholizismus." Johannes Paul II. habe „manche gegenwärtigen Tendenzen im polnischen Katholizismus für nichtig erklärt", indem er gezeigt habe, „daß sie keiner Erwähnung wert sind".
Bezüglich der verbreiteten Politisierung katholischen Glaubens betont Tischner: „Diese Pilgerreise bringt jegliche Sehnsucht nach einem Bekenntnisstaat um ihre Wurzel. Zudem überließ der Papst die Probleme der Politik ihrem eigenen Lauf – und zeigte damit, daß dieser Bereich des Lebens so wichtig nicht ist. Daß es viel fundamentalere Bereiche gibt (wenngleich diese, selbstverständlich indirekt, auf die Politik Einfluß nehmen)."
In einem Schreiben, das der Papst nach seiner Rückkehr in den Vatikan an den Polnischen Episkopat richtete, weist er die politische Verantwortung ausschließlich den Laien zu. Ihnen sei es aufgetragen, „im eigenen Namen, doch als gläubige Glieder der Kirche, das politische Denken, das wirtschaftliche Leben und die Kultur im Einklang mit den Prinzipien des Evangeliums zu verwirklichen. Darin muß man sie zweifellos unterstützen, darf ihnen die Verantwortung aber nicht abnehmen."
Der Episkopat übte denn auch während des Wahlkampfes Zurückhaltung. Noch 1995 hatten Polens Bischöfe in ihrem Hirtenbrief zu den Präsidentschaftswahlen ziemlich unverhohlen für Lech Wałęsa Partei ergriffen. „In Sorge um die Nation" – so der Titel ihrer Botschaft – warnten sie vor den Postkommunisten, die in der Vergangenheit das Land ruiniert hätten und nun wieder nach der Macht strebten: „Sie geben keine Garantie, daß sie anders regieren können als damals, als sie die Nation in die Armut und den Staat in eine dramatische Verschuldung trieben."

Die Gläubigen werden sodann moralisch verpflichtet, für einen Präsidenten zu stimmen, der „die historische, kulturelle und christliche Kontinuität der Nation garantiert." Genutzt hat es nichts. Nicht Lech Wałęsa, sondern der Postkommunist Aleksander Kwaśniewski ging damals aus den Wahlen siegreich hervor. Doch 1997 enthielt sich die Bischofskonferenz jeglicher Wahleinmischung.

Der Ausgang der Parlamentswahlen und die Regierungsbildung dürften für Polens Kirche eine lehrreiche Lektion gewesen sein: Das Linksbündnis wurde ohne ihr Zutun abgewählt und eine Regierung gebildet, in welcher der Premier Jerzy Buzek, ein Protestant, der Außenminister Bronisław Geremek Sohn eines Rabbiners war.

Moralische Autorität der Kirche in gesellschaftspolitischen Fragen

Lassen sich spätestens seit 1997 offizielle Stellungnahmen der Polnischen Bischofskonferenz nicht mehr als eine direkte politische Einmischung deuten, so besagt dies jedoch nicht, Polens Bischöfe hätten sich bezüglich der Entwicklung in ihrem Land jeder Äußerung enthalten. Ganz im Gegenteil. Sie haben das Recht für sich in Anspruch genommen und es als ihre Pflicht angesehen, sich zu Wort zu melden, wann immer sie das Gemeinwohl sowie die Würde und die unveräußerlichen Menschenrechte in Gefahr sahen. Dabei waren sie darauf bedacht, nicht in den Verdacht zu geraten, die eine oder andere Partei in ihrem Kampf um die Macht zu unterstützen, die Kirche aus dem Parteienstreit herauszuhalten und sich Versuchen einer politischen Vereinnahmung zu widersetzen. Es gelang ihnen, ihre moralische Autorität wieder zurückzugewinnen, indem sie nicht mehr direkt, sondern nunmehr indirekt auf gesellschaftspolitische Entwicklungen Einfluß nahmen, soziale Mißstände beim Namen nannten und ihre Beseitigung forderten.

So haben Polens Bischöfe angesichts hoher Arbeitslosigkeit und einer Verarmung breiter Gesellschaftsschichten mehrfach ihre Stimme erhoben, die grassierende Korruption verurteilt, die politischen Mandatsträger auf ihre Verantwortung für das Gemeinwohl ange-

sprochen und sich – nach anfänglichem Zögern – für die Aufnahme Polens in die Europäische Union eingesetzt und zu einer sachgerechten Aufklärung der damit verbundenen Problem beigetragen.
Für diese gleichsam metapolitischen und moralischen Stellungnahmen des Episkopats gibt es zahlreiche Beispiele. So heißt es etwa in einer Erklärung der Bischofskonferenz vom 11./12. März 2003 zu sozialpolitischen Fragen: „Mit der katholischen Moral läßt sich Korruption in keinerlei Form vereinbaren."
Die Bischöfe sehen in Einschätzung der Entwicklung seit 1989 trotz aller positiven Ergebnisse auch negative Erscheinungen: „Das Ausmaß an Armut nimmt zu, die Arbeitslosigkeit wächst tragisch, im dörflichen Raum mehrt sich das Gefühl der Hilflosigkeit und mangelnder Perspektive." Auffallend scharf kritisieren sie bestimmte, die Demokratie direkt betreffende Mißstände: „Mit Nachdruck betonen wir, daß eine Demokratie, in der regelmäßig Grundwerte mißachtet und Prinzipien verletzt werden, nicht dem Menschen und nicht der Nation dient. Die Umwandlung des Staates in ein oligarchisches Spiel öffentlicher und geheimer, formeller und informeller Interessengruppen untergräbt die Legalität der Macht."

Reaktion der Kirche auf Versuche ihrer politischen Vereinnahmung

Polens Kirche zeigt heute nicht mehr ihre zu Zeiten des Kommunismus viel gerühmte Geschlossenheit. An ihre Stelle trat eine Pluralisierung theologischer und pastoraler Ansichten sowie gesellschaftspolitischer Auffassungen und Wertungen. Was die Einstellung zur pluralistischen Demokratie betrifft, so haben wir es, grob gesagt, einerseits mit einem „offenen", dialogbereiten, die pluralistische Demokratie auf der Grundlage der Rechtsgleichheit aller Bürger akzeptierenden Katholizismus um die Wochenzeitung „Tygodnik Powszechny" und die Monatszeitschriften „Znak" und „Więź" zu tun, andererseits mit einer „geschlossenen", national-katholisch geprägten Gruppierung. Letztere verfügt mit dem Radiosender „Maryja" und der Fernsehanstalt „Trwam" über ein durchaus massenwirksames

Sprachrohr, das ihr Direktor, der Redemptoristenpater Tadeusz Rydzyk, zu einer von der offiziellen Kirche untersagten direkten politischen Einflußnahme benutzt.

Seit Jahren befaßt sich die Bischofskonferenz mit der von Pater Rydzyk praktizierten politischen Instrumentalisierung des christlichen Glaubens. Bislang gelang es ihr nicht, die von einer nationalkatholischen Ideologie bestimmten politischen Aktivitäten des Senders wirksam zu unterbinden, der im übrigen trotz aller Kritik von Teilen des Episkopats weiterhin unterstützt wird.

Nach dem Wahlsieg der von Jarosław Kaczyński geführten, von „Radio Maryja" öffentlich unterstützten rechtskonservativen Partei „Recht und Gerechtigkeit" im September 2005, der Übernahme der Präsidentschaft durch seinen Zwillingsbruder Lech und der Bildung einer Koalitionsregierung mit der populistischen „Selbstverteidigung" und der national-katholischen „Liga Polnischer Familien" sah sich Polens Kirche immer wieder Versuchen politischer Instrumentalisierung ausgesetzt.

Wie sehr Polens katholische Kirche aufgrund ihrer Erfahrungen in den ersten Nach-Wende-Jahren nunmehr bestrebt ist, sich einer solchen politischen Instrumentalisierung zu widersetzen, belegen zwei charakteristische Vorgänge: Im Herbst 2005 unternahm die „Liga Polnischer Familien" im Parlament einen letztlich gescheiterten Vorstoß, zur Verschärfung des Abtreibungsverbots die Verfassung zu ändern. In der Sache befand sie sich damit durchaus in Übereinstimmung mit der katholischen Lehre, was von ihr denn auch entsprechend betont wurde. In der Öffentlichkeit wurde ihre Initiative indes als politisches Manöver gewertet, um ein größeres katholisches Wählerpotential für sich zu gewinnen. In dieser Situation sprach sich zwar die Bischofskonferenz für eine Verfassungsänderung aus, distanzierte sich aber zugleich von Versuchen, ihr Votum parteipolitisch zu instrumentalisieren.

Damit bestätigte Polens Kirche unter Wahrung der beiderseitigen Autonomie die Trennung von Staat und Kirche sowie den daraus resultierenden Unterschied zwischen dem von ihr vertretenen göttlichen und dem staatlichen Recht.

Eine geradezu kurios anmutende zweite Initiative ging Ende 2006 von einer Gruppe national-katholischer Parlamentsabgeordneter aus. Diese beantragte, durch einen Parlamentsbeschluß Christus zum König Polens zu erklären. Zur Begründung berief sie sich auf die „Taufe Polens" im Jahr 966, wodurch Polen zu einem „christlichen Staat" geworden sei und der „Herrschaft Christi unterworfen" wurde. Dadurch sei die „Identität" der polnischen Nation „unlösbar mit dem katholischen Glauben verbunden". Zumal in der „gegenwärtigen allgemeinen Weltkrise des Glaubens und der Werte" sei ein solcher Akt von herausragender Bedeutung.[34]

Diese Initiative basiert auf der kritisch zu hinterfragenden Gleichsetzung von Pole und Katholik.[35] Entstanden im 17. Jahrhundert als Ausdruck nationaler Identität im Gegensatz zu den mit dem Protestantismus und der Orthodoxie identifizierten, Polen feindlich gesonnenen Nationen, erfuhr sie in der Zeit der Teilungen ihre Bekräftigung. In der Zwischenkriegszeit (1918–1939) erhielt sie dann eine nationalistische, fremdenfeindliche und antisemitische Färbung. Unter der kommunistischen, die Kirche unterdrückenden Herrschaft schließlich wurde das Stereotyp zu einem Element kirchlich-nationaler Einheit, ja zu einer Quelle der Kraft.

Wörtlich schreibt Chefradakteur Adam Boniecki: „Das Ideal eines Polen-Katholiken, marianisch und verwurzelt in einem heroischen, blutigen und tragischen Gedächtnis, mobilisierte und einte somit. Polen erschien als ein von Gott besonders erwähltes Land. Über es herrschte die Gottesmutter von Tschenstochau – der ‚geistigen Hauptstadt' Polens." Mit dem Ende des Kommunismus, der Rückgewinnung von Freiheit und Souveränität sowie der Einheit Europas habe der Begriff „Pole-Katholik" aber ausgedient – ausgenommen bei einem gewissen Prozentsatz von Polen des rechten Lagers.

---

34 Marek Zając: Jezus nie chce być władcą (Jesus will kein Herrscher sein), Tygodnik Powszechny v. 31. Dezember 2006.

35 „Polak-Katolik w zaniku" (Pole-Katholik auf dem Rückzug), Tygodnik Powszechny vom 3. Mai 2009.

Abgesehen von ihrer theologischen Fragwürdigkeit, ihrer mit dem pluralistischen Demokratieverständnis unvereinbaren Nähe zur Vorstellung eines katholischen Bekenntnisstaates und der ihr zugrundeliegenden einseitigen Geschichtsdeutung, stellt der Vorstoß der national-katholischen Parlamentarier eine Kompetenzüberschreitung und Einmischung in die kirchliche Zuständigkeit dar. Er wurde denn auch von der Kirche zurückgewiesen.

An den zitierten Beispielen wird deutlich, daß unter der von „Recht und Gerechtigkeit" angeführten Koalitionsregierung das Verhältnis der katholischen Kirche zur pluralistischen Demokratie erneut zur Debatte stand – wobei nunmehr allerdings die Politisierung der Religion vornehmlich von national-katholischen Politikern und nicht von der Kirche ausging. Mit den von Donald Tusk und seiner liberal-konservativen „Bürgerplattform" gewonnenen Parlamentswahlen vom 21. Oktober 2007 wurden die national-katholischen Kräfte indes so geschwächt, daß mit weiteren Versuchen einer Instrumentalisierung der Religion – zumindest vorerst – nicht zu rechnen ist.

Die Verfassung als Basis eines geordneten Verhältnisses zwischen Staat und Kirche

In gewisser Weise stellt das Jahr 1997 im Verhältnis der Kirche zu Staat und Gesellschaft eine Zäsur dar, die das Ende einer konfliktreichen Beziehung markiert. Durch die auf dem Amsterdamer EU-Gipfel vom 16./17. Juni ausgesprochene Einladung zur Aufnahme in die Europäische Union und den am 8. Juli auf dem Nato-Gipfel beschlossenen Nato-Beitritt gewann Polen die Perspektive einer Einbindung in die westlichen Strukturen, was sich auf die innenpolitische Stabilität positiv auswirkte. Eine gleiche Wirkung ging von der fünften Pilgerreise Johannes Paul II. aus. So fanden denn auch die Parlaments- und Senatswahlen am 21. September, durch die das bisherige Linksbündnis abgelöst wurde, ohne kirchliche Einmischung statt. Schließlich und vor allem ist die nach dem positiven Ausgang des Referendums angenommene neue Verfassung zu nennen, deren Text Präsident Aleksander Kwaśniewski am 16. April allen

Familien ins Haus schicken ließ. Durch sie erhielt das Staat-Kirche-Verhältnis eine sichere und geordnete Basis.

Wer die in einem Referendum mit nicht ganz 53 Prozent an Ja-Stimmen angenommene Verfassung unvoreingenommen liest, wird kaum verstehen können, warum sie damals innerhalb der Kirche so heiß umstritten war. Man wird beim besten Willen im Text nichts finden, was einem katholischen Glaubens- und Moralverständnis widersprechen würde. Die Gründe für die Ablehnung der Konstitution durch manche kirchliche Kreise liegen wohl kaum in der Sache selbst, sondern sie sind eher psychologischer Natur. Zu tief saß das Mißtrauen, die von den Postkommunisten geführte Regierung, unter der der Verfassungstext erarbeitet wurde, könne sie dazu benutzen, die Rechte der Kirche zu beschränken, dem Atheismus Vorschub zu leisten und dazu noch Polens Unabhängigkeit zu gefährden. Dabei wurde übersehen, daß die Verfassung keineswegs das alleinige Werk der Postkommunisten war, sondern das Ergebnis zäher Verhandlungen, bei denen das Linksbündnis Entgegenkommen zeigen mußte und auch gezeigt hat, denn die Konstitution konnte vom Sejm nur mit einer Zweidrittelmehrheit verabschiedet werden, also mit Stimmen der Opposition, zumal der der Freiheitsunion, der politischen Heimat vieler „offener" Katholiken, die denn auch ihren Einfluß geltend machten.

Der Episkopat hatte im Vorfeld des Referendums eine distanzierte Haltung eingenommen. So äußerte sich Primas Józef Glemp dahingehend, die Vorlage sei „kein schlechter Text, doch in manchen Punkten gibt es Doppeldeutigkeiten".[36] Die Bischofskonferenz empfahl, bei Stimmabgabe dem eigenen Gewissen zu folgen. Von „Radio Maryja" und von manchen Kanzeln wurde dies als Hinweis interpretiert, den Verfassungstext abzulehnen. In einzelnen Pfarreien lagen Flugblätter aus, die mit Vorwürfen des „Liberalismus" und des „Atheismus" gespickt und von Textverfälschungen nicht frei waren. Die neue Konstitution, welche die aus der stalinistischen Zeit stammende und nach dem politischen Umbruch lediglich modifizierte

---

36 Tygodnik Powszechny 1997, Nr. 21, S. 2.

Verfassung ablöste, enthält in ihrer Präambel nicht die von den Bischöfe gewünschte ausdrückliche *Invocatio Dei*, versteht sie doch die polnische Nation als eine Gemeinschaft von Bürgern, „die an Gott als Quelle der Wahrheit, der Gerechtigkeit, des Guten und des Schönen glauben, als auch von solchen, die diesen Glauben nicht teilen, wohl aber diese universalen Werte aus anderen Quellen schöpfen". In der Verfassung fehlt auch nicht der Hinweis auf die „im christlichen Erbe der Nation und in allgemein menschlichen Werten verwurzelte Kultur." Alles Formulierungen, denen man den Kompromiß anmerkt, mit dem sich die Kirche zufriedengeben konnte.

Die Verfassung geht in Art. 25 von der rechtlichen Gleichstellung aller Religionsgemeinschaften aus. Es heißt dort lapidar: „Kirchen und andere Bekenntnisgemeinschaften sind gleichberechtigt." Die katholische Mehrheitskirche ist somit im Staat nicht privilegiert. Die öffentlichen Organe sind in Fragen religiöser, weltanschaulicher und philosophischer Natur zur Neutralität verpflichtet. Die Beziehungen zwischen dem Staat und den Religionsgemeinschaften regeln sich unter Wahrung ihrer „Autonomie" und wechselseitigen Unabhängigkeit – wobei der konziliare Begriff der „Autonomie" den Einfluß der Kirche verrät, die den aus der kommunistischen Vergangenheit belasteten Begriff der „Trennung" von Staat und Kirche strikt abgelehnt hatte. Weitere Regelungen sollen für die katholische Kirche durch Abschluß eines Konkordats, für die anderen Religionsgemeinschaften durch gesetzliche Vereinbarungen mit dem Ministerrat getroffen werden.

Mit der Verabschiedung der Verfassung war somit der Weg zum Abschluß eines Konkordats gebahnt, das nach vierjähriger Verzögerungstaktik durch das von den Postkommunisten dominierte Parlament nach dem Regierungswechsel am 8. Januar 1998 ratifiziert und von Staatspräsident Kwaśniewski am 24. Januar unterzeichnet wurde. Damit hatte Polens Kirche nach manchen Irrungen und Verwirrungen ihren Ort in der demokratischen und pluralistischen Gesellschaft endgültig gefunden.

Die Schatten der Vergangenheit – Priester im Dienst der Staatssicherheit

1990 sondierte Innenminister Krzysztof Kozłowski beim Sekretär der Bischofskonferenz, dem inzwischen verstorbenen Erzbischof Bronisław Dąbrowski, „ob die Kirche an Materialien interessiert sei, die Priester betreffen, welche als Agenten des Sicherheitsapparats geführt wurden. Der Erzbischof antwortete, die erhalten gebliebenen Dokumente seien für den Episkopat prinzipiell ohne Interesse."[37] Damit verzichtete er, anders als die Bischöfe in der ehemaligen DDR, auf die Möglichkeit, Verwicklungen von Priestern in die Machenschaften des Überwachungsstaates frühzeitig aufzuklären. Die ostdeutschen Bischöfe hatten 1993 zu diesem Zweck eine eigene Arbeitsgruppe gebildet. Diese „sollte Erkenntnisse für die Bewertung staatlicher Akten im Prozeß der innerkirchlichen Aufarbeitung bereitstellen und damit der katholischen Kirche in der ehemaligen DDR zur Klarheit über die Bereiche ihrer Vergangenheit verhelfen, die sich in den staatlichen Akten widerspiegeln."[38] Aufgrund ihrer Initiative konnten die ostdeutschen Bischöfe diesen Teil kirchlicher Vergangenheit mit der Veröffentlichung des Abschlußberichts relativ zügig und ohne Glaubwürdigkeitsverlust bewältigen.

Warum haben Polens Bischöfe den von ihren ostdeutschen Amtsbrüdern gewählten Weg nicht beschritten? Zwei Gründe dürften dafür den Ausschlag gegeben haben: Zum einen bestand, anders als in der Bundesrepublik, nach 1990 in Polen weder ein gesellschaftliches

---

37 Kościół i teczki (Kirche und die Akten), Tygodnik Powszechny 9/2005.
38 Dieter Grande, Bernd Schäfer: Kirche im Visier. SED, Staatssicherheit und katholische Kirche in der DDR, Leipzig 1998, S. 11. Vgl. auch Theo Mechtenberg: Abschlußbericht mit Klärungsbedarf, Orientierung 62/1998.

Interesse an einer Aufarbeitung der Vergangenheit, noch erlaubten die politischen Rahmenbedingungen zu diesem frühen Zeitpunkt die Einrichtung einer der Gauck-Behörde vergleichbaren Institution. Erst mit dem Gesetz über die Sammlung von Dokumenten der Sicherheitsorgane vom 18. Dezember 1998 und der gleichzeitigen Errichtung des Instituts für das Nationale Gedächtnis (IPN) zur Untersuchung kommunistischer Verbrechen konnten anhand der Akten Priester als Mitarbeiter der Staatssicherheit erfaßt werden. Zum anderen hatte Polens Kirche, die sich nach dem Ende kommunistischer Herrschaft als Sieger der Geschichte sah und von einem Gefühl des Triumphalismus nicht frei war, gewiß kein Interesse, ihr Selbstbild durch Schatten der Vergangenheit zu verdunkeln.

Nach 1989/90 hatten Polens Bischöfe einseitig und allzu sehr den Kampf gegen das kommunistische System betont. Kaum einmal war die Rede davon, daß die Kirchenführung – und zwar aus durchaus verständlichen Gründen – immer auch ein Verhandlungspartner des Staates und seiner Institutionen gewesen war, um in Situationen kirchenpolitischer Verschärfung Kompromisse einzugehen oder bei gesellschaftlichen Konflikten zu vermitteln. In Anbetracht dieser Strategie konnte sich leicht die Grenze zwischen offiziellen Gesprächen und informellen Kontakten verwischen. Der ehemalige Jesuit Stanisław Obierek zitiert in diesen Zusammenhang die recht freimütige Äußerung eines Bischofs: „Nun ja, sie kamen zu mir, wir tranken das eine oder andere Gläschen und redeten miteinander." Und Obierek kommentiert: „Er sah darin kein Problem; im Grunde machte er daraus eine Taktik. Als andere es von den Kommunisten auf den Deckel bekamen, ja sogar in Gefängnissen saßen, legten sich die Bischöfe einen *modus vivendi* mit der Macht zurecht."[39]

Dabei zeigt Obierek unter Hinweis auf Primas Wyszyński durchaus Verständnis dafür, daß es in bestimmten Situationen klug und geboten war, Kompromisse einzugehen, fügt aber hinzu: „Die Kirche hätte allerdings nach 1989 sagen können, daß sie sich – mit dem

---

[39] Stanisław Obierek, Andrzej Brzeziecki, Jarosław Makowski: Przed Bogiem (Vor Gott), Warszawa 2005, S. 13.

Rücken an der Wand – auf ein Spiel mit der Partei eingelassen und zur Rettung oder zum Schutz von Menschen Zugeständnisse gemacht hat. Ich denke, die Nation hätte dies nicht als Kollaboration, sondern als Glaubwürdigkeit der Kirche verstanden."[40]

Ab 1999 hätte dann Polens Kirche durchaus Gelegenheit gehabt, Fälle, bei denen Priester als Informelle Mitarbeiter des Sicherheitsapparats verdächtigt wurden, aufzuklären. Sie tat es nicht. Durch dieses Versäumnis geriet sie zunehmend unter Druck, nachdem nun die Opfer beim Institut für das Nationale Gedächtnis Einsicht in ihre Akten nehmen konnten und damit nicht nur die Untaten von Funktionsträgern des Sicherheitsapparats ans Licht kamen, sondern auch die Namen ihrer Informellen Mitarbeiter, darunter auch die einfacher Pfarrer, prominenter Theologen und ranghoher Prälaten. An den „Enthüllungen" beteiligten sich die Medien, so daß die skandalumwitterte Verstrickung von Geistlichen in das Unrechtssystem monatelang verkaufsträchtige Schlagzeilen abgab.

Statt eigenes Versagen einzugestehen und der von P. Johannes Paul II. für das neue Jahrtausend vorgegebenen Maxime einer „Reinigung des Gedächtnisses der Kirche" zu folgen, verhielt sich Polens Kirche zunächst äußerst defensiv, indem sie den Wahrheitsgehalt der Akten in Frage stellte und Recherchen einzelner von den Sicherheitskräften verfolgter Priester, wie die von Tadeusz Isakowicz-Zaleski, behinderte. Als mit der Solidarność eng verbundener Priester war er von Funktionären des Sicherheitsdienstes äußerst brutal mißhandelt worden und nur knapp mit dem Leben davon gekommen. Bei der Lektüre seiner Akten war er auf zahlreiche Namen priesterlicher Zuträger gestoßen. Darauf weitete er seine Forschungen aus und forderte seitens der Kirchenleitung eine gründliche Aufarbeitung dieses für die Kirche dunklen Kapitels, worauf Primas Glemp ihn als „Oberstasi" betitelte, sich dafür allerdings wenig später entschuldigte. Zaleskis Ordinarius, Kardinal Stanisław Dziwisz, verhängte über ihn zeitweilig ein öffentliches Redeverbot in Sachen Lustration

---

40 Ebd., S. 12.

und zeigte sich über die Veröffentlichung seines Buches „Priester und Staatssicherheit"[41] alles andere als erfreut. Dabei enthält es keineswegs nur die Schattenseite einer Zusammenarbeit von Priestern mit dem Überwachungsstaat, sondern gleichzeitig zahlreiche Belege dafür, daß sich Geistliche trotz massiven Drucks Anwerbungsversuchen erfolgreich widersetzt hatten.

Erst nach einer Vielzahl von „Enthüllungen" und einer breit geführten gesellschaftlichen Diskussion reagierte der Episkopat endlich auf die für die Kirche belastende Situation. Er verabschiedete am 25. August 2006 eine „Gedenkschrift bezüglich der Zusammenarbeit von einigen Geistlichen mit den Organen des Sicherheitsapparats in den Jahren 1944–1989" und berief am 18. Oktober 2006 eine „Kirchliche Historische Kommission" zur Aufklärung von Verdachtsfällen.[42] Am 12. Dezember 2006 erklärte sich die Kommission bereit, auf persönliches Ersuchen sowie auf Bitten des Episkopats derartige Verdachtsfälle zu untersuchen.

Mit dieser relativ späten Initiative wollten Polens Bischöfe dem in der Öffentlichkeit entstandenen Eindruck entgegenwirken, ihnen sei daran gelegen, die Wahrheit über die Zusammenarbeit von Priestern mit den Sicherheitsorganen zu vertuschen und darüber das Schicksal der Opfer zu vergessen. Sie beklagen, daß durch einen solchen Verdacht die Glaubwürdigkeit und Autorität der Kirche in Frage gestellt werde. Demgegenüber erinnern sie an die Jahrzehnte kommunistischer Herrschaft, in denen die Kirche „eine Oase der Freiheit und Wahrheit" gewesen sei.

Was die Kollaboration von Priestern mit dem System betrifft, so lassen sich die Bischöfe in ihrer „Gedenkschrift" von den der Kirche eigene Kriterien von Sünde und Buße leiten. Sie charakterisieren die bewußte und freiwillige Tätigkeit für die Sicherheitsorgane als „öffentliche Sünde", die auch öffentlich zu bekennen und wieder-

---

[41] Tadeusz Isakowicz-Zaleski: Księża wobec bezpieki na przykładzie Archidiecezji krakowskiej (Priester und Staatssicherheit am Beispiel der Krakauer Erzdiözese), Kraków 2007.

[42] Wolfgang Schlott: Wider die Sünde der Zusammenarbeit mit dem Feind, Orientierung 71/2007.

gutzumachen sei. Den Kern des Vergehens sehen sie in der persönlichen Unterordnung unter die Macht des totalitären Apparats sowie in der Denunziation durch Nachrichtenübermittlung zum Schaden anderer. Ein solches Verhalten sei ein das Gewissen schwer belastender Verrat an sich selbst sowie an anderen.

Bei der Bewertung der Vergehen berücksichtigt die „Gedenkschrift" die von Karrieresucht bis zu Angst reichende Skala möglicher Motive. Wenngleich ein Versagen aus Schwäche eine Zusammenarbeit mit den Sicherheitsorganen nicht rechtfertige, so mildere diese doch die moralische Bewertung. Ganz im Sinne katholischer Moral sprechen sich die Bischöfe für eine klare Verurteilung der Sünde der Kollaboration aus, ohne indes den sündig gewordenen Priester zu verdammen. Er soll vielmehr nicht auf Dauer stigmatisiert, sondern durch Akte der Buße und Wiedergutmachung versöhnt werden.

Die Umstände eines ungewöhnlichen Amtsverzichts

Der Vorfall, der sich am 7. Januar 2007 in der Warschauer Kathedrale zugetragen hat, dürfte in der Kirchengeschichte präzedenzlos sein. Der Chorraum war mit Bischöfen und Priestern dicht gefüllt, in den Kirchenbänken drängte sich das Gottesvolk, Regierungsvertreter, unter ihnen Polens Staatspräsident Lech Kaczyński, waren anwesend. Sie alle wollten an der Amtseinführung von Erzbischof Stanisław Wielgus teilnehmen. Doch dazu kam es nicht.

Durch ein Kommuniqué des Nuntius erfuhren die Anwesenden vom Amtsverzicht des am 6. Dezember 2006 zum Nachfolger von Kardinalprimas Józef Glemp ernannten neuen Erzbischofs. Zwei Stunden vor Beginn der Feierlichkeiten war, so hieß es, die Mitteilung aus Rom eingetroffen, Papst Benedikt XVI. habe dessen Rücktrittsgesuch angenommen.

Wie konnte es zu diesem höchst ungewöhnlichen Ereignis kommen? Was sind die Gründe für den überraschenden Amtsverzicht des Warschauer Oberhirten? Und warum entschloß er sich zu diesem Schritt erst auf vatikanischen Druck unmittelbar vor seiner Amtseinführung?

Nachdem Kardinalprimas Józef Glemp, der kirchlichen Regelung entsprechend, sein Amt mit 75 Jahren niedergelegt hatte, ließ sich der Vatikan mit einer Nachfolgeentscheidung Zeit. Im Oktober 2006 verdichtete sich dann das Gerücht, Stanisław Wielgus, der 67jährige Bischof von Płock, sei der Erwählte. Sein Wahlspruch „Für Gott und Vaterland" wies ihn als Vertreter des konservativ-nationalen Flügels des polnischen Episkopats aus. Zudem galt er als besonderer Schutzpatron von „Radio Maryja". Doch nicht dies bestimmte in den folgenden Monaten die Diskussion um seine Person, sondern der erstmals im November 2006 in der Presse erhobene Vorwurf, er sei als geheimer Mitarbeiter des kommunistischen Sicherheitsdienstes tätig gewesen.

Am 7. Dezember 2006, einen Tag nach seiner Ernennung zum Warschauer Erzbischof, nahm Wielgus öffentlich zu den Vorwürfen Stellung: „In jener Zeit hatte jeder Geistliche mit seinem Eintritt ins Seminar eine Akte. Dort finden sich verschiedene Sachen, auch Halb- und Viertelwahrheiten, und manchmal auch Unwahrheiten. Man muß damals gelebt haben, um das zu verstehen." Und unter Hinweis auf seine Fachkompetenz als Mediävist ergänzte er: „Das Mittelalter ist zwar vorbei, doch immer noch schlummern in manchen inquisitorische Gelüste. Mit vorschnellen Anschuldigungen kann man leicht jemandem das Leben zerstören."[43]

Doch mit dieser Erklärung ließen sich die Vorwürfe nicht aus der Welt schaffen. Dazu hätte es einer von Erzbischof Wielgus beantragten Prüfung seiner Akten bedurft. Dies hielt er jedoch nicht für erforderlich. Mehr noch: Er bestritt, jemals für den polnischen Sicherheitsapparat tätig gewesen zu sein. Nicht nur in öffentlichen Erklärungen, sondern auch während einer vom Warschauer Nuntius Józef Kowalczyk unter Eid vorgenommenen Befragung verheimlichte er, mit dem polnischen Sicherheitsapparat zusammen gearbeitet zu haben. Als spekuliert wurde, der Nuntius habe den Erzbischof belastende Informationen zurückgehalten, machte dieser, was höchst

---

43 Jan Pleszczyński u. a.: Idę do zadań bardzo trudnych (Mir stehen sehr schwere Aufgaben bevor), Tygodnik Powszechny v. 17. Dezember 2006.

ungewöhnlich ist, das Ergebnis der eidlichen Befragung öffentlich: Erzbischof Wielgus „beschrieb seine Ausreise nach Deutschland, legte die gesamte Prozedur dar, wie er den Paß erhielt etc. Doch mit keinem Wort erwähnte er die Tatsache einer schriftlichen Verpflichtung zur Mitarbeit."[44] Die nach Rom weitergeleitete Befragung bildete die Grundlage für das Kommuniqué des Vatikanischen Pressebüros vom 21. Dezember 2006, in dem es u. a., Erzbischof Wielgus entlastend, heißt: „Bei der zur Ernennung des Warschauer Erzbischofs führenden Entscheidung wurden alle seine Lebensumstände in Betracht gezogen, darunter auch die seine Vergangenheit betreffenden […]. Dies bedeutet, daß der Heilige Vater Erzbischof Stanisław Wielgus volles Vertrauen geschenkt und ihm im vollen Bewußtsein die Mission eines Hirten der Warschauer Erzdiözese anvertraut hat." Sowohl der Nuntius als auch der Vatikan haben sich somit angesichts der Gerüchte um die Person des Erzbischofs auf dessen Glaubwürdigkeit verlassen. Dies sollte sich als ein verhängnisvoller Fehler erweisen, der für Polens Kirche einen beträchtlichen Verlust an Glaubwürdigkeit nach sich zog.

Wenige Tage vor der geplanten Amtseinführung überschlugen sich die Ereignisse. Am 2. Januar 2007 gab Erzbischof Wielgus in einem der „Gazeta Wyborcza" erteilten Interview erstmals zu, der polnischen Auslandsspionage gegenüber unter Druck eine handschriftliche Verpflichtung zur Zusammenarbeit eingegangen zu sein. Gleichzeitig erteilte er endlich der auf Veranlassung der Bischofskonferenz gebildeten Kirchlichen Historischen Kommission den Auftrag, seine dem Institut für das Nationale Gedächtnis vorliegenden Akten prüfen zu lassen. Zwei Tage später waren dann diese Materialien durch Veröffentlichung in der „Rzeczpospolita" und der „Gazeta Polska" jedermann zugänglich. Ihnen zufolge wurde Wielgus bereits seit 1967, fünf Jahre nach seiner Priesterweihe, unter verschiedenen Decknamen als geheimer Mitarbeiter des Sicherheitsdienstes geführt, ab 1973 auch als solcher des Auslandsgeheimdienstes. Sowohl die vom Om-

---

44 Adam Boniecki: Historia odwołanej nominacji (Die Geschichte der widerrufenen Ernennung), Tygodnik Powszechny v. 21. Januar 2007.

budsmann eingesetzte unabhängige Untersuchungskommission als auch die Kirchliche Historische Kommission kamen am 4. bzw. 5. Januar 2007 zu dem übereinstimmenden Ergebnis, daß die vorliegenden Dokumente zweifelsfrei eine bewußte und geheime Mitarbeit von Stanisław Wielgus mit dem Sicherheitsapparat belegen, wodurch er – so die Kirchliche Historische Kommission – gegen ein ausdrückliches Verbot der Bischofskonferenz verstoßen habe. Auch ließen die Unterlagen den Schluß zu, daß Wielgus während der Jahre seiner Lehrtätigkeit an der Katholischen Universität Lublin „verschiedenen Personen aus kirchlichen Kreisen hätte schaden können." Das Untersuchungsergebnis der Kirchlichen Historischen Kommission wurde unverzüglich dem Vatikan übermittelt. Es war für den letztendlichen Amtsverzicht von Erzbischof Wielgus ausschlaggebend. Trotz allem blieb Erzbischof Wielgus bei seiner Rechtfertigungsstrategie. Auf das Untersuchungsergebnis der Kirchlichen Historischen Kommission reagierte er mit einer dreiseitigen Erklärung, „in der er eine Mitarbeit sowohl mit dem Lubliner Sicherheitsapparat als auch mit dem Auslandsgeheimdienst kategorisch abstritt". Den Wahrheitsgehalt der Akten stellte er rundweg in Frage: „Die Charakterisierung meiner Person, soweit sie in den Materialien des Sicherheitsdienstes enthalten ist, weicht so weit von der Wahrheit ab, daß ich sie auf dieser Grundlage niemals erkannt hätte, wäre sie anonym."
Noch zwei Tage vor dem Termin seiner Amtseinführung wandte er sich mit einer Erklärung an die Gläubigen und Priester der Warschauer Erzdiözese. Darin beklagt er im nachhinein, er habe es bei seinen Kontakten mit dem Sicherheitsdienst an der „nötigen Vorsicht" fehlen lassen. Zudem sei er sich bewußt, die kirchliche Glaubwürdigkeit beschädigt zu haben, indem er „angesichts der erbitterten Pressekampagne der letzten Tage" das Faktum seiner Mitarbeit weiterhin bestritten habe. Doch zu einem Amtsverzicht erklärt er sich in diesem Schreiben nicht bereit. Im Gegenteil: „Wenn Ihr mich annehmt, worum ich Euch mit reumütigem Herzen bitte, dann werde ich ein Bruder unter Euch sein [...]."[45]

---

45 Marek Zając: Inne poważne przyczyny (Andere wichtige Gründe), Tygod-

Der unter dramatischen Umständen vollzogene Amtsverzicht von Erzbischof Wielgus fiel in die Zeit der von den Geistlichen unternommenen nachweihnachtlichen Hausbesuche bei ihren Gemeindegliedern. So wurden sie unmittelbar mit der Betroffenheit der Gläubigen konfrontiert. Es herrschte eine Traurigkeit vor, vergleichbar der beim Tode von P. Johannes Paul II. Unter Hinweis darauf, das Geschehene erst einmal verdauen zu müssen, wurden Priester abgewiesen und auf einen Besuch im nächsten Jahr vertröstet. Besonders schmerzlich wurde empfunden, daß der Erzbischof gelogen und erst unter der Last der Beweise sein Versagen eingestanden hatte. Unter Tränen fragte man den Pfarrer: „Und der soll unser Hirte sein?" Es zeigte sich, daß die Gläubigen weniger über die den Erzbischof belastenden Kontakte erschüttert waren als darüber, „daß er die Fakten geleugnet hatte."[46]

Überprüfungsverfahren sämtlicher Bischöfe

Um sicher zu gehen, daß es sich bei der in die Zeit vor seiner Bischofsweihe fallenden Kollaboration von Erzbischof Wielgus um einen bedauerlichen Einzelfall handelte und keine weiteren „Enthüllungen" zu befürchten seien, beauftragte die Bischofskonferenz im Einverständnis aller Bischöfe die Kirchliche Historische Kommission, die Vergangenheit aller sich derzeit im Amt befindlichen Bischöfe auf eine etwaige Tätigkeit für die Sicherheitsorgane zu überprüfen. In ihrem Kommuniqué vom 11. März 2009 gab sie in einer knapp gefaßten Erklärung das Ergebnis der Untersuchung bekannt. Danach waren alle relevanten Unterlagen im Oktober 2008 dem Apostolischen Stuhl zugeleitet worden, der nach genauer Prüfung keine Veranlassung sah, „Mitglieder des Episkopats Polens wegen schuldhafter und freiwilliger Zusammenarbeit mit den Sicherheitsdiensten der VRL anzuklagen." Damit sei die Angelegenheit als erle-

---

nik Powszechny v. 14. Januar 2007.
46 Wojciech Markiewicz: Krajobraz po kolędzie (Landschaft nach den weihnachtlichen Hausbesuchen), Polityka v. 27. Januar 2007, S. 27.

digt zu betrachten. Die Bischofskonferenz habe daher „nicht die Absicht, in Zukunft zu derlei Materialien Stellung zu beziehen." Abschließend zeigen sich die Bischöfe überzeugt, „die Gläubigen würden nicht Versuchen erliegen, die moralische Autorität der Kirche und ihrer Hirten zu untergraben […]."

Das Kommuniqué löste wegen seiner lapidaren Kürze Überraschung und Irritationen aus. Offenbar hatte man erwartet, über den Ausgang der Untersuchung umfassender und detaillierter informiert zu werden. Daß Polens Bischöfe in dieser wichtigen Frage ein Verfahren weitgehender Geheimhaltung wählten, mag zwar mit dem Kirchenrecht in Einklang stehen, doch fragt man sich, ob es in einer offenen Gesellschaft opportun war, zumal einige Bischöfe in der Öffentlichkeit unter dem Verdacht einer Kollaboration standen, der durch Offenlegung der Untersuchungsergebnisse hätte leicht ausgeräumt werden können. Auch hätten die Bischöfe das Vertrauen, das sie von ihren Gläubigen einfordern, ihnen ihrerseits durch eine eingehendere Information erweisen können. Mehr noch: Wenn das Kommuniqué von Versuchen spricht, „die moralische Autorität der Kirche und ihrer Hirten zu untergraben", dann zielt diese Bemerkung vor allem gegen die Medien, die Fälle von mutmaßlicher und tatsächlicher Kollaboration kirchlicher Amtsträger publik gemacht haben, was von den Bischöfen in der Regel als kirchenfeindliche Akte verstanden wurde. Aber lassen sich derlei unliebsame „Enthüllungen" nicht besser durch eine kirchliche Informationspolitik vermeiden, die sich nicht scheut, ihrerseits derlei Fälle bekannt zu machen, anstatt sie möglichst geheim zu halten?

Gestörtes Verhältnis zur Öffentlichkeit

Zu einem Teil erklärt sich dieses gegenüber der Gesellschaft wenig offene Verhalten des Episkopats aus den Jahrzehnten kommunistischer Herrschaft. Damals besaßen Partei und Regierung das Monopol über die Medien, die nur zu oft im Dienst einer kirchenfeindlichen Propaganda standen. Aus jener Zeit stammt die recht negative Einstellung zu den außerkirchlichen Medien, wobei Polens Kirche zugleich die Ersatzfunktion einer „Gegenöffentlichkeit" zum kommunistischen System erfüllte. Damit fehlte es ihr aber nach 1989/90 an Erfahrung im Umgang mit den Medien in einer freien, demokratischen und pluralistischen Gesellschaft, so daß eine die Kirche betreffende Kritik allzu leicht und oft unbegründet als eine gezielte kirchenfeindliche Aktion mißverstanden wurde.

Analysiert man das Verhalten der Kirche in der öffentlichen Debatte um Priester, die als Informelle Mitarbeiter des repressiven Sicherheitsapparates beschuldigt wurden, dann zeigt sich trotz gegenteiliger Beteuerung, daß die Kirchenleitung keineswegs der Maxime gefolgt ist, „die Wahrheit wird euch frei machen" (Jo 8,32). Allzu lange hatte man gegen die Aussage der Schrift gehofft, daß das Verborgene „nicht bekannt wird" (Mt 10,26). Nun zeigte es sich, daß sich die Vertuschung von Tatsachen sowie eine Verzögerungstaktik nicht ausgezahlt hatten. Auch wenn Polens Kirche, wenngleich verspätet, mit der Berufung einer Kirchlichen Historischen Kommission zur Aufklärung ihrer Vergangenheit bereit war, so bedarf es doch darüber hinaus einer grundsätzlich veränderten Einstellung zur Öffentlichkeit, um verlorenes Vertrauen zurückzugewinnen. Wenig hilfreich erscheint da der Brief der polnischen Bischöfe vom 12. Januar 2007, in dem sie das Verhalten von Erzbischof Wielgus aus einer „mangelnden Beachtung des allgemein geltenden Prinzips der Unschuldsvermutung" erklären, wodurch „um den beschuldigten Erzbischof eine Atmosphäre des Drucks geschaffen wurde, die es ihm nicht erleichterte, der öffentlichen Meinung eine entsprechende Verteidigung vorzulegen, zu der er das Recht hatte."

Gegen eine derartige Verharmlosung wendet sich der Dominikaner Paweł Kozacki, indem er einfordert, das Böse, von wem immer es auch begangen wird, beim Namen zu nennen und nicht zu beschönigen. Er wirft dem Episkopat vor, mit doppeltem Maß zu messen: „Ein gewöhnlicher Mensch lügt, doch ein Bischof weicht von der Wahrheit ab; ein gewöhnlicher Mensch sündigt, ein Bischof begeht Fehler." Und unter den Beispielen, die Paweł Kozacki als Beleg anführt, findet sich auch eine Äußerung von Erzbischof Wielgus in seiner Eigenschaft als Mitglied eines Gremiums pastoraler Sorgfaltspflicht gegenüber „Radio Maryja". Vor Jahren hatte er auf eine von „Radio Maryja" verbreitete Verleumdung, Lech Wałęsa sei ein Agent des Sicherheitsdienstes gewesen, diese Beschuldigung heruntergespielend, erklärt: „Es kommt vor, daß Menschen um extreme, mitunter radikale Ansichten gebeten werden, doch sollen wir diese zensurieren?" Kozacki kommentiert: „Als ähnliche Vorwürfe Erzbischof Wielgus betrafen, hörten wir, daß ihm das Recht auf Unschuldsvermutung vorenthalten wurde."[47] Diese Doppelmoral verleitet dazu, die Medien als kirchenfeindlich zu beschuldigen und rein defensiv zu reagieren, wenn sie die Kirche belastende Fakten ans Licht bringen. Der Beobachter gewinnt dann den Endruck, die Kirche wünsche sich, vor jeder „Enthüllung" durch die Medien geschützt zu sein.

Dies hatten offenbar Parlamentsabgeordnete aus dem Umfeld von „Radio Maryja" im Sinn. In einem an den Präsidenten, den Premier sowie an den Justizminister gerichteten Schreiben forderten sie „einen Schutz der Geistlichen vor Attacken der Medien". Dies hätte eine Gleichstellung des Klerikerstandes mit öffentlichen Mandatsträgern – Richtern, Staatsanwälten und höheren Beamten – bedeutet. Die Eingabe zeigt, auf welche Weise national-katholische Kräfte auf den „Fall Wielgus" reagierten, auf den sich die Unterzeichner des Schreibens denn auch ausdrücklich berufen und für den sie die „Pressekampagne" verantwortlich machen: „Wir sehen in der rechtlosen Attacke durch kirchenfeindliche Massenmedien einen Anschlag auf die Einheit und Glaubwürdigkeit der Kirche in Polen sowie die Absicht, die mit der Nation verbundenen Geistlichen zu diskreditieren."[48] Auch wenn diese Initiative keine Chance hatte, verwirklicht zu werden, so ist sie doch ein bedenkliches Indiz für immer wieder unternommene Versuche national-katholischer Einflußnahme auf die Politik, die stets eine innerkirchliche Polarisierung nach sich ziehen.

---

47 Paweł Kozacki: Wierzę, że Kościół jest święty (Ich glaube, daß die Kirche heilig ist), Tygodnik Powszechny v. 4. Februar 2007.

48 Artur Sporniak: Konstantyńskie déjà vu (Konstantinisches Déjà-vu-Erlebnis), Tygodnik Powszechny v. 11. Februar 2007.

Zwischen Skepsis und Bejahung – Polens Bischöfe und der EU-Beitritt ihres Landes

Es bedurfte eines längeren Klärungsprozesses, ehe sich Polens Bischöfe zu einer grundsätzlich positiven Einstellung zu einem EU-Beitritt ihres Landes durchgerungen hatten. Dabei hatte die Kirche den politischen Umbruch des Jahres 1989 durchaus als Chance zu einer „Rückkehr nach Europa" begrüßt. Doch die Zugehörigkeit zum westeuropäischen Kulturkreis beinhaltet nicht ohne weiteres eine Aufnahme in die Europäische Union. Schließlich gehören ihr auch die Schweiz und Norwegen nicht an, doch niemand bestreitet ihren Platz in Europa. Die Skepsis der polnischen Bischöfe hat ihren Grund darin, daß sie in Europa vor allem eine Wertegemeinschaft sehen, die ihnen angesichts bestimmter Entwicklungen in der EU bedroht erscheint und deren negative Auswirkungen sie für Polen befürchten. Dies geht denn auch aus der ersten zitierbaren Äußerung des Primas hervor. Während eines Londonaufenthaltes äußerte sich Kardinal Józef Glemp wie folgt: „Sollen wir einem imaginären Europa beitreten, mit legalisierter Abtreibung, mit Verletzung der Prinzipien des Christentums, mit Geringschätzung von Ehe und Familie? Stehen derlei Bedingungen nicht im Widerspruch zu unserer Unabhängigkeit, unserer Identität?"[49]
Was Polens Bischöfe in den 1990er Jahren in ihrer Einstellung zum westlichen Europa somit irritierte, war die dort fortschreitende Säkularisierung, in der sie auch für Polen eine Bedrohung des kirch-

---

49 Kościół – Polska – Unia Europejska (Kirche – Polen – Europäische Union), Gliwice o. J., S. 3.

lichen Lebens und der nationalen Identität sahen. Die Frage ist jedoch, ob der mit einer Entkirchlichung einhergehende Säkularisierungsprozeß mit dem europäischen Integrationsprozeß in einem unmittelbaren und zwingenden Zusammenhang steht oder im Grunde von diesem unabhängig verläuft, so daß die Verweigerung eines EU-Beitritts keine Garantie bietet, von ihm verschont zu bleiben. Wenn aber eine Abschottung gegen negative westliche Einflüsse kaum als möglich erscheint, dann bleibt als Alternative nur, im Säkularisierungsprozeß eine Herausforderung zu sehen und gemeinsam mit den anderen europäischen Kirchen in einer zwischenkirchlich abgestimmten Strategie darauf zu reagieren.[50]

Deutsche Bischöfe leisten Hilfestellung

Der Klärungsprozeß der 1990er Jahre war von zahlreichen Gesprächen mit deutschen Bischöfen begleitet, vor allem mit dem Hildesheimer Bischof Josef Homeyer, der dem deutschen Episkopat in die Kommission der Bischofskonferenzen der Europäischen Gemeinschaft (ComECE) über viele Jahre als ihr Präsident vertreten hat. Dies garantierte eine recht gute zwischenkirchliche Zusammenarbeit. Sowohl Kardinal Lehmann als auch Bischof Homeyer haben Fragen nach Sinn, Chancen und Aufgaben des Integrationsprozesses in wiederholten Begegnungen mit dem Primas, einzelnen Bischöfen und der Vollversammlung der polnischen Bischöfe ausführlich diskutiert. Von besonderer Bedeutung ist es, daß Bischof Homeyer in seiner Position die Beziehungen zwischen dem polnischen Episkopat und dem Sekretariat von ComECE anknüpfen und fördern konnte, das dann seinerseits Besuche von Bischofsdelegationen und Einzelkontakten ermöglicht hat.
Aufgrund dieser zwischenkirchlichen Zusammenarbeit kam es 1997 erstmals zu einem Besuch einer Delegation des Polnischen Episko-

---

50 Zum Säkularisierungsprozeß als kirchliche Herausforderung vgl. Erzbischof Alfons Nossol: „Beitrag der Kirchen zum Aufbau Europas als Gemeinschaft des Geistes"'; in: Studia Oecumenica 1/2001, S. 9–20.

pats unter Leitung von Primas Józef Glemp und Erzbischof Henryk Muszyński bei der Brüsseler Kommission. In verschiedenen Gesprächen mit Kommissaren und Direktionsleitern gewann sie den Eindruck, daß die Brüsseler Behörde keineswegs ein Europa seelenloser Technokratie wünscht, sondern eine auf universale Werte basierende Union, in der gemäß des Amsterdamer Vertrages auch den Kirchen eine unverzichtbare Rolle zukommt. Gerade angesichts des Verfalls traditioneller sozialer Bindungen innerhalb der europäischen Gesellschaften sehe man in den Kirchen wertvolle Partner einer gemeinsamen Sorge um die Identität Europas. Die damaligen Gespräche zerstreuten manche bisherigen Bedenken und brachten den Durchbruch zu einer positiveren Grundeinstellung der Bischöfe zu einem EU-Beitritt Polens. Nach ihrer Rückkehr erklärten sie in einem Kommuniqué denn auch, den Beitritt Polens zur Europäischen Union unterstützen zu wollen.

Die Position des Episkopats zum EU-Beitritt

Um die Jahrtausendwende war somit der Episkopat einem EU-Beitritt Polens gegenüber durchaus positiv eingestellt. So wurden sämtliche polnische Pfarrer mit Informationsbroschüren zur Rolle der katholischen Kirche im europäischen Integrationsprozess sowie zur besonderen Situation der polnischen Landwirtschaft versorgt.[51] Gegenüber den kirchlichen Integrationsgegnern, die mit „Radio Maryja" ein einflußreiches Sprachrohr besitzen, betonten die Bischöfe, daß die Verbreitung von Ängsten mit dem missionarischen Auftrag der Kirche unvereinbar sei. Die Sendung der Kirche erfor-

---

51 Es handelt sich um folgende, unter Mitwirkung des katholischen Jugendbildungszentrums „Kana" im Gleiwitzer Verlag „Wokół nas" erschienene Schriften: Kościół, Polska, Unia Europejska (Kirche, Polen, Europäische Union), o. J.; Rola Kościoła katolickiego w procesie integracji europejskiej (Die Rolle der katholischen Kirche im Prozeß der europäischen Integration), 2001; Polska wieś wobec integracji europejskiej (Das polnische Dorf und die europäische Integration), 2001.

dere es, in die bedrohte Welt zu gehen und die Europäische Union als „große Herausforderung für das Christentum" anzunehmen.[52]

Das Dokument des Polnischen Episkopats zur Integration mit der Europäischen Union vom 21. März 2002[53] kann als vorläufigen Abschluß des innerkirchlichen Klärungsprozesses gewertet werden. Es faßt den Standpunkt der Bischöfe zusammen und beschreibt die sich stellenden Aufgaben. Im Wissen darum, daß die um eine Integration Polens mit der EU geführten Debatten sowie die gegenwärtigen Beitrittsverhandlungen „die Zukunft Polens auf Jahrzehnte hin" bestimmen werden, sprechen sich die Bischöfe für ein Engagement aller für das nationale Erbe verantwortlichen gesellschaftlichen Kräfte aus, darunter auch das der Kirchen und der Religionsgemeinschaften. Ihre Aufgabe sei es, den in der Bevölkerung vorhandenen Vorbehalten und Befürchtungen durch eine sachliche Information wirksam zu begegnen.

Vorrangige Sorge der Bischöfe ist es, daß Polen mit seinem Beitritt zur Europäischen Union nichts von seiner christlichen Tradition und Identität einbüßt. Ihnen ist allerdings auch bewußt, daß andere Völker Europas ihre eigene, nicht in gleicher Weise christlich geprägte Identität besitzen, die es gleichfalls zu respektieren gilt, und daß über die Gestalt des künftigen Europas alle Völker das Recht auf Mitentscheidung besitzen. Dies bedeutet, daß sich Polens katholische Kirche durchaus der Grenzen ihrer Einflußmöglichkeiten bewußt, doch zugleich willens ist, diesen Spielraum „unter Beachtung eines weltanschaulichen Pluralismus des gemeinsamen Europa" zu nutzen, „um mit einem neuen Impuls die reiche, kulturelle, religiöse und geistige ‚Mitgift' unserer Nation zu wahren, zu vertiefen und in das neue Jahrtausend zu überführen" sowie möglichst „mit anderen Völkern unseres Kontinents zu teilen".

---

52 Vgl. die entsprechende Aussage von Primas Glemp in: Rola Kościoła ..., a. a. O., S. 10.

53 Pasterze Europy (Hirten Europas). Dokument Episkopatu Polski o integracji z UE (Dokument des Polnischen Episkopats zur Integration mit der EU), Tygodnik Powszechny v. 31. März 2002. Welche Bedeutung die Polnische

Religiöse contra laizistische Wertebegründung

Die Grenzen ihrer Einflußmöglichkeiten mußten Polens Bischöfe schmerzlich erfahren, als ihrem dringenden Verlangen nicht entsprochen wurde, in die Präambel des unter dem Vorsitz von Giscard d'Estaing erarbeiteten Entwurfs einer europäischen Verfassung die christliche Tradition Europas deutlich hervorzuheben und eine *invocatio Dei* einzuführen. Sie haben sich in dieser Frage mehrfach zu Wort gemeldet. Erzbischof Muszyński, Polens Vertreter in der ComECE, befand in seinem im „Tygodnik Powszechny" Ende Mai 2003 veröffentlichten ausführlichen Beitrag „Fragen nach Europas Seele"[54], die in der Präambel des Verfassungsentwurf enthaltene Formel eines geistig-religiösen Erbes sei unzureichend, da sie lediglich die Vergangenheit betreffe und die Bedeutung dieses Erbes für die Gegenwart außer acht lasse. Der Gnesener Oberhirte sprach sich dafür aus, die Diskussion um die *invocatio Dei* in der Präambel der EU-Verfassung nicht als erledigt zu betrachten. Zur Begründung führte er an: „Gott ist und bleibt für immer der letzte Garant aller Werte." Im Wissen darum, daß seine Auffassung in der EU nicht konsensfähig war, ergänzte er: „Wem die Gnade des Glaubens fehlt, der muß sich mit dem irdischen Glauben an die Verwirklichung des Gemeinwohls, an die natürlichen Fähigkeiten des Menschen sowie an die großen Handlungsmöglichkeiten zufrieden geben, welche die Gesellschaft und die auf die Achtung der Würde eines jeden Menschen basierenden demokratischen Strukturen bieten." Um den laizistischen wie religiösen EU-Bürgern gerecht zu werden, schlug er als Lösung einen Kompromiß vor, wie er sich in der polnischen Verfassung findet, die in ihrer Präambel Gott als „Quelle der Wahrheit,

---

Bischofskonferenz diesem Dokument beimißt, ist daran ersichtlich, daß sie den Text fast zeitgleich in englischer, französischer, deutscher und italienischer Sprache veröffentlicht hat. Vgl. Kościól – współczesność – wyzwania (Kirche – Gegenwart – Herausforderungen), Nr. 3, Warszawa 2002.

54 H. Muszyński: Pytania o dusze Europy (Fragen zur Seele Europas), Tygodnik Powszechny v. 31. Mai 2003.

der Gerechtigkeit, des Guten und des Schönen" enthält und im gleichen Atemzug jene erwähnt, „die diesen Glauben nicht teilen und diese universalen Werte aus anderen Quellen herleiten".

Das polnische, wenngleich vergebliche, Beharren auf eine *invocatio Dei* in der Präambel der später durch den negativen Ausgang der Referenden in Frankreich und den Niederlanden nicht in Kraft getretenen europäischen Verfassung verweist auf tiefgreifende Unterschiede geschichtlicher Erfahrung zwischen Polen und den westlichen EU-Staaten. Während in Polen – wie Muszyński ausführt – „in der Epoche der Teilungen und zweier gottloser totalitärer Systeme des 20. Jahrhunderts der christliche Glaube das Hauptelement der Polen verbindenden Einheit war", sehen westliche Staaten, allen voran Frankreich, in den gegen den teilweisen Widerstand der römischen Kirche erkämpften Menschen- und Bürgerrechten eine Frucht der Aufklärung und der Französischen Revolution. Laizistische und religiöse Begründungen von Grundwerten stehen damit in einem scharfen Kontrast. Der an der Präambel zur polnischen Konstitution orientierte Kompromiß, wie er auch von den Vertretern der Europäischen Volkspartei befürwortet wurde, fand daher beim Vorsitzenden des mit der Abfassung der Verfassung betrauten Konvents, dem ehemaligen französischen Präsidenten Gistard d'Estaing, keine Zustimmung. Indem die Präambel als Werte „Gleichheit der Menschen, Freiheit, Geltung der Vernunft" vorrangig betont und sich nachrangig mit dem Hinweis auf die „kulturellen, religiösen und humanistischen Überlieferungen Europas" begnügt, verrät sie eine sich an der westlichen Aufklärung orientierende Denkweise.

In seinem wenige Wochen vor seinem Tod erschienenen Buch „Erinnerung und Identität"[55] nimmt Johannes Paul II. mehrfach auf den Konflikt um die Wertebegründung Bezug. Die Ambivalenz der Aufklärung, die ihre humanistischen Werte gegen das Christentum betonte, wo diese doch auch dem Christentum eigen sind, versteht er als „das wahre ‚kulturelle Drama', das sich noch in unseren Tagen

---

55 Johannes Paul II.: Erinnerung und Identität. Gespräche an der Schwelle zwischen den Jahrtausenden, Augsburg 2005.

abspielt." (127.) Der Papst sieht in dem Streit um die Wertebegründung für Polen und das östliche Mitteleuropa eine von Gefahr nicht freie Herausforderung. Einerseits habe „dieser Teil Europas" in seiner Verteidigung gegen den Totalitarismus marxistischer Prägung „eine Entwicklung geistiger Reife durchgemacht" und „einige für das menschliche Leben wesentliche Werte" besser bewahrt als „im Westen", so daß er „zur Bildung eines geeinten Europa" einen bedeutenden Beitrag leisten könne. Andererseits sei der östliche Teil Europas aber auch gefährdet. Die Gefahr bestehe „in einem unkritischen Nachgeben gegenüber dem Einfluß der im Westen verbreiteten negativen kulturellen Modelle. Für das östliche Mitteleuropa, dem solche Tendenzen als eine Art ‚kultureller Fortschritt' erscheinen könne", sei „das heute eine der ernstesten Herausforderungen. Ich denke", so der Papst, „daß sich gerade unter diesem Gesichtspunkt zurzeit eine große geistige Konfrontation abspielt, von deren Ausgang das Gesicht des Europas abhängen wird, das sich am Beginn dieses Jahrtausends bildet". (179.)

Die Ausführungen von Johannes Paul II. zeigen, daß es sich bei der Begründung und der Akzeptanz der für die EU verpflichtenden Werte um einen Dauerkonflikt handelt, der Polens Bischöfe sowohl vor als auch nach dem EU-Beitritt ihres Landes immer wieder zu Stellungnahmen veranlaßte. So reagierten Polens Bischöfe äußerst scharf, als trotz aller Bemühungen weder eine *invocatio Dei* noch eine ausdrückliche Würdigung des Christentums in der Präambel des Verfassungsentwurfs durchsetzbar war: „Mit Empörung sehen wir in dieser Tatsache eine Verfälschung der historischen Wahrheit und eine bewußte Marginalisierung des Christentums, das über Jahrhunderte die Religion eines entschiedenen Teils der Europäer war und es weiterhin ist. Der ideologische Laizismus, der in der Haltung mancher europäischer Regierungen zum Ausdruck kam, weckt unseren entschlossenen Widerspruch und unsere Sorge um das künftige Los Europas."[56]

---

56 Vgl. Tygodnik Powszechny 26/2004.

Wachsender Widerstand gegen einen EU-Beitritt Polens im Vorfeld des Referendums

Das letztlich ergebnislose Bemühen um die Verankerung einer *invocatio Dei* in der Präambel einer künftigen EU-Verfassung hatte bei Bischöfen und Priestern eine Ernüchterung bewirkt und zu einer Spaltung in EU-Befürworter und EU-Gegner geführt. Hatten Polens Bischöfe mit ihrem Dokument vom März 2002 noch eine deutlich positive Einstellung erkennen lassen, so sucht man diese in ihrem am 1. Juni 2003 in den Kirchen verlesenen Hirtenbrief zu dem bevorstehenden Referendum vergebens. Auf die von den Bürgern am 7./8. Juni zu beantwortende Frage nach ihrem Einverständnis zum EU-Beitritt ihres Landes erhalten sie von ihren Bischöfen keine klare Antwort. Diese betonen zwar die Wichtigkeit der Entscheidung und rufen dazu auf, „im Bewußtsein der Verantwortung für die Zukunft und den gebührenden Platz unseres Vaterlandes in der Familie europäischer Völker am Referendum teilzunehmen", doch bei seiner Stimmabgabe soll sich der Gläubige von seinem „vom Glauben geprägten Gewissen sowie von den sich aus ihm ergebenden objektiven moralischen Kriterien" leiten lassen. Wenngleich sich bei gutem Willen ein Grundton der Befürwortung eines EU-Beitritt aus dem Hirtenwort herauslesen läßt, so vermeiden doch die Bischöfe eine direkte Wahlempfehlung. Sie vermerken ausdrücklich, daß sich „aus dem katholischen Glauben als solchem bezüglich des Referendums keine Positionen unmittelbar ableiten lassen". Die Bischöfe seien „daher bemüht, die unterschiedlichen Standpunkte, Beunruhigungen sowie Kritik zu verstehen". Auch könne „die Antwort auf die im Referendum gestellte Frage nicht unter der Kategorie der Sünde betrachtet werden". An diesen Aussagen wird deutlich, daß Polens Bischöfe keineswegs *una voce* für einen EU-Beitritt ihres Landes eintraten. Wenngleich die Mehrheit der Ordinarien einen EU-Beitritt ihres Landes befürworteten, so war doch die Zahl der Bedenkenträger nicht unbeträchtlich. Und dies obgleich sich Johannes Paul II. im Juni 1999 vor dem polnischen Parlament klar für die Europäische Union ausgesprochen hatte. Manche Bischöfe scheuten sich auch nicht, öffentlich dazu aufzufordern, am Tag des Referendums mit „Nein" zu stimmen. So erklärte der eng mit „Radio Maryja" verbundene Weihbischof Edward Frankowski am 9. März 2003 in seiner Wallfahrtspredigt vor Bauern auf der Jasna Góra: „Nein! Angesichts der Gottlosigkeit in der Europäischen Union. Keine Abgabe von Land in fremde Hände! Ergeben wir uns nicht denen, die uns schaden. Unsere Aufgabe ist es, am Referendum im Juni teilzunehmen. Doch wenn es für Gott in der Union keinen Platz gibt, dann kann es dort auch für mich keinen Platz geben."[57]

Polens Wählerinnen und Wähler ließen sich indes durch derlei ablehnende und Ängste weckende Äußerungen kirchlicher Amtsträger nicht beeindrucken. Mit 78 Prozent stimmten sie beim Referendum für die Aufnahme ihres Landes in die Europäische Union. Zudem verlor sich der Streit um die Präambel einer EU-Verfassung, nachdem diese durch Franzosen und Niederländer abgelehnt worden war und dadurch ohnehin nicht in Kraft treten konnte.

Den 2. Mai 2004, den Tag des EU-Beitritts ihres Landes und neun weiterer Staaten, zumal aus Mitteleuropa, begingen Polens Bischöfe mit einem Gebetstag für die Zukunft Europas. Zugegen waren Vertreter fast sämtlicher europäischer Bischofskonferenzen. Die Anwesenheit des Präsidenten des Europaparlaments sowie des polnischen Staatspräsidenten verliehen diesen unter dem Motto eines „Europa des Geistes" stehenden Tag eine herausgehobene Bedeutung.

Inzwischen haben Polens Bischöfe längst die Vorteile einer EU-Mitgliedschaft erkannt. Sie haben schnell gelernt, die Brüsseler Fonds für kirchliche Projekte in Anspruch zu nehmen. Selbst P. Rydzyk, der keine Gelegenheit ausläßt, gegen die Europäische Union Front zu machen, scheut sich nicht, EU-Gelder zu beantragen. Andererseits meldet sich der Episkopat weiterhin zu Wort und erhebt gegen katholische Moralgrundsätze verstoßende Entwicklungen Einspruch. So wandten sich etwa Polens Bischöfe 2006 gegen die Resolution des Europaparlaments zur Homophobie. Sie sahen darin einen

---

57 M. Zając: Quo vadis? Do Europy! (Quo vadis? Nach Europa!), Tygodnik Powszechny 12/2003, S. 18.

„Verrat an den grundlegenden Werten unserer Zivilisation" und gaben ihrer Befürchtung Ausdruck, die Resolution könne im Dienst einer „Diktatur des Relativismus" benutzt werden, um die Mitgliedstaaten der EU zu einer die Homosexualität legalisierenden Gesetzgebung zu nötigen. Zwar seien auch sie gegen jede Diskriminierung von Homosexuellen, doch sei es nicht zulässig, aus einem solchen Diskriminierungsverbot eine mit der Ehe gleichrangige Behandlung gleichgeschlechtlicher Partnerschaften zu folgern. Im gleichen Jahr protestierten sie zudem gegen den Beschluß des Europaparlaments zur Förderung der Embryonenforschung, die mit der unantastbaren Würde menschlichen Lebens in Widerspruch stehe. Derlei Eingaben wird es auch in Zukunft geben, doch daß sie wie in den vergangenen Jahren erneut zu einer grundsätzlichen innerkirchlichen Auseinandersetzung um die EU-Mitgliedschaft Polens führen werden, ist höchst unwahrscheinlich.

Säkularisierung als Herausforderung

Von Fürstbischof Adam Sapieha (1867–1951), dem Krakauer Metropoliten in den Jahren nationalsozialistischer und stalinistischer Kirchenverfolgung, wird berichtet, er sei als junger Priester während eines Aufenthaltes im weitgehend laisierten Frankreich gefragt worden, wie man es in Polen schaffe, Sonntag für Sonntag die Kirchen zu füllen. Darauf habe er lakonisch geantwortet: Wir lassen die Glocken läuten.
Auch zu Beginn des 21. Jahrhunderts erscheint Polens Kirche kraftvoll und stark, zumal im Vergleich zu anderen traditionell katholischen Ländern Europas. So kam es zu keinem religiösen Einbruch, wie seit einigen Jahren in Irland und Spanien. Die religionssoziologischen Statistiken zeigen denn auch nach wie vor ein recht stabiles Bild vom polnischen Katholizismus. Dies gilt bezeichnenderweise auch für die polnische Jugend. Nach Umfragen aus dem Jahr 2005 gaben 71 Prozent der Jugendlichen an, gläubig zu sein. 1988, unter den besonderen Umständen der Endphase des kommunistischen Systems, waren es 80 Prozent. Man wird den Rückgang von 9 Prozent in 17 Jahren kaum als dramatisch bezeichnen können. Anders verhalt es sich jedoch mit der regelmäßigen religiösen Praxis. Hier wurde 2005 ein Wert von 38 Prozent ermittelt, der im Vergleich zu Westeuropa immer noch als recht hoch eingestuft werden muß.
Eine deutliche Diskrepanz zeigt sich allerdings zwischen dem persönlichen Bekenntnis zum katholischen Glauben und der von der Kirche eingeforderten Sexualmoral, wobei anzumerken ist, daß dieses Mißverhältnis in Polen eine lange, weit in die Zeit der Volksrepublik zurück reichende Tradition hat. Aber auch hier sind die Aussagen, verglichen mit westlichen Jugendlichen, um vieles günstiger. So teilen immerhin 37 Prozent der Jugendlichen die von der

Kirche vertretene Auffassung des Verbots eines vorehelichen Geschlechtsverkehrs.[58]

Unter den Religionssoziologen gilt somit Polen, ähnlich wie die USA, als Beweis, daß Säkularisierungsprozesse nicht unbedingt zum Verlust von Religion führen müssen. Ob dies freilich für alle Zukunft gilt, bleibt dahingestellt. Denn das Bild der *Polonia semper fidelis* zeigt Risse. Viele Polen folgen nicht mehr wie selbstverständlich dem Ruf der Kirchenglocken. Vor allem in den größeren Städten zeigen sich Auswirkungen einer mit der gesellschaftlichen Modernisierung verbundenen Säkularisierung. So legte unlängst das kirchensoziologische Institut der Pallotiner eine Untersuchung von zwölf Diözesen vor. In diesem „Ranking der Religiosität" nimmt Polens Hauptstadt den letzten Platz ein. Nur jeder vierte Warschauer Katholik nimmt mit einer gewissen Regelmäßigkeit an der sonntäglichen Eucharistiefeier teil. Ähnlich wie der sprichwörtliche fromme bretonische Bauer mit der Ankunft auf dem Pariser Bahnhof Gare du Nord seine bisherige religiöse Praxis aufgibt, so ergeht es auch zahllosen polnischen Dörflern, die auf der Suche nach Arbeit in die Hauptstadt strömen. Der sozialen Kontrolle entronnen, fühlen sie sich bald als „Städter" und sehen nun im Verzicht auf ihre bisherige religiöse Praxis ein besonderes Zeichen der Anpassung an Modernität und Weltläufigkeit.[59]

Auch wenn die kirchliche Situation in Warschau nicht für das gesamte Land typisch ist, so wird an ihr doch deutlich, daß auch in Polen das kirchliche Leben durch die Modernisierungsprozesse gefährdet ist. Der Warschauer Metropolit, Erzbischof Kazimierz Nycz, spricht hier von einer „schleichenden Laisierung", die im sozialen Umfeld eine „galoppierende Form" angenommen habe. In der Tat ist der von den Modernisierungsprozessen gestaltete säkulare Raum

---

58 Vgl. hierzu die Ausführungen von Grzegorz Pac: Die polnische Jugend – ewig jung? In: Deutsches Polen Institut (Hg.), Jahrbuch Polen 2009. Religion, Wiesbaden 2009, S. 36f.

59 Grzegorz Pac: Wiara na Dworcu Centralnym (Glaube am Zentralbahnhof), Tygodnik Powszechny v. 15. April 2007.

kaum mehr erkennbar christlich geprägt. So beobachtet Adam Boniecki, der Chefredakteur des Tygodnik Powszechny, daß sich „Polen im Bereich der Sprache zunehmend laisiert". Anstelle von „Glaube" gezieme es sich, von „religiösen Überzeugungen" zu sprechen. An einer ganzen Reihe von Beispielen zeigt er, daß genuin kirchliche Begriffe durch andere, neutralere ersetzt werden. Parallel zu dieser Tendenz organisieren sich jene, die sich bewußt außerhalb der Kirche stellen, und demonstrierten erstmals, um „Medien und Politikern zu zeigen, daß Agnostiker und Atheisten in Polen eine diskriminierte Minderheit sind", was Boniecki allerdings entschieden zurückweist.[60]

Amtsniederlegungen von Priestern – ein Krisenphänomen

Von der „schleichenden Laisierung" ist auch der Klerus als kirchlicher Kernbereich betroffen. Zwar sind die Priesterseminare immer noch gut gefüllt, während sie in Westeuropa fast leerstehen, aber in jüngster Zeit gab es doch einen deutlichen Rückgang an Priester- und Ordensberufen. In den letzten fünf Jahren sank die Zahl der Priesteramtskandidaten um mehr als ein Drittel, betrug aber 2009 immer noch 1382. Auch kam es zu zahlreichen Amtsniederlegungen, darunter die von namhaften Theologen. Zwar erfaßt das Statistische Institut der polnischen Kirche weder die Anzahl der aus dem Amt geschiedenen Priester noch die der Ordensleute, die ihr Habit ablegen, wie überhaupt die Kirchenleitung dazu neigt, diesen Problembereich zu tabuisieren. Doch anhand von Daten des Vatikanischen Statistischen Büros sowie aufgrund unabhängiger Untersuchungen läßt sich für die letzten Jahre diesbezüglich ein deutlicher Anstieg feststellen. Waren es 1998 lediglich 32 Diözesanpriester, die ihr Amt aufgaben, so waren es 2004 bereits 57. Nach Untersuchungen des Posener Religionssoziologen Prof. Józef Baniak wechselten im Jahr 2006 allein in drei Diözesen 60 Priester in einen zivilen Be-

---

60 Adam Boniecki: Do punktu wyjścia (Zum Ausgangspunkt), Tygodnik Powszechny v. 11. Oktober 2009.

ruf. Diese Entwicklung deutet auf eine Sinnkrise, die durch weitere Erhebungen von Prof. Baniak ihre Bestätigung findet.
Aufgrund einer knapp tausend Priester umfassenden Untersuchung sprachen sich 53,7 Prozent für ein normales Familienleben bei gleichzeitiger Ausübung des Priesterberufs aus. Prof. Baniak sieht in diesem Ergebnis ein deutliches Zeichen für eine unter Geistlichen verbreitete doppelte Berufung – zum Priestertum wie zur Ehe. Und er folgert: „Weil sie beides zusammen nicht realisieren können, entscheidet sich ein Teil für eine ‚halbe Desertion', ein anderer Teil aber, der sich bereits mit einer Frau verbunden hat, verzichtet auf das Priestertum […]. Sie wollen und können nicht länger in einer ‚doppelten' Moral verbleiben oder sich selbst und ihre Partnerinnen betrügen, besonders dann nicht, wenn sie sich ihnen emotional verbunden fühlen oder der eigenen Kinder wegen; dies war der Fall bei 65 Prozent ehemaliger Priester." Anzumerken ist, daß die befragten Geistlichen in der Übernahme des Zölibats keine freie Entscheidung sahen, weil ja in der römischen Kirche die Verpflichtung zur Ehelosigkeit die unabdingbare Voraussetzung dafür sei, überhaupt geweiht zu werden.[61]
Die Reaktionen der Bischöfe auf den Amtsverzicht ihrer Priester fielen, insofern sie öffentlich gemacht wurden, sehr hart aus. Das Ausscheiden aus dem Priesteramt wurde allgemein als „Verrat an Christus" gewertet. Statt auf derart harte Weise zu reagieren, wäre wohl eher eine selbstkritische Prüfung kirchlicher Amtsführung angebracht. In diesem Sinne schreibt die Religionspsychologin Justyna Melenowska: „Es wäre gut, wenn die Kirche die männliche Berufung zum Priestertum schätzen würde […]. Stattdessen kann man den Eindruck gewinnen, daß Symptome eines starken Willens sowie die Unabhängigkeit als Bedrohung der Tugend des Gehorsams verstanden werden." Sie beruft sich dabei auf Äußerungen ehemaliger Priester, die von der Kirche „das Bild einer totalitären und bedrohlichen Institution" entwerfen, welche die „natürlichen Gaben" und

---

[61] Wołanie o wybór (Der Ruf nach freier Wahl. Interview mit dem Religionssoziologen J. Baniak), Tygodnik Powszechny v. 18. Februar 2007.

„Charismen" ihrer Diener nicht zu würdigen weiß, die es doch „zum Wohle der Gemeinschaft zu nutzen gilt."[62]

Veränderungen im Lebensstil

Der Prozeß der Säkularisierung läßt sich ideengeschichtlich als eine fortschreitende Emanzipation von „Welt" aus einer sich als *societas perfecta* verstehenden Kirche beschreiben. So hat sich im Laufe der Jahrhunderte die Wissenschaft verselbständigt, voran die Philosophie, die – um mit Kant zu sprechen – ihr Magdverhältnis zur Theologie aufkündigte und den Anspruch erhob, ihr mit der Fackel voranzuleuchten. Mit zunehmender „Verweltlichung" wuchs die Zahl autonomer Weltbereiche, zu denen die Kirche seit dem Zweiten Vatikanischen Konzil ihr Verhältnis in Absage an jeden Herrschaftsanspruch als ein dialogisches und diakonisches bestimmt hat. Ein solches Weltverhältnis kann nur unter der Voraussetzung realisiert werden, daß die Welt in ihrer Wirklichkeit erfaßt wird, damit Veränderungen im Lebensstil wahrgenommen werden und man nicht vor dem gesellschaftlichen Wandel die Augen verschließt oder ihn ja verteufelt. Erst unter der Bedingung einer grundsätzlichen Weltoffenheit kann es zu einer Glaubensreflexion kommen, aus der sich möglicherweise pastorale Modelle und Angebote entwickeln lassen. Im weitesten Sinn wäre damit eine Grundlage gegeben, die Säkularisierung als eine Herausforderung des Glaubens anzunehmen.
Nach 1989 hat die mit politischen, wirtschaftlichen und sozialen Transformationsprozessen verbundene Entwicklung in Polen mit ihren tiefgreifenden gesellschaftlichen Umbrüchen auch den Lebensstil der Menschen verändert: die Mobilität hat gegenüber dem eher starren sozialistischen System früherer Tage enorm zugenommen, die Bildungschancen haben sich potenziert, der Freiheitsraum des einzelnen und die Möglichkeiten seiner Selbstverwirklichung haben sich an westliche Standards angeglichen. Alle diese Faktoren

---

[62] Justyna Melenowska: Duchowny w roli dziecka (Priester in der Rolle eines Kindes), Tygodnik Powszechny v. 27. Februar 2007.

haben zu einem Rückgang der Religiosität beigetragen. War sie in der Vergangenheit stark mielieugestützt oder in kommunistischen Zeiten eine Form der Manifestation gegen das ungeliebte System, so gründet sie sich heute mehr und mehr auf eine bewußte, individuelle Entscheidung. In einem gewissen Sinn kann die Säkularisierung durchaus positiv gewertet werden, und zwar als ein Reinigungsprozeß von allem religiös Unechten und als Befreiung der Kirche von einer politischen bzw. quasipolitischen Funktion, wie sie diese über Jahrhunderte ausgeübt hat und für die in der pluralistischen und demokratischen Gesellschaft kaum mehr ein Bedarf besteht.

Kirchliche Sorge um Ehe und Familie

Die „schleichende" Laisierung hat auch den Bereich von Ehe und Familie ergriffen. Polen galt in der Vergangenheit als ein besonders familienfreundliches Land. Nach wie vor nehmen Ehe und Familie auf der persönlichen Werteskala den obersten Platz ein. Auch findet das an die Unauflösbarkeit der Ehe gebundene und auf die Zeugung von Kindern orientierte kirchliche Familienmodell innerhalb der Gesellschaft immer noch weitgehende Akzeptanz. So war in den 1990er Jahren die Scheidungsrate eine der niedrigsten in Europa. Lag sie damals bei rund 40 000, so verzeichnet man heute einen Anstieg auf über 65 000 Scheidungen pro Jahr. Neben diesem Anstieg gibt auch der Einstellungswandel Anlaß zu pastoraler Sorge. So hat sich innerhalb der letzten zehn Jahre die Zahl derer, die eine Scheidung akzeptieren, verdoppelt. „1999 sprachen sich 43 Prozent der Befragten dafür aus, daß eine Scheidung niemals zu rechtfertigen sei, 25 Prozent billigten sie. 2007 hatte sich das Verhältnis geradezu umgekehrt: 44 Prozent der Polen rechtfertigten eine Scheidung und nur 25 Prozent verneinen sie."[63]
Eine ähnliche Entwicklung zeigt sich bezüglich der Geburtenrate. Galt Polen während der kommunistischen Zeit als ein geburten-

---

63 Maciej Müller, Tomasz Ponikło: Niepodjęte wyzwanie (Ungenutzte Herausforderung), Tygodnik Powszechny v. 2. August 2009.

freudiges Land, so hat sich nun seit der Wende die Geburtenzahl halbiert und liegt heute mit 1,23 Geburten pro geburtenfähiger Frau sogar leicht unter dem EU-Durchschnitt.

Diese besorgniserregenden Daten sind natürlich kein rein polnisches, sondern ein gesamtkirchliches Problem, auf das 1980 die Römische Bischofssynode reagiert hat und das ein Jahr später Johannes Paul II. in seinem Sendschreiben *Familiaris consortio* zum Thema machte. Darin bestätigte er – gegen die Praxis der Orthodoxie und der Evangelischen Kirchen – die Unauflösbarkeit der sakramental geschlossenen Ehe sowie den Ausschluß vom Empfang der Kommunion im Falle von Scheidung und Wiederverheiratung. Doch dabei beließ er es nicht. Er betonte vielmehr, man dürfe jene nicht ihrem Schicksal überlassen, die – bereits durch die sakramentale Ehe gebunden – eine neue Verbindung eingingen. Was die moralische Bewertung betrifft, so unterschied der Papst zwischen denen, die sich, wenn auch vergeblich, um den Erhalt ihrer Ehe bemüht hatten, und jenen, die schuldhaft ihre Ehe zerstörten. Am Ausschluß vom Kommunionempfang änderte dieses Verständnis allerdings nichts. Vielmehr sollen sich die Geschiedenen und Wiederverheirateten weiterhin mit der Kirche verbunden fühlen und am kirchlichen Leben teilnehmen, wozu sie aufgrund der Taufe berufen seien.

Seelsorgliche Betreuung nicht sakramentaler Ehen

Diese pastorale Folgerung aus *Familiaris consortio* bildet die Grundlage für eine sich der nichtsakramentalen Ehen annehmenden Seelsorge, wie sie in Ansätzen in einigen polnischen Diözesen, zumal in Großstädten, praktiziert wird. Doch es genügt sicherlich nicht, für die Gruppe der Betroffenen eigene Seelsorger zu ernennen. Vielmehr ist ein allgemeiner Gesinnungswandel im Klerus erforderlich, der nur allzu oft die Betonung der Unauflösbarkeit der sakramentalen Ehe mit Aussagen zu den Geschiedenen und Wiederverheirateten verbindet, die es ihnen gegenüber am notwendigen Verständnis und an Liebe fehlen lassen. So berichtet ein mit der Seelsorge an Geschiedenen beauftragter Ordenspriester von einer Fernsehdiskussion mit einem priesterlichen Mitbruder, der als erster zu Wort kam und der den kirchlich ungültig Verheirateten gleich mit Höllenstrafen drohte, woraufhin die Leute vor den Bildschirmen sogleich den Kanal wechselten.[64]

Diese unerfreuliche Erfahrung hat indes auch ihr Gutes, zeigt sie doch, daß eine solche diskriminierende Einstellung in der Bevölkerung auf Ablehnung stößt und sich schon aus diesem Grund ein Umdenken in der Ehe- und Familienpastoral nahelegen würde.

Hier könnten die westlichen Kirchen mit ihrer Praxis einer intensiven Ehevorbereitung als Vorbild dienen. Nicht daß es derlei Kurse in Polen nicht gäbe, aber sie sind immer noch zu sehr auf die eheliche Sexualmoral konzentriert. Die Brautleute werden zwar mit den Methoden natürlicher Geburtenregelung und dem kirchlichen Verbot künstlicher Empfängnisverhütung vertraut gemacht, doch dabei kommen das persönliche Gespräch, die Einführung in die Denkweise des Evangeliums als Grundlage ihrer Liebesbeziehung und die sich daraus ergebende Bedeutung des Ehesakraments zu kurz. Die Brautleute dürfen jedenfalls nicht den Eindruck gewinnen, ihre kirchliche Ehevorbereitung reduziere sich auf einen mit Ermahnungen verbundenen bürokratischen Akt. Vielmehr wird es darauf ankommen, durch das persönliche Gespräch eine Atmosphäre des Vertrauens zu schaffen, die es dann auch den Brautleuten leichter macht, im Falle eines Scheiterns ihrer Ehe den Kontakt zu ihren Geistlichen zu suchen.

Polen – ein Missionsland?

Die Frage verwundert nicht nur, sie erscheint geradezu absurd. Schließlich gleicht Polens Kirche einer Bastion in Europa. Auch wenn es an ihren Rändern bröckelt, so ist sie doch stabil genug, um Angriffe erfolgreich abzuwehren.

---

64 Zdaniem duszpasterzy (Die Ansicht von Geistlichen), Tygodnik Powszechny v. 2. August 2009.

Aber wird eine sich gegenüber äußeren Einflüssen rein defensiv verhaltende Kirche auf Dauer bestehen können? Offenbar stellt sich auch der Warschauer Metropolit Nycz diese Frage. Wie käme er sonst dazu, in dem bereits erwähnten Interview nicht nur für Warschau, sondern für Polen insgesamt ein „missionarisches Handeln" als Konsequenz der „schleichenden Laisierung" einzufordern: „In Polen haben wir uns leider zu spät bewußt gemacht, daß wir eine missionarische Kirche sein müssen, weil neben uns Menschen leben, die aus unterschiedlichen Gründen Christus nicht kennen, die Kirche nicht kennen oder nur von außen wahrnehmen – sie gehen somit nicht zur Kirche, sie brauchen Missionare."[65]

Nun ist dies leichter gesagt als getan, zumal der Erzbischof die Mission als Aufgabe einer jeden Pfarrei sieht. Sie verlangt nämlich eine doppelte Pastoral – eine für die treu zur Kirche stehenden Gläubigen sowie eine für jene, die den Kontrakt mit der Kirche verloren haben und zurückgewonnen werden sollen. Es sei nicht ausreichend, lediglich an den vertrauten Methoden festzuhalten und sich allein im Rahmen bestehender Strukturen zu bewegen. Auch gelte der Auftrag zur Mission nicht nur dem Klerus, sondern gleichfalls den Laien, die dazu bereit seien, in ihrer Umwelt die Mühe einer Evangelisation auf sich zu nehmen. Neben dem persönlichen Glaubenszeugnis seien „informelle Gruppen" erforderlich, die es ermöglichen „den Glauben in kleinen Gemeinschaften zu erleben".

In diesem Zusammenhang spricht sich der Erzbischof für einen Ausbau der Studentenseelsorge aus. Die junge Intelligenz benötige eigene Angebote, damit sie nach dem Studium „in der Anonymität der Großpfarreien nicht untergehe". Nach dem Willen des Warschauer Metropoliten soll jede Pfarrei ihr spezifisches Profil gewinnen, um den Bedürfnissen der in ihrem Bereich lebenden Menschen zu entsprechen.

Leider erwähnt der Erzbischof nur kurz das Verhältnis von Evangelisation und Kultur. Gerade angesichts der Tatsache, daß Polens

---

65 Interview mit Erzbischof Kazimierz Nycz, Misjonarz w metropolii (Missionar in der Metropole), Tygodnik Powszechny v. 12. Juli 2009.

traditionelle Kultur, Literatur, Malerei, Musik und bildende Kunst, stark christlich geprägt ist, hätte man sich als Leser ein paar erklärende Sätze mehr gewünscht. Zwar betont der Erzbischof die Wichtigkeit einer Evangelisation mittels der Kultur und sieht – was Warschau betrifft – in den unterschiedlichen Erscheinungsformen der Kultur sowohl eine große Chance als auch eine Gefahr, aber er geht auf diese Problematik nicht näher ein.

Diese Lücke füllt, was die bildende Kunst betrifft, die Kunsthistorikerin Agnieszka Sabor. Sie erinnert an die 80er Jahre des letzten Jahrhunderts, als die Kirche ihre Räume für die auf staatlichen Druck aus der Öffentlichkeit verdrängten Künstler öffnete, wenngleich damals hinter der martyrologischen und oppositionellen Aussage der Werke ihr künstlerischer Wert zurücktrat. An einer Vielzahl von Beispielen zeigt sie, wie stark die Religion, wenngleich auf andere Weise, auch in der Kunst der 90er Jahre präsent war. Ihr Urteil: „Die polnische Kunst in ihrer höchsten Dimension hat sich seit langer Zeit nicht mehr in solchem Maße, so reif und eigenständig mit der Religion befaßt – im doktrinären Sinne als Wahrheit des Glaubens und Kult und zugleich im emotionalen Sinne als individueller Lebensweg und private Erfahrung, sei sie gut, schlecht oder einfach mißlungen – wie die Generation der 90er Jahre des vergangenen Jahrhunderts."[66]

Allerdings seien die 90er Jahre, was den Dialog der Kirche mit der Kunst betrifft, eine Zeit „vertaner Chancen" gewesen. Ohne Frage habe die Erfahrung des *Sacrum* die damalige Kunst bestimmt, dies allerdings in Form einer Auseinandersetzung mit der Religion, wodurch die Werke auf den Betrachter eine provozierende Wirkung ausgeübt hätten und – zumal von national-katholischen Kräften – als blasphemisch eingestuft und zum Teil massiv und aggressiv bekämpft worden seien. Der wohl spektakulärste, auch in Westeuropa bekanntgewordene Fall einer solchen, die Kunst gründlich mißverstehenden aggressiven Ablehnung ist die in der Warschauer Galerie

---

66 Agnieszka Sabor: Religion in der polnischen Kunst: Die vertane Chance, Deutsches Polen Institut (Hg.), Jahrbuch Polen 2009. Religion, a. a. O., S. 72.

„Zachęta" ausgestellte Skulptur, die Johannes Paul II. zeigt, niedergedrückt von der Last eines gewaltigen Steins. „Wie es scheint, ist es nicht zu dem gekommen, was weiterhin unabdingbar ist: zur Begegnung derer, die Fragen stellen wollten, und derer, die Antworten hören wollten."[67]

Nach der „vertanen Chance" der 1990er Jahre sei die Religion in der polnischen Gegenwartskunst so gut wie verschwunden, so daß es schwerfallen dürfte, mit ihr in einen Dialog zu kommen. Ohne selbstkritische Aufarbeitung der „vertanen Chance" wird sich die Kluft zwischen Kirche und Kultur in Polen kaum schließen lassen und eine Evangelisation mittels der Kultur schwerlich zu verwirklichen sein.

---

[67] Ebd.

Die Last des Antisemitismus

Der Antisemitismus ist eine Last, die Polens Kirche aus ihrer Vergangenheit zu tragen und zu bewältigen hat. Von Vorgängen aus der Zeit der Teilungen einmal abgesehen, vollzog sich die antisemitische Infizierung in den 20er und 30er Jahren der Zwischenkriegszeit. Jan Tomasz Gross, ein in den USA lebender polnischer Historiker jüdischer Herkunft, der 1968 in Zusammenhang mit der antisemitischen Kampagne von Partei und Regierung seine Heimat verlassen hatte, prägte in seinem den antisemitischen Ausschreitungen und Pogromen der unmittelbaren Nachkriegszeit gewidmeten Buch „Strach" (Angst)[68] die Neologismen „katoendek" bzw. „katoendecja". Damit verweist er auf die enge Verflechtung des polnischen Katholizismus mit den Vorstellungen eines katholischen Bekenntnisstaates von Roman Dmowski und seiner Nationaldemokratie, der sogenannten *Endecja*. Ihre Konsequenz war eine feindselige Einstellung gegenüber den relativ starken Minderheiten in der Zweiten Republik, insbesondere gegenüber den drei Millionen polnischen Juden, die 10 Prozent der Bevölkerung ausmachten.

---

[68] Jan Tomasz Gross: Strach, Antyzemityzm w Polsce tuż pro wojnie. Historia moralnej zapaści (Angst. Antisemitismus in Polen gleich nach dem Krieg. Geschichte eines moralischen Kollaps), Krakau 2006.

Antisemitische Tendenzen in der katholischen Presse der Zwischenkriegszeit

Was Jan Tomasz Gross mit seinen Neologismen konkret meint, läßt sich anhand einer Analyse der katholischen Kirchenzeitungen der 20er und 30er Jahre des letzten Jahrhunderts verdeutlichen. Grundlage bilden die Untersuchungen von Ronald Modras[69] und Viktoria Pollmann[70]. Modras definiert den Begriff „Antisemitismus" als eine gegen alle Juden gerichtete Feindschaft aus ökonomischen, nationalen, theologischen oder politischen Gründen. Er sei im übrigen von katholischen Publizisten im Sinne der Verteidigung nationaler Interessen und katholischer Werte durchaus positiv verwandt worden. Dabei habe man sich weniger auf die für den christlichen Antijudaismus charakteristischen Stereotype des „Gottesmordes" und der rituellen Tötung von Kindern berufen als vielmehr auf die die Kirche bedrohenden Strömungen des Liberalismus und der Laisierung des öffentlichen und privaten Lebens, für die pauschal die Juden verantwortlich gemacht wurden. Damit übernahm man die Verschwörungstheorie der „Protokolle der Weisen von Zion" mit der ihr eigenen Verbindung zu der angeblich von den Juden beherrschten Freimaurerei und der bolschewistischen Bedrohung, wofür der Begriff einer „Judeokommune" in Umlauf kam.

Das Bild, das die katholische Presse jener Jahre vom Juden zeichnete, ist durchgängig negativ: Als „Kapitalist" ist er ein „Blutsauger", als „Kommunist" Teil der bolschewistischen Gefahr, politisch strebt er die Herrschaft über Polen an. Um die von den Juden ausgehende Gefahr zu bannen, entwickelten die Kirchenzeitungen ein Programm

---

69 Ronald Modras: Kościół katolicki i antyzemityzm w Polsce w latach 1933–1939 (Katholische Kirche und Antisemitismus in Polen in den Jahren 1933–1939, Kraków 2004. Vgl. auch die Rezension von Dariusz Libionka: Kościół polski i „kwestia żydowska" (Die Polnische Kirche und die „Judenfrage"), Tygodnik Powszechny v. 13. März 2005, S. 14f.

70 Viktoria Pollmann: Untermieter im christlichen Haus. Die Kirche und die „jüdische Frage" in Polen anhand der Bistumspresse der Metropolie Krakau 1926–1939, Wiesbaden 2001.

der „Entjudung" aller Lebensbereiche, wobei die „Lösung der Judenfrage" letztlich auf die Ausbürgerung und erzwungene Emigration hinauslief.

Aus der reichen Palette der Kirchenzeitungen sei wenigstens ein Beispiel herausgegriffen. Im „Ruch katolicki", dem Organ der Katholischen Aktion, äußerte sich Czesław Kaczmarek, der spätere Kattowitzer Bischof, zur „Judenfrage" (12/1936). Er sieht in den Juden eine „anonyme Macht", die im Verein mit der Freimaurerei Polen bedrohe. Er greift weit in die Geschichte zurück. Wegen ihrer Teilnahme an den „patriotischen Manifestationen" von 1861 hätten die Juden nicht nur ihre politische Gleichberechtigung erlangt, sondern sie seien auch als „Söhne der einen Erde" anerkannt worden. Diese Stellung hätten sie dann in ihrem Interesse ausgenutzt und nach dem Januaraufstand und der darauffolgenden Deportation der polnischen Intelligenz nach Sibirien deren Position eingenommen. Auf diese Weise seien sie „tief in die Nation eingedrungen" und hätten dort den Nihilismus und religiösen Skeptizismus verbreitet. Es komme nun darauf an, daß die polnische Intelligenz im Interesse der Kirche und zum Wohle der Nation „die Zusammenarbeit mit Juden und Halbjuden" vermeide und sich gegenüber der „judenpolnischen Kultur" abgrenze.[71]

Viktoria Pollmann sieht den Kern ihrer Analyse im Bedrohungssyndrom, in dem sich die Erfahrung nationaler Existenzgefährdung, zumal aus der Phase der „polnischen Teilungen", mit einem auf die Abwehr „modernistischer Gefahren" fixierten Ultramontanismus jener Zeit verbindet, wobei „der Jude" national wie kirchlich zum Synonym äußerer wie innerer Bedrohung wurde. Die Kirchenzeitungen waren primär darauf gerichtet, diese – im Grunde irrationale – Gefahr abzuwehren, wobei kaum ein Gedanke auf die leidvollen Folgen für die Betroffenen verschwendet wurde. Die Autorin kommt zu dem Schluß, die Kirche sei „auf der Grundlage eines jahrhundertealten Antijudaismus in den eigenen Vorstellungen so befangen" ge-

---

[71] Dariusz Libionka: Między słowami (Zwischen den Worten), Tygodnik Powszechny v. 24. Februar 2008, S. 26.

wesen, daß sie „den Paradigmenwechsel zu einem neuzeitlichen Antisemitismus mit all seinen Implikationen nicht mehr wahrnahm, sich vielmehr durch die ausschließlich negativ interpretierten Veränderungen der Moderne legitimiert glaubte". (211f.)

Antisemitismus angesichts des Holocaust

Dem von den Ideen der *Endecja* bestimmten kirchlichen Antisemitismus der Zwischenkriegszeit blieb – zum Glück – die Probe aufs Exempel in letzter Konsequenz erspart. Wenngleich die *Endecja* und die ihr nahestehende Kirche über einen großen ideologischen und politischen Einfluß verfügten, so stellte doch die Nationaldemokratie zu keiner Zeit die Regierung und war damit nicht in der Lage, zur „Lösung der Judenfrage" die Juden zur Emigration zu nötigen. Mit dem deutschen Überfall auf Polen und der fast fünfjährigen Besetzung des Landes änderte sich diese Situation grundlegend. Nun begann der Okkupant mit zunehmender Brutalisierung seine in den Holocaust führende Judenverfolgung. Wie reagierte der typische „katoendek" darauf? Betrachtete er diese Entwicklung mit Zufriedenheit oder wurde ihm nunmehr vor Augen geführt, zu welchen Konsequenzen sein Antisemitismus führen konnte, so daß er von ihm ein für alle Male geheilt wurde?
Gross zitiert in „Strach" einen Passus aus dem Tagebuch eines Nationaldemokraten, der in seiner Aussage wohl einer verbreiteten Auffassung entsprechen dürfte: „Was mich betrifft, so blicke ich auf die Vernichtung der Juden in Polen aus zwei unterschiedlichen Perspektiven, zwischen denen ein unüberwindbarer Gegensatz besteht – als Christ und als Pole. Als Christ darf ich meinem Nächsten das Mitgefühl nicht verweigern. [...] Als Pole betrachte ich die Ereignisse anders. Als Parteigänger der Ideologie von Dmowski sehe ich in den Juden fremde Okkupanten, eine dem Land feindlich gesonnene Diaspora. Daher ist es mir unmöglich, kein Gefühl der Zufriedenheit darüber zu empfinden, daß wir diesen Okkupanten los werden, und das nicht mit eigenen Händen, sondern durch einen anderen, äußeren Besatzer." Und er zeigt sich überzeugt, damit die Meinung

der Mehrheit seiner Landsleute zum Ausdruck gebracht zu haben.[72] Es ist Gross zuzustimmen, wenn er diese Alternative für grundfalsch hält und kritisch anmerkt: „Das christliche Gewissen und die Kenntnis der historischen Tradition der eigenen Nation sollten ihm wohl klar machen, daß dies eine falsche Alternative ist und er diesen Gegensatz überwinden muß, um den ihm seit der Kindheit eingepflanzten Werten treu zu bleiben."[73]

Es ist heute kaum mehr nachprüfbar, ob dieser „katoendek" mit der Einschätzung seiner Landsleute recht hat. Immerhin lassen sich genügend Beweise dafür anführen, daß Juden selbst von erklärten Antisemiten gerettet wurden, und dies unter Einsatz ihres Lebens. Gross verweist selbst auf die Schriftstellerin Zofia Kossak-Szczucka, der Mitbegründerin der im Untergrund zur Rettung von Juden aktiven Żegota. Er zitiert sie mit den Worten: „Obgleich der Jude der nationale Feind des Polentums ist, so verlangt doch die christliche Ethik vom katholischen Polen, daß er sich der Ermordung der Juden widersetzt. […] Wer angesichts des Mordens schweigt – der macht sich mit den Mördern gemein. Wer nicht verdammt – der pflichtet bei."[74] Während Gross diese klaren Worte einer Antisemitin zu würdigen weiß, vermerkt er zugleich, daß ihr Appell „von der Mehrheit der Gesellschaft und des katholischen Klerus ignoriert wurde".[75]

Wenngleich nur eine Minderheit der katholischen Gesellschaft und des Klerus bereit war, aktiv an der Rettung von Juden mitzuwirken, so darf diese dennoch nicht unerwähnt bleiben. Irena Sendler, die Mutter der Holocaustkinder, berichtet, daß die aus dem Warschauer Ghetto gerettelen Kinder zumeist in den von Ordensschwestern betreuten Kinderheimen unterkamen und von Pfarrern gefälschte Taufurkunden ausgestellt wurden.[76] Für die Rettung von Juden wur-

---

72 J. Tomasz Gross: Strach, a. a. O., S. 302f.

73 Ebd., S. 303.

74 Ebd., S. 313.

75 Ebd.

76 Anna Mieszkowska: Die Mutter der Holocaust-Kinder. Irena Sendler und die geretteten Kinder aus dem Warschauer Ghetto, München 2004.

den immerhin von jüdischer Seite rund 6000 Polen als „Gerechte unter den Völkern" ausgezeichnet, eine Zahl, die längst nicht alle umfaßt, die an der Rettung von Juden beteiligt waren.

Dennoch stellt sich die Frage, warum sich polnische Christen und die Kirche insgesamt nicht noch stärker der Vernichtung der Juden in ihrem Land widersetzt haben. Viele hatten sicherlich nicht die Möglichkeiten dazu, andere wollten das Risiko, als Judenretter entdeckt zu werden und damit das eigene Leben zu verlieren, nicht eingehen, wieder andere hielten selbst angesichts des Holocaust an ihrem Antisemitismus fest und sahen im Juden nicht ihren vom Tode bedrohten Nächsten, dem beizustehen das christliche Gewissen gebietet. Doch vor allem gilt es zu bedenken, daß Polens Kirche selbst unter der Verfolgung zu leiden hatte. Nach den Juden waren es ja die Polen, vor allem die Intelligenz und kirchliche Amtsträger, denen die Vernichtung drohte. Hinter den nüchternen Zahlen der Statistik verbirgt sich das leidvolle Schicksal von Priestern und Bischöfen, die in den Jahren der Okkupation ihr Leben ließen oder in Konzentrationslagern drangsaliert wurden: Es wurden „1932 Diözesangeistliche (unter ihnen sechs Bischöfe), 580 Ordensbrüder und 289 Ordensschwestern getötet, Tausende Priester und Ordensfrauen in Gefängnisse und Lager gebracht. In einigen Diözesen beliefen sich die Verluste an Priestern, gemessen an der Zahl bis Kriegsbeginn, auf 35 bis 50 Prozent [...].[77]

Trotz der eigenen Bedrohung sieht sich Polens Kirche, zumal die Hierarchie, bis heute dem Vorwurf ausgesetzt, sich bei der deutschen Besatzungsmacht nicht für die Juden verwendet und den Judenmord nicht öffentlich verurteilt zu haben. Gross beruft sich auf Stanisław Musiał, einen Jesuiten, der sich mit dem Antisemitismus in Polen intensiv auseinandergesetzt und seine Ergebnisse in zahlreichen Publikationen veröffentlicht hat. In einem kurz vor seinem Tod gewährten Interview[78] vermerkt er kritisch, daß der für

---

77 Jerzy Kłoczowski: Katholiken und Protestanten in Ostmitteleuropa, in: Jean-Marie Mayeur (Hg.): Die Geschichte des Christentums, Bd. 12, Freiburg 1992, S. 896.

78 Witold Bereś, Krzysztof Burnetko: Duchowny niepokorny (Aufrechter

seine unbeugsame Haltung hoch geschätzte Krakauer Fürstbischof Sapieha bei Generalgouverneur Frank gegen die Judenvernichtung ebenso wenig protestiert hat wie die übrigen Bischöfe. Es würden sich in den kirchlichen Archiven keinerlei Spuren von Mitgefühl finden, ein Versäumnis, das nicht durch den „Hinweis auf die wenigen Priester und Ordensschwestern aufgewogen würde, die Juden gerettet haben."

Vom Krakauer Metropoliten weiß man, daß er sich lediglich, wenngleich vergebens, bei der Besatzungsmacht dafür eingesetzt hat, konvertierte Juden von den antijüdischen Gesetzen und Maßnahmen auszunehmen. Auch habe er 1942 zeitgleich zur Liquidierung des Krakauer Ghettos bei Hans Frank gegen den wachsenden Terror protestiert, doch ohne sich dabei auf die Ereignisse vor Ort zu beziehen. Daß sich Sapieha nicht anders als der europäische Episkopat, mit Ausnahme des niederländischen, diese Zurückhaltung auferlegt hat, dürfte von der Sorge um die eigene Kirche bestimmt gewesen sein. Doch Eingaben und öffentliche Proteste waren nicht die einzigen kirchlichen Handlungsmöglichkeiten. So hätte die Hierarchie über informelle Kanäle die Weltöffentlichkeit über den Holocaust informieren können. Dies ist offenbar nicht geschehen. Jedenfalls finden sich in den geheimen Briefen von Erzbischof Sapieha an Papst Pius XII., in denen er angesichts der tragischen Situation der Kirche und der polnischen Nation um Hilfe bat, keinerlei Hinweise auf das Schicksal der ihrer Vernichtung preisgegebenen Juden.[79] Man mag in diesem Versäumnis ein die moralische Autorität der polnischen Kirche beeinträchtigendes Versäumnis sehen, doch die Gründe dafür sind wohl kaum in einer antisemitischen Grundhaltung des Episkopats zu sehen, sondern sie ergeben sich naheliegend aus der Verantwortungsethik gegenüber den ihnen anvertrauten Priestern und Gläubigen, die wohl die Opfer einer Vergeltung für Protestaktionen

---

Priester). Rozmowy z księdzem Stanisławem Musiałem (Gespräch mit dem Geistlichen Stanisław Musiał), in Świat Książki, Warszawa 2006, S. 192. Jan T. Gross, Strach, a. a. O., S. 314.

79 Dariusz Libionka: Między słowami, a. a. O., S. 24f.

geworden wären, seien sie nun von den Bischöfen oder vom Vatikan ausgegangen.

Das Schweigen der Kirche zu den Pogromen der unmittelbaren Nachkriegszeit

Wer erwartet hatte, daß die Schrecken der Okkupation mit den an den Juden bis zu ihrer Vernichtung verübten Verbrechen der deutschen Besatzer den Antisemitismus aus den Köpfen und Herzen der Polen ein für alle Male vertrieben hätte, der sah sich enttäuscht. Vielmehr hat der Antisemitismus den Holocaust überlebt. Er fand seinen Ausdruck in den Pogromen der unmittelbaren Nachkriegszeit, von denen die Judenmorde in Kielce am 4. Juli 1946 die bekanntesten sind. Ausgelöst durch das Gerücht eines an einem Knaben vollzogenen Ritualmordes machte die aufgebrachte Menge Jagd auf ihre jüdischen Mitbürger. Die genaue Zahl der Opfer in Kielce und anderen Orten ist nicht mehr zu ermitteln. Die Angaben schwanken zwischen 500 und 2500 Toten.

Wie hat sich die Kirche zu diesen Verbrechen verhalten? Es gibt einen im Juli 1946 von den Kanzeln verlesenen Hirtenbrief, in dem der polnische Episkopat jegliche Gewalt- und Mordtaten verurteilt, doch ohne die Pogrome beim Namen zu nennen und klar und deutlich zu erklären, daß der Antisemitismus mit dem Evangelium unvereinbar ist. So bleibt dieser Hirtenbrief in der Sache vage und dürfte wohl von den Gläubigen ausschließlich als Protest gegen die von den Kommunisten vorgenommenen Verhaftungen, Mißhandlungen und Ermordungen patriotischer Systemgegner verstanden worden sein.

Deutlich geäußert haben sich einige Kirchenzeitungen. So hat die Redaktion der bald nach Kriegende gegründeten katholischen Wochenzeitung „Tygodnik Powszechny" unter ihrem Chefredakteur Jerzy Turowicz den Antisemitismus wiederholt als mit dem katholischen Glauben und der christlichen Moral unvereinbar erklärt. In der Ausgabe vom 21. Juli 1946 heißt es u.a.: „Die Kielcer Ereignisse belasten unsere Nation in der Meinung der zivilisierten Welt mit einem ungeheuren Unrecht." Auch Kirchenzeitungen, die in der Zwischenkriegszeit den Antisemitismus verbreitet haben, verurteilten die Pogrome. So stand im „Niedziela" zu lesen: „Zu Recht erschüttern die Kielcer Vorgänge die katholische Gesellschaft zutiefst." Und der Kattowitzer „Gość Niedzielny" schrieb zum Kielcer Pogrom: „Egal ob es gezielt organisiert war oder die Folge einer schrecklichen geistigen Verfinsterung und Unkenntnis, wir müssen dies unter dem Gesichtspunkt christlicher Ethik scharf brandmarken [...]. Bruder ist jeder, ohne Rücksicht auf Nationalität oder Bekenntnis."[80] Dagegen sucht man in den Aussagen des Episkopats mit einer Ausnahme derlei klare Worte vergeblich. Dabei sind die Bischöfe von jüdischer Seite mehrfach gebeten worden, öffentlich für den Schutz von Juden einzutreten. Sie taten es nicht. Wie aus einigen bischöflichen Aussagen hervorgeht, war ihre Zurückhaltung von der Sorge bestimmt, durch derartige Erklärungen könne es zu einer Spaltung zwischen Kirche und Nation kommen, was die Durchsetzung des Kommunismus in Polen erleichtert hätte.

Jan Tomasz Gross befaßt sich in „Strach" ausführlich mit der Haltung der Amtskirche zum Kielcer Pogrom. Von den Bischöfen habe allein der Ordinarius von Tschenstochau, Teodor Kubina, „eindeutig den Antisemitismus der Kielcer Volksmenge und den Unsinn der verbreiteten Gerüchte um die von Juden verübte Ermordung christlicher Kinder verurteilt." (186.) Doch für seinen Alleingang sei er auf der Bischofskonferenz vier Monate später scharf kritisiert worden. Im Sitzungsprotokoll heißt es, alle Bischöfe seien verpflichtet, „sich bei ausnahmslos sämtlichen Vorgängen im Land eines individuellen Standpunkts zu enthalten und keine Situation herbeizuführen wie im Falle der Ereignisse in Kielce [...], daß sich der Ordinarius einer Diözese [...] an einer Verlautbarung beteiligt, deren Inhalt und Intentionen andere Ordinarien aus grundsätzlichen und kanonischen Erwägungen der katholischen Kirche für inakzeptabel halten." (137.) In der Tat hatte Bischof Kubina gemeinsam mit Vertretern örtlicher Behörden eine gegen das Morden in Kielce gerichtete Erklärung un-

---

80 Die Zitate stammen aus Dariusz Libionka: Między słowami, a. a. O., S. 24.

terzeichnet, wobei er sich von der berechtigten Sorge leiten ließ, auch in Tschenstochau könne es zu ähnlichen Vorgängen kommen. Doch Polens Kirche hat zum Pogrom in Kielce nicht nur geschwiegen, sie hat auch Stellung bezogen, allerdings nicht im Sinne einer klaren Verurteilung der Mordtaten, sondern im Ungeist einer antisemitischen Beschwichtigung. Gross zitiert aus dem von Bischof Czesław Kaczmarek für den Botschafter der USA erstellten Memorial. Darin wird behauptet, im Krieg habe es keinen Antisemitismus gegeben. Vielmehr „fühlten alle mit den Juden mit. […] Die Polen retteten viele Juden. […] So war es 1944 und zu Beginn des Jahres 1945. Nach dem Einmarsch der sowjetischen Truppen, nachdem die Lubliner Regierung ihre Macht über ganz Polen ausgeweitet hatte, änderte sich dieser Stand der Dinge grundlegend. Die Ablehnung der Juden nahm ihren Anfang." (197.)

Das Memorial gibt auf die Frage, wie es zu den Ereignissen in Kielce kommen konnte, eine einzige Antwort: „Weil die Menge die Juden haßt." (197.) Doch warum wurden sie gehaßt? „Die Juden in Polen sind die Hauptpropagandisten des kommunistischen Systems, das die polnische Nation ablehnt. […] Die Ministerien, die Stellen im Ausland, die Positionen in den Fabriken, Ämtern, Armee sind voll mit Juden besetzt. […] Sie sind im Sicherheitsapparat, nehmen Verhaftungen vor." (197.) Der nationale Stolz verbietet offenbar die Vorstellung, daß in den kommunistischen Leitungskadern überwiegend Polen tätig waren. Also mußte das Stereotyp „żydokomuny" zur Erklärung herhalten, und es rechtfertigt scheinbar das Schweigen der Kirche, denn ein entschiedenes Eintreten für das Lebensrecht der Juden, verbunden mit einer klaren Absage an jeglichen Antisemitismus, wäre – so die Logik des Memorials – einer Unterstützung des kommunistischen Systems gleichgekommen und hätte möglicherweise die Massen gegen die Kirche aufgebracht.

Volksrepublik Polen – *Endecja* im kommunistischen Gewand

Es gehört zu den Paradoxien der Geschichte, daß im kommunistischen Nachkriegspolen die Zielvorstellungen der *Endecja* weitgehend

Wirklichkeit wurden: An die Stelle des Nationalitätenstaates der Zwischenkriegszeit trat aufgrund der Ermordung von drei Millionen polnischer Juden, der Aussiedlung der Deutschen aus dem Staatsgebiet der Zweiten Republik und des Verlustes der stark von Ukrainern bewohnten Ostgebiete ein ethnisch fast reiner Nationalstaat. Und obgleich sich die Volksrepublik gegenüber der Zweiten Republik radikal absetzte, so kam es doch nicht zu einer kritischen Auseinandersetzung mit der Zwischenkriegszeit. Sie wurde pauschal mit negativen Stereotypen belegt, ja als „faschistisch" denunziert und dem kollektiven Vergessen anheim gegeben.

Die Folge war, daß der mit der *Endecja* verbundene Antisemitismus weder von der Kirche noch von der kommunistischen Partei aufgearbeitet wurde. Mehr noch: In der Person von Bolesław Piasecki wurde er sogar für die Volksrepublik salonfähig gemacht. Als Führer der für ihre Anschläge auf Juden und jüdische Einrichtungen berüchtigten rechtsextremen „Falanga" der 1930er Jahre war Piasecki bei Kriegsende von den Sowjets verhaftet und mit dem Tode bedroht worden, dann aber setzten diese ihn mit der Auflage auf freien Fuß, eine mit dem kommunistischen System kooperierende katholische Bewegung zu gründen, die denn auch als „Pax" bis in die 1980er Jahre über einen gewissen publizistischen und politischen Einfluß verfügte und ungestört ihren von der *Endecja* übernommenen Antisemitismus verbreiten konnte.

So war es möglich, in der Volksrepublik nach der Shoa und den Pogromen unmittelbar nach Kriegsende antisemitische Vorstellungen zu äußern, ohne eine gesellschaftliche Ächtung zu erfahren. Und in den Krisen des Systems diente der Antisemitismus sogar dazu, in innerparteilichen Fraktionskämpfen die Gegner auszuschalten (1956) oder eine gesellschaftliche Protestbewegung als „zionistische Verschwörung" zu diffamieren, ihre gewaltsame Zerschlagung zu rechtfertigen und die ohnehin verschwindend kleine jüdische Minderheit zum Verlassen des Landes zu nötigen (1968).

Wie hat sich Polens Kirche zu all dem verhalten? Sie hat sich klar von „Pax" distanziert, doch dies nicht wegen der antisemitischen Grundeinstellung dieser Bewegung, sondern um sich ihrem Anspruch, die Katholiken politisch zu vertreten, zu widersetzen und einer innerkirchlichen Spaltung entgegenzuwirken. Die Instrumentalisierung des Antisemitismus durch Partei und Regierung war dagegen nicht ihre Sache, so daß sie dazu keine Stellung bezog. Als aber 1968 die Studenten, von Kommilitonen jüdischer Herkunft angeführt, nach Absetzung von Adam Mickiewicz' „Ahnenfeier", eines zum nationalen Kanon gehörenden Stücks der Romantik mit antirussischer Tendenz, auf die Straße gingen, für kulturelle und geistige Freiheit demonstrierten und dafür von der Miliz zusammengeschlagen und verhaftet wurden, da meldete sich die Kirche zu Wort. Im Sejm ergriff Jerzy Zawieyski im Namen der kleinen katholischen, das Vertrauen der Hierarchie genießenden „Znak"-Gruppe für die Studenten Partei und verurteilte die gegen sie ergriffenen Maßnahmen, woraufhin ihn Piasecki der Beteiligung an einer „zionistischen Verschwörung" beschuldigte und er seine Stellung als Mitglied des Staatsrates einbüßte.

In zwei Dokumenten nahm der Episkopat entsprechend seinem Selbstverständnis als Anwalt der Nation zu den Vorgängen Stellung[81], in denen er für Meinungsfreiheit eintrat und den Studenten bescheinigte, zum „Wohl der Nation" gehandelt zu haben; doch eine ausdrückliche Verurteilung des Antisemitismus sucht man in ihnen vergebens. Was diesen Punkt betrifft, äußerte sich Primas Stefan Wyszyński etwas deutlicher. Bezüglich der Märzereignisse sagte er in seiner Gründonnerstagspredigt u. a.: „Man muß den Eindruck bekommen, daß man einer bestimmten Kategorie von Menschen das Recht auf Liebe raubt. Es geschehen unvorstellbare Dinge unter uns! [...] Vielleicht habe auch ich, der Bischof von Warschau, mich schuldig gemacht, weil ich nicht stark genug das Recht auf Liebe und die Verpflichtung, ohne Rücksicht auf Sprache und Rasse den anderen zu lieben, vertreten habe. Möge nicht der gräßliche Schatten eines neuen Rassismus über uns kommen, in dessen Na-

---

81 Es liegen zwei Stellungnahmen vor: Das Wort der Bischofskonferenz „zu den schmerzlichen Ereignissen" v. 21. März 1968 sowie das „Wort zu den Märzereignissen" v. 3. Mai 1968.

men die Kultur zu verteidigen, ihr dann vorgeben würdet. Bitte nicht dieser Weg! Nicht der Weg des Hasses!"[82]

Doch es blieb bei diesen Worten, ohne daß Polens Kirche die Märzereignisse zum Anlaß genommen hätte, sich mit dem christlich-jüdischen Verhältnis in seiner polnischen Ausprägung, einschließlich der eigenen Last des Antisemitismus, zu befassen. Auch wurde in Polens Kirche zu dieser Zeit die Konzilserklärung „Nostra aetate" als Grundlage einer Neuordnung des Verhältnisses zu dem von Gott erwählten Bundesvolk in Polens Kirche noch nicht rezipiert. Die Vermutung liegt nahe, daß der Primas den Zeitpunkt noch nicht für gekommen erachtete. Zum einen befürchtete er wohl, daß die für die Auseinandersetzung mit dem System unabdingbare Einheit von Kirche und Nation durch die Thematisierung des jüdischen Problems durch innerkirchliche Polarisierungen Schaden nehmen könnte. Auch schien angesichts des verschwindenden Anteils polnischer Juden an der Gesamtbevölkerung kein konkreter Bedarf zu bestehen, die christlich-jüdischen Beziehungen neu zu ordnen. Schwerer aber dürften die Konsequenzen gewogen haben, die sich für die vom Primas vorgegebene Linie einer „Theologie der Nation" möglicherweise ergeben hätten, basierte diese doch auf der Einheit von Pole und Katholik, die für die *Endecja* die Quelle ihres Antisemitismus war, wobei ausdrücklich gesagt werden muß, daß der Primas zu keiner Zeit einem Antisemitismus das Wort geredet hat, richtete sich doch seine von der „Theologie der Nation" bestimmte Pastoral ausschließlich gegen den ideologischen Totalitätsanspruch des kommunistischen Systems. Doch eine Rezeption von „Nostra aetate" hätte folgerichtig zu einer kritischen Reflexion der „Theologie der Nation" geführt, wofür es im übrigen Ansätze gegeben hat, so in Beiträgen des „Tygodnik Powszechny", die denn auch das Mißfallen des Primas gefunden haben.

---

82 Adam Michnik: Die Kirche und die polnische Linke, München 1980, S. 76f.

Durchbruch im polnisch-jüdischen Verhältnis

Es sollte bis in die 80er Jahre des vergangenen Jahrhunderts dauern, ehe in der Gesellschaft um den Antisemitismus ernsthaft gestritten wurde und auch die Kirche erste Schritte unternahm, um ihr Verhältnis zum Judentum neu zu bestimmen. Auslöser einer breiten gesellschaftlichen Debatte war der Film „Shoah" des französischen Regisseurs Claude Lanzmann im Jahr 1985. Er wurde in Polen als Provokation empfunden, suggerierte er doch eine Mitschuld der Polen am Holocaust und einen bis heute fortwirkenden Antisemitismus. Auf den Film reagierten die Polen mit Empörung, und die polnische Regierung sah sich veranlaßt, beim französischen Außenministerium Protest einzulegen. In der Tat zeichnet „Shoah" ein verzerrtes Bild eines „polnischen Antisemitismus", der – mittelalterlichen antijüdischen Vorstellungen verhaftet – den Holocaust sogar als Strafe für den „Gottesmord" deutet. Die Erbitterung wurde noch durch die positive Aufnahme des Films in den westlichen Ländern verstärkt, stand doch zu befürchten, daß er – zumal in Deutschland – zu einer Entlastung vom Holocaust auf Kosten des Stereotyps eines „polnischen Antisemitismus" führen könnte. Dem war aber kaum mit Protesten zu begegnen. Hier war mehr gefordert. So wuchs in Kreisen der polnischen Intelligenz die Einsicht, daß ohne Aufarbeitung des eigenen Antisemitismus weder eine überzeugende Antwort auf erhobene Vorwürfe noch ein vom gegenseitigen Verständnis bestimmter polnisch-jüdischer Dialog möglich sei. Lanzmanns „Shoah" hatte ein Tabu gebrochen und Verdrängungen im polnischen Bewußtsein offengelegt, die es nun zu verarbeiten galt.

In dieser Situation erschien zwei Jahre später im „Tygodnik Powszechny" der Essay „Arme Polen blicken auf das Getto".[83] Autor war der angesehene Literaturwissenschaftler Jan Błoński, der – unter Anspielung auf einen Gedichttitel des Nobelpreisträgers Czesław Miłosz – eine öffentliche Auseinandersetzung um das Verhalten der

---

83 Jan Błoński: Biedni Polacy patrzą na getto (Arme Polen blicken auf das Ghetto), Tygodnik Powszechny v. 11. Januar 1987.

Polen zur Judenvernichtung in ihrem Land in Gang brachte. Er stellte sich der durch Lanzmanns Film ausgelösten Welle der Empörung und Selbstrechtfertigung entgegen: „Statt aufzurechnen und uns zu entschuldigen sollten wir zunächst uns selbst prüfen, an unsere Sünde, unsere Schwachheit denken. Eben diese moralische Umkehr ist in unserem Verhältnis zur polnisch-jüdischen Vergangenheit unbedingt notwendig."

Błoński unterscheidet sehr genau „zwischen Teilnahme und Mitschuld". Von einer aktiven Teilnahme am Judenmord kann keine Rede sein – Fälle ausgenommen, in denen einzelne Polen aus niedrigen Beweggründen Juden an die Gestapo ausgeliefert oder sich auf ihre Kosten bereichert haben. Solche Subjekte haben dadurch ihre nationale Ehre verloren. Aber es bleibt für Błoński eine Mitschuld, die alle Völker trifft, aus deren Ländern Juden in die Vernichtungslager deportiert wurden und die wenig oder nichts unternommen haben, diese Vernichtungsmaschinerie zu stoppen. Aus dieser Mitschuld können sich die Polen nicht ausklammern, zumal „es eben in Polen die meisten Juden gab" und somit Polen „moralisch am meisten verpflichtet" waren.

Błońskis Essay glich einem Stich ins Wespennest. Die Redaktion des Tygodnik Powszechny erhielt haufenweise Zuschriften, in der Mehrzahl polemischer Natur; darunter manche, die wegen ihres offenen Antisemitismus nicht zu publizieren waren. Angesichts der Flut negativer Reaktionen sah sich die Redaktion zu folgender Stellungnahme genötigt: „Wir müssen beschämt feststellen: Wenngleich manche Autoren dies leugnen, so beweisen doch gerade diese Briefe, daß weiterhin in Polen ein Antisemitismus existiert, obwohl es heute in unserem Land praktisch keine Juden mehr gibt."[84]

Allerdings gab es auch Briefe, die zeigten, daß der Essay bei dem einen oder anderen Erinnerungen wach rief, welche die Scham über die eigene Hilflosigkeit verraten, mit der man die Vernichtung der Juden als die einer fremden, von der eigenen Nation getrennten Volksgruppe passiv hingenommen hatte. Eine Abwehrreaktion, vom

---

84 Ebd. v. 8. Februar 1987.

Willen nach dem eigenen Überleben diktiert, verständlich im Grauen jener Kriegsjahre – und doch eine moralische Last.

An der durch Błoński ausgelösten Diskussion hatten sich viele Katholiken mit durchaus gegensätzlichen Ansichten beteiligt, nicht aber Vertreter der offiziellen Kirche. Auch sie bedurfte eines Anstoßes von außen, um sich der Problematik des Antisemitismus sowie des christlich-jüdischen bzw. des polnisch-jüdischen Verhältnisses zu stellen.

Daß Polens Kirche 20 Jahre nach der Konzilserklärung „Nostra aetate" endlich ernsthaft mit ihrer Umsetzung begann, dürfte nicht zuletzt zwei Ereignissen geschuldet sein: der Wahl des Krakauer Metropoliten Karol Wojtyła zum Nachfolger Petri und sein entschiedener Einsatz für eine Verbesserung der Beziehungen zwischen der Ekklesia und der Synagoge sowie die bereits erwähnte Auseinandersetzung und schließliche Beilegung des Konflikts um das Kloster der Karmelschwestern in Auschwitz.

Für Johannes Paul II. war das christlich-jüdische Verhältnis in gewisser Weise lebensbestimmend, war er doch seit seiner Gymnasialzeit in seiner Heimatstadt Wadowice jüdischen Mitschülern freundschaftlich verbunden, deren Schicksal er in den Jahren der Shoa aus nächster Nähe mit erlebt hat. So wundert es nicht, daß er am 7. Juni 1979 auf seiner ersten Papstreise nach Polen in Auschwitz-Birkenau vor der hebräischen Gedenktafel niederkniete, der jüdischen Opfer gedachte und mahnte, niemals an dieser Tafel gleichgültig vorbeizugehen. Ganz im Sinne von „Nostra aetate" verwies er darauf, daß das in Auschwitz zur Vernichtung bestimmte jüdische Volk seinen Ursprung in Abraham hat, der zugleich „der Vater unseres Glaubens" ist (Röm 4, 12). Damit machte er deutlich, daß es beim christlich-jüdischen Verhältnis unter Wahrung gegenseitiger Identität nicht um eine bloß äußere, sondern um eine innere Beziehung geht. Eben dies betonte er nachdrücklich am 13. April 1989 bei seinem Besuch in der römischen Synagoge, dem ersten Synagogenbesuch eines Papstes überhaupt, durch den er gleichsam der Synagoge die Augenbinde nahm, mit der sie – als Blinde im Vergleich zur Ekklesia – mit Vorliebe an den Portalen der mittelalterlichen Kathedralen dargestellt wurde. Bereits wenige Monate nach seiner Wahl hatte er führende Vertreter des Weltjudentums empfangen. In seiner Ansprache bekräftigte er damals die Aussagen von „Nostra aetate" und betonte, daß jede Art von Antisemitismus dem Geist des Christentums widerspricht. Zudem bekräftigte er seinerseits den ihm vorgetragenen Wunsch, die Christen mögen sich um eine bessere Kenntnis des Judentums bemühen und zwar in dem Sinn, wie sich die Juden aufgrund ihrer religiösen Tradition und Erfahrung selbst verstehen. Diesem Wunsch entsprach die bereits seit 1974 bestehende vatikanische Kommission für die Beziehungen zum Judentum mit dem 1985 veröffentlichten Dokument „Juden und Judentum in Predigt und Katechese in der katholischen Kirche", das nicht nur die Beseitigung aller Spuren von Antisemitismus fordert, sondern auf eine Vertiefung des Wissens um die bleibende heilsgeschichtliche Rolle des auserwählten Volkes zielt.

Von jüdischer Seite wurde mehrfach die Bedeutung von Johannes Paul II. für eine Verbesserung und Vertiefung der christlich-jüdischen Beziehungen unterstrichen, für die kein Papst in der Geschichte mehr getan habe als er. Damit war der „polnische" Papst auch der Hauptinspirator für eine „Nostra aetate" entsprechende christlich-jüdische Beziehung in seinem Heimatland.

Späte Rezeption von „Nostra aetate"

Es sollte bis in die zweite Hälfte der 1980er Jahre dauern, ehe Polens Kirche die institutionellen Voraussetzungen für einen Dialog mit dem Judentum schuf. Für diese gegenüber anderen Ländern verspätete Initiative dürften zwei bereits erwähnte Gründe den Ausschlag gegeben haben: Zum einen die besondere Situation im kommunistischen System, bei der eine Öffnung zum Judentum angesichts eines in Klerus und Volk verbreiteten Antisemitismus die innere Geschlossenheit gefährdet hätte, zum anderen die Tatsache, daß nach dem Holocaust und der Nachkriegsemigration der ihrer Vernichtung entgangenen Juden in Polen kaum mehr jüdische Gemeinden existierten und somit der Partner eines möglichen Dialogs ausfiel.

Andererseits waren Polens Hierarchen als Teil der Gesamtkirche verpflichtet, die mit dem Zweiten Vatikanischen Konzil intendierte Wende in den christlich-jüdischen Beziehungen auch ihrerseits zu vollziehen. So wurde denn durch Beschluss der 213. Vollversammlung des polnischen Episkopats am 1./2. Mai 1986 die Kommission für den Dialog mit dem Judentum berufen. Ihr Vorsitzender wurde der damalige Bischof von Włocławek und spätere Erzbischof von Gnesen, Henryk Muszyński, als Alttestamentler ein ausgewiesener Kenner des Judentums. Aufgabe der Kommission ist es, den Episkopat in Fragen der christlich-jüdischen Beziehungen und der damit verbundenen Probleme zu beraten, die Zusammenarbeit von Christen und Juden zu fördern, Gespräche mit Vertretern jüdischer Organisationen zu führen, Konferenzen einzuberufen und selbst zu organisieren sowie alle Initiativen zu einem vertieften wechselseitigen Kennenlernen zu unterstützen.

Die mit sachkundigen und engagierten Theologen besetzte Kommission hat seitdem gute Arbeit geleistet. Sie war maßgeblich an der Lösung des Konflikts um das Karmeliterinnenkloster in Auschwitz sowie am Zustandekommen der Begegnung von Johannes Paul II. mit Vertretern des polnischen Judentums in der Residenz des Primas (14. Juni 1987) beteiligt. 1988 organisierte sie gemeinsam mit der jüdischen Liga B'nei B'rith in Krakau und der nahegelegenen Benediktinerabtei Tyniec ein Internationales Theologisches Kolloquium „Juden und Christen im Dialog". Mit ihrer Anregung fanden in den folgenden Jahren weitere Symposien statt. So veranstaltet die Warschauer Katholisch-Theologische Akademie seit 1989 regelmäßig Kolloquien, um die theologischen Grundlagen eines christlich-jüdischen Dialogs zu sichern, ein vertieftes Verständnis des Judentums zu gewinnen und Voraussetzungen zu schaffen, den Antijudaismus im Raum der Kirche durch pastorale Bemühungen zu überwinden.

Allerdings ist nicht zu übersehen, daß diese und andere Initiativen auf eine relativ schmale Schicht einer theologischen und geistigen Elite beschränkt bleiben, die zudem Probleme hat, sich in Kirche und Gesellschaft Gehör zu verschaffen. Auf den Symposien und Kolloquien gehaltene Referate werden zwar in theologischen Zeitschriften publiziert, doch mangelt es an ihrer Popularisierung in Medien mit breiter Leserschaft. Die Redaktionen katholischer Blätter weigern sich zumeist, die jüdische Thematik in einem positiven Sinn aufzugreifen. Und wo dies – so etwa in der katholischen Wochenzeitung Tygodnik Powszechny – regelmäßig geschieht, kommt es mitunter zu unerfreulichen Reaktionen. So rief beispielsweise 1987 ein dem Tygodnik Powszechny erteiltes Interview von Bischof Muszyński, in dem dieser auf die gemeinsamen Wurzeln von Juden und Christen hinwies, eine Flut von geradezu bösartigen Stellungnahmen hervor, die den Bischof der Häresie beschuldigten und den Tygodnik Powszechny als „Judenblatt" zu diffamieren suchten.

Eine auf Breitenwirkung zielende Initiative war der am 20. Januar 1991 verlesene Hirtenbrief der Polnischen Bischofskonferenz aus Anlaß des 25. Jahrestages der 1965 verabschiedeten Konzilserklärung „Nostra aetate". Im ersten Teil wird unter mehrfacher Bezugnahme auf Johannes Paul II. und Aussagen des II. Vatikanums ein Verständnis des Judentums dargelegt, demzufolge die Kirche mit dem Judentum „in einer engen Verbindung" steht und die Juden „unsere älteren Brüder im Glauben'" sind. Die Bischöfe betonen gegen traditionelle, im polnischen Denken noch tief verwurzelte antijüdische Auffassungen die bleibende Erwählung des jüdischen Volkes, das durch das Gottesvolk der neuen Erwählung und des Neuen Bundes nicht enterbt sei. Ebenso deutlich weisen sie den Vorwurf des „Gottesmordes" zurück, der die Juden generalisierend mit der Schuld am Tod Christi belastet.

Der zweite Teil dieses Hirtenschreibens behandelt die nationale Problematik. Auch hier greifen die Bischöfe auf die Autorität des „polnischen" Papstes zurück, um die Gemeinsamkeit von Juden und Polen aufgrund einer gemeinsamen Geschichte zu verdeutlichen. Sie erinnern an die rettende Hilfe, die viele Polen den Juden im letzten Krieg zuteil werden ließen, verschweigen aber auch nicht, daß es solche gab, „die dieser unfaßbaren Tragödie gegenüber gleichgültig blieben", ja „auf irgendeine Weise zum Tod von Juden beigetragen haben"; und sie schließen diesen Passus mit den Worten: „Wenn nur ein Christ, der helfen konnte, einem Juden während der Gefahr die helfende Hand nicht gereicht oder zu seinem Tod beigetragen hat, dann müßten wir unsere jüdischen Schwestern und Brüder darum um Verzeihung bitten." Polens Oberhirten bedauern ausdrücklich „alle antisemitischen Ausschreitungen […] auf polnischem Boden" und erklären jegliche Erscheinung von Antisemitismus mit dem Evangelium für unvereinbar. Der Brief schließt mit einem Aufruf zum Dialog, der u.a. dazu dienen soll, „die eigenständigen religiösen Inhalte von Juden und Christen so zu erleben und zu beurteilen, wie sie heute von Juden und Christen selbst erlebt werden." Allerdings wurde dieser Hirtenbrief nicht überall mit der erforderlichen Bereitschaft aufgenommen. Vereinzelt wurde er sogar vom Klerus boykottiert. Einzelne Diözesen hatten ihren Pfarrern die Verlesung freigestellt, was vermuten lässt, daß nicht alle Bischöfe in gleicher Weise hinter den Aussagen des Briefes standen. Die Rezeptionsbereitschaft im Klerus hielt sich somit sehr in Grenzen

Man muß sich fragen, worin diese teilweise Ablehnung dieses Hirtenbriefes begründet ist. Wahrscheinlich wirken hier innere Prägungen durch die *Endejca* nach: Scheint eine Glaubensaussage im Widerspruch zur nationalen Überzeugung zu stehen, dann wird offenbar diese dem vermeintlichen nationalen Interesse geopfert. Wenn diese Vermutung stimmt, dann wird letztlich der Antisemitismus im Raum der Kirche nur zu überwinden sein, wenn diese ihre „Theologie der Nation" kritisch reflektiert, die – in Bezug auf das Judentum – eine doppelte Enterbung impliziert: die der Synagoge durch die Kirche aufgrund einer traditionellen Theologie und die des auserwählten Volkes durch die polnische Nation. So bedeutsam dieser Hirtenbrief in seinen Aussagen auch ist, er dringt offenbar doch nicht bis zu den Wurzeln des Antisemitismus vor.

Bei der Überwindung dieser Hindernisse hat es in den 1990er Jahren in der Einstellung der polnischen Kirche zum Judentum weitere Fortschritte gegeben. So findet auf Initiative des Episkopats seit 1998 in kontinuierlicher Folge jährlich im Januar ein „Tag des Judentums" statt, bei dem in einer zentralen Veranstaltung sowie an verschiedenen Orten Juden und Christen zu Gebet und Gedankenaustausch zusammenkommen. Ziel ist es, die jahrhundertelange

Entfremdung zu überwinden, den Dialog zu pflegen sowie sich der gemeinsamen Wurzeln beider Religionen zu vergewissern.

Das Pogrom in Jedwabne – die Anerkenntnis eigener Schuld

Anfang des neuen Jahrtausends löste Jan Tomasz Gross mit seinem im Jahr 2000 erschienenen Buch „Sąsiedzi" (Nachbarn) eine sich Monate hinziehende äußerst lebhafte Debatte aus. Seine Kernthese lautet: Am 21. Juli 1941 wurden in der nordöstlichen polnischen Kleinstadt Jedwabne an die 1600 Juden durch ihre polnischen Mitbewohner ermordet, wobei viele von ihnen in einer Scheune am Rande des Städtchens bei lebendigem Leibe verbrannt worden waren. Zu den Zeitumständen sei gesagt, daß Jedwabne und andere Orte, in denen ähnliches geschah, im Zweiten Weltkrieg zunächst von sowjetischen Truppen besetzt waren, bis sie mit dem Überfall auf die Sowjetunion in deutsche Hände fielen.
Ganz im Gegensatz zu Lanzmanns Film „Shoa" fand das Buch von Gross bei aller Kritik im Detail eine überwiegend positive Aufnahme. Die Reaktion auf dieses von polnischen Bürgern begangene Verbrechen wurde zum Prüfstein für das polnisch-jüdische bzw. christlich-jüdische Verhältnis, das seit der Mitte der 80er Jahre des vergangenen Jahrhunderts eine positive Entwicklung durchlaufen hatte. Die Diskussion um diese 60 Jahre zurückliegenden Ereignisse glich zum Teil einer Selbstkritik am tradierten Bild einer in der Geschichte immer wieder der Willkür feindlicher Übermacht ausgelieferten Nation, die stets Opfer und niemals Täter war. Daß Polen unter deutscher Besatzung und Unterdrückung ihre jüdischen Nachbarn auf grausame Weise umgebracht haben, paßte nicht in dieses nationale Selbstbild. Entweder mußten jene Untaten um des eigenen Selbstbildes willen geleugnet, verharmlost und verdrängt werden, oder es galt in Anerkennung der Fakten, das fleckenlose Selbstbild zu korrigieren und eigene Schuld einzugestehen. Daß letzteres geschehen ist, wurde auch von jüdischer Seite anerkannt. So schrieb der Historiker Israel Gutman im Vorwort einer von „Więź" herausgegebenen englischsprachigen Dokumentation der Jedwabne-

Diskussion: „Die Bereitschaft von Nation und Gesellschaft zur Anerkennung des Faktums, daß die Geschichte Polens keine makellose Kette von Heroismus und Gerechtigkeit ist, daß sie auch Seiten eines Schwachen und Unschuldigen zugefügten Unrechts enthält, zeugt nicht von einem geistigen Niedergang, sondern ist ein Beweis unbeugsamer Kraft auf dem Weg in eine bessere Zukunft."[85] Man kann somit sagen, daß diese Debatte den Grundstock zur einer Normalisierung der polnisch-jüdischen Beziehungen legte.

Daran hat auch die Kirche ihren Anteil. So wandte sich der Lubliner Erzbischof Józef Życiński in einem Beitrag für „Więź" gegen alle Versuche, das Pogrom in Jedwabne unter Betonung äußerer Umstände zu entschuldigen: „Es wäre heller Wahnsinn zu suggerieren, es gäbe irgendwelche Gründe zur Rechtfertigung dafür, in einem kollektiven Akt menschliche Wesen in Scheunen zu verbrennen."

Der Erzbischof interpretiert das Drama von Jedwabne als „bittere Wahrheit über den Menschen". Kein Volk kann sich vor dem Einbruch des Bösen sicher fühlen. „Diese bittere Wahrheit schützt vor ideologischen Täuschungen, durch die manche versuchen, die Bande des Blutes oder die kulturelle Gemeinschaft zu absolutieren." Diese der Natur des Menschen eigene Möglichkeit zum Bösen befreie nicht von der Verantwortung, sondern fordere sie im Gegenteil heraus. Sie im Nachhinein wahrzunehmen, bedeute, für die Opfer zu beten und dadurch die Solidarität unter Beweis zu stellen, „an der es in der Stunde mangelte, in der sie von dieser Erde schieden, auf der sie lebten. Was nottut ist, daß wir – im Namen der Gesellschaft, die gleichgültig auf ihr Sterben blickte – das lapidare Wort von David wiederholen: ,Ich habe vor dem Herrn gesündigt'."[86]

Zu Wort meldete sich auch der Gnesener Erzbischof Henryk Muszyński. Er begrüßte die durch das Buch von Gross ausgelöste Diskussion und sah in ihr weitreichende Konsequenzen für die polnisch-jüdischen Beziehungen. Und diese Konsequenzen würden positiv sein. Sein Optimismus basiert darauf, daß sich in den letzten zehn Jahren die

---

85 THOU SHALT NOT KILL. Poles on Jedwabne, Więź 2001, S. 13.
86 Hier zitiert nach Wiadomości Kai vom 8. März 2001.

Rahmenbedingungen für den polnisch-jüdischen Dialog merklich verbessert hätten, wobei Johannes Paul II. ein besonderes Verdienst zukomme, weil er sich namens der gesamten Kirche für die Schuld an den Juden entschuldigt habe. Damit habe er auch der polnischen Kirche die Richtung gewiesen, der Primas Józef Glemp gefolgt sei, als er während des Bußgottesdienstes zum Millennium gleichfalls die Juden um Vergebung bat und dabei nicht unerwähnt ließ, daß der Mangel an Liebe bei manchen Geistlichen dazu geführt habe, „Erscheinungen des Antisemitismus zu tolerieren".

Durch derlei Äußerungen und Gesten sei – so Erzbischof Muszyński – ein Durchbruch erzielt worden, der die Chance biete, in den polnisch-jüdischen Beziehungen die Phase wechselseitiger Beschuldigungen zu überwinden und in den Prozeß der Versöhnung einzutreten. „Der erste und unerläßliche Schritt auf diesem Weg ist allerdings die Bitte um Vergebung." Und die könne nicht in der Art des Versöhnungsbriefes der polnischen Bischöfe an ihre deutschen Amtsbrüder vom November 1965 erfolgen: ‚Wir gewähren Vergebung und bitten um Vergebung'." Auf die Juden sei eine solche Formel nicht anwendbar. „Hier können wir nur sagen: ‚Wir bitten um Vergebung'."[87]

Schließlich ist noch der Bußgottesdienst erwähnenswert, der am 27. Mai 2002 in Anwesenheit von rund 50 Bischöfen in der Warschauer Allerheiligenkirche stattfand. In ihrer gemeinsamen Erklärung zu Beginn dieses Gottesdienstes heißt es: „Als Hirten der Kirche in Polen, in Wahrheit vor Gott und den Menschen, besonders vor unseren Brüdern und Schwestern, wollen wir in Trauer und im Geiste der Buße des Verbrechens gedenken, das im Juli 1941 in Jedwabne und anderenorts geschah. Die Opfer waren Juden, und unter den Tätern gab es auch Polen und Katholiken." In Konsequenz jener grausigen Ereignisse verurteilten Polens Oberhirten zum wiederholten Mal „alle Erscheinungen von Intoleranz, Rassismus und Antisemitismus als Sünde".

---

87 Tygodnik Powszechny vom 25. März 2001.

Kirchliche Hilfestellung für jüdisches Leben

Nach Stanisław Krajewski, Philosophieprofessor, Mitglied nationaler und internationaler jüdischer Gremien sowie Co-Vorsitzender des Polnischen Rates der Christen und Juden, kommt der Kirche das Verdienst zu, daß mit der Rezeption von „Nostra aetate" ein „positives Interesse an der jüdischen Religion" geweckt wurde und in katholischen Verlagen „Publikationen über die Juden und ihre Religion erscheinen." Ausdrücklich verweist Krajewski darauf, daß „unter der Schirmherrschaft der Kirche" Veranstaltungen stattfinden, „die das Judentum als eine der wichtigen Religionen ins Zentrum stellen." Die Konsequenz sei, daß Juden gefragt sind, „die mit einer gewissen Kompetenz über die jüdische Tradition sprechen können".[88]

Es gibt inzwischen eine kaum mehr überblickbare Anzahl von Initiativen, die, von der Kirche angeregt oder unter ihrer Schirmherrschaft, oftmals von katholischen Intellektuellen umgesetzt werden. Neben dem Lubliner Erzbischof erwähnt Krajewski beispielhaft den Chefredakteur von „Więź", Zbigniew Nosowski, der gemeinsam mit einem Pfarrer eine Bürgerinitiative ins Leben gerufen hat, von der „jedes Jahr Gebete und Informationstreffen organisiert (werden), dessen Höhepunkt in einem ‚Marsch vom Tod zur Hoffnung' besteht".[89]

Durch derlei Initiativen ist ein neues Phänomen, das eines „virtuellen Judentums", entstanden, so etwa in der ostpolnischen Grenzstadt Sejmy, wo die Stiftung „Grenzland" ihren Sitz hat. Sie hat es sich zur Aufgabe gemacht, das jüdische Erbe lebendig zu erhalten. So rettete sie die örtliche Synagoge vor dem Verfall, richtete sie wieder her und nutzt sie für Veranstaltungen mit jüdischem Charakter, z. B. für Konzerte mit polnischen Klezmer-Gruppen. Vergleichbare Veranstaltungen gibt es an zahlreichen Orten. Die bekannteste ist das jährliche Krakauer Festival jüdischer Kultur, für Nichtjuden von

---

88 Jahrbuch Polen, a. a. O., S. 101.
89 Ebd., S. 98.

Nichtjuden veranstaltet, auch wenn sich unter den Mitgestaltern und Teilnehmern aus aller Welt angereiste Juden befinden.

Konstanty Gebert, Chefredakteur von „Midrasz", setzt sich mit dem „virtuellen Judentum" im Lande des Holocaust auseinander, wo es keine nennenswerte Zahl jüdischer Gemeinden mehr gibt. Weil das „virtuelle Judentum" nicht authentisch ist, ergibt sich für ihn die Frage nach seiner Bewertung. Muß man es, wie dies manche jüdische Kreise wollen, mit dem Argument ablehnen, daß sich heute die Nachfahren derer, die für den Genozid an den Juden verantwortlich sind, jüdische Inhalte aneignen und sich somit zu ihren Erben machen?

Gebert verneint diese Frage und begrüßt seinerseits ein „virtuelles Judentum". Gerade die Shoa lege ein „virtuelles Judentum" nahe. Es habe schließlich seinen Grund in einer Auflehnung der Nachkriegsgeneration gegen das Schweigen über den Holocaust und sei nach der Erklärung „Nostra aetate" Ausdruck einer neuen Sensibilität von Christen für die jüdische Problematik. Diese neue, auch von jüdischer Seite erkannte und anerkannte Sensibilität ist ein Hoffnungszeichen für den christlich-jüdischen Dialog in Polen wie an jedem anderen Ort.

Der lange Weg der Versöhnung

Ehe es nach dem Zweiten Weltkrieg im Raum der katholischen Kirche zwischen der Bundesrepublik und DDR auf der einen und Polen auf der anderen Seite zu beiderseitigen Kontakten kam bzw. kommen konnte, mußte ein langer, mühevoller Weg zurückgelegt werden. Zu sehr war man auf beiden Seiten der Oder mit dem eigenen Leid als Folge des Krieges befaßt. Als für sämtliche deutschen Bischöfe geradezu typisch kann das Hirtenwort des Meißener Ordinarius Petrus Legge vom 1. August 1945 angesehen werden, in dem er über die kriegsbedingten eigenen Verluste an Leib und Leben sowie an materiellen Schäden bewegt Klage führt, ohne auch nur mit einem Wort an die durch deutsche Schuld anderen Völkern zugefügten Verbrechen zu erinnern. Dagegen verweist er eindringlich auf die im Dritten Reich erlittene kirchliche Verfolgung, so daß man sich selbst als Opfer fühlen und sich der Standhaftigkeit rühmen konnte.[90]

Auch auf polnischer Seite bestand verständlicherweise nach Kriegsende kirchlicherseits keine Bereitschaft, mit dem deutschen Nachbarn in Kontakt zu kommen. Weit mehr noch als in Deutschland war man in Polen mit dem eigenen Leiden und der enormen Herausforderung eines durch die Westverschiebung von Land und Leuten bedingten kirchlichen Neuaufbaus befaßt. Auch sah sich Polens Kirche seitens des kommunistischen Systems sehr bald Repressionen ausgesetzt. Doch das schwerwiegendste Hindernis für die Aufnahme kirchlicher Beziehungen zum deutschen Partner war die in den fünf Jahren der Okkupation erfahrene tödliche Bedrohung der

---

90 Vgl. den vollen Text in: Josef Pilvousek (Hg.): Kirchliches Leben im totalitären Staat. Seelsorge in der SBZ/DDR 1945–1976, Hildesheim 1994, S. 57–62.

Nation, deren Spuren bis heute in Polen allgegenwärtig sind. Man hat in der ersten Nachkriegszeit den Deutschen, die Katholiken nicht ausgenommen, das Menschsein förmlich abgesprochen und die erlittenen, nur langsam heilenden Wunden auf dem Hintergrund einer unüberbrückbaren, tief in der Geschichte verwurzelten Feindschaft verstanden.[91]

Die Belastung der deutsch-polnischen Beziehungen durch den Verlust der deutschen Ostgebiete

Auf der Konferenz von Jalta (4.–11. Februar 1945) hatten die Alliierten die Westverschiebung Polens beschlossen und diese Entscheidung auf der Potsdamer Konferenz (17. Juli – 2. August 1945) bestätigt sowie konkretisiert. Die deutschen Reichsgebiete östlich von Oder und Neiße wurden „polnischer Verwaltung" unterstellt und eine endgültige Regelung einem künftigen Friedensvertrag vorbehalten. Mit dem Verlust deutscher Hoheitsrechte war eine seitens der Alliierten verfügte Aussiedlung deutscher Bürger aus ihrer angestammten Heimat verbunden, um den sogenannten „Repatriierten" aus den polnischen, an die Sowjetunion verlorenen Ostgebieten als Kompensation den nötigen Lebensraum zu verschaffen.

---

91 Der polnische Historiker Edmund Dmitrów kommt in seiner Untersuchung zum „Deutschenbild der Polen in den Jahren 1945–1948" zu folgendem Schluß: „Es läßt sich kaum jemand finden, der in der Abrechnung mit dem Nazismus nach dem Krieg die These öffentlich vertreten hätte, die deutschen Katholiken oder z. B. die Österreicher wären besser als der Rest der nazistischen Nation. Die katholische Presse äußerte sich in der Regel kritisch bezüglich des deutschen Katholizismus der Kriegszeit. [...] Die Vernichtung des polnischen Klerus in den eingegliederten Gebieten sowie im Generalgouvernement waren nicht vergessen, auch nicht die Plünderungen von Kirchen, die Profanierung von Wegkreuzen und Kapellchen, das Verbot religiöser Lieder und Prozessionen. Das barbarische Verhalten des Okkupanten Kirche und Religion gegenüber weckte den Haß der Gesellschaft." (Johannes Hoffmann (Hg.): „Nachbarn sind der Rede wert". Bilder der Deutschen von Polen und der Polen von Deutschen in der Neuzeit, Dortmund 1997, S. 166.)

Durch diesen Beschluß der Siegermächte war eine zusätzliche, das deutsch-polnische Verhältnis belastende Situation entstanden. Während in Polen Kirche und Staat die Oder-Neiße-Grenze als endgültig ansahen, die DDR sie am 6. Juli 1950 als „Friedensgrenze" anerkannt hatte, berief sich die Bundesrepublik auf den Vorbehalt eines künftigen Friedensvertrages, der es ihr ermöglichte, völkerrechtlich den Anspruch auf die deutschen Ostgebiete aufrechtzuerhalten und – im Einklang mit der Kirche – die Vertriebenenverbände in dem von ihnen vertretenen „Recht auf Heimat" zu unterstützen. Allein diese politische Konstellation machten zwischenkirchliche Kontakte auf Bischofsebene fast unmöglich, weil die polnische Regierung den deutschen Oberhirten die Einreise nach Polen verweigerte, es sei denn, sie würden die Oder-Neiße-Grenze ausdrücklich anerkennen, eine Bedingung, die von ihnen nicht erfüllt wurde. Entsprechend erhielten ihre polnischen Amtsbrüder von ihren Behörden für eine Reise in die Bundesrepublik wie auch in die DDR keine Visa, so daß eine Begegnung lediglich bei Romaufenthalten möglich und auch genutzt wurde.

Der Streit um die vatikanischen Vollmachten von Kardinal August Hlond

Durch den aufgrund der Westverschiebung Polens kaum vorstellbaren Bevölkerungsaustausch sah sich Polens Kirche vor die Aufgabe gestellt, für die seelsorgliche Betreuung der aus ihrer östlichen Heimat vertriebenen und in den Oder-Neiße-Gebieten angesiedelten Gläubigen die pastoralen und kirchenrechtlichen Voraussetzungen zu schaffen. Zur Lösung dieses Problems begab sich Kardinal Hlond nach seiner Befreiung unmittelbar nach Kriegsende nach Rom, um dem Heiligen Stuhl seine Vorstellungen zur kirchenrechtlichen Neuordnung der Oder-Neiße-Gebiete vorzutragen und sich dazu die erforderlichen Vollmachten zu verschaffen. Dem entsprach Papst Pius XII. dadurch, daß er Kardinal Hlond zum Päpstlichen Legaten ernannte und ihm in Form eines Dekrets außerordentliche Vollmachten für das gesamte polnische Territorium (*in tuto il territorio polaco*) erteilte. Im allgemeinen dienen derlei Vollmachten im Sinne einer Notverordnung der Sicherung der Seelsorge, wobei sie insbesondere zur Gewährleistung der apostolischen Sukzession die Ernennung von Apostolischen Administratoren bei vakant gewordenen Bischofssitzen vorsehen.

Kardinal Hlond hat seine Vollmachten im August 1945, kurz nach Abschluß der Potsdamer Konferenz, dazu genutzt, die deutschen Ordinarien in den Oder-Neiße-Gebieten zum Amtsverzicht zu nötigen, eine Neugliederung in fünf Jurisdiktionsbezirke vorzunehmen und die Stellen mit Apostolischen Administratoren zu besetzen. Für diese Vorgehensweise mag es aus polnischer Sicht schwerwiegende Gründe gegeben haben, doch findet sie deutscherseits bis heute eine z. T. massive Kritik.[92] So bestehen Zweifel, ob seine Handlungsweise durch die Vollmachten gedeckt war, da diese sich – nach deutscher Auffassung – nicht zwingend auf die „polnischer Verwaltung" unterstellten deutschen Ostgebiete beziehen würden. Jedenfalls hat der Streit um die Auslegung der Kardinal Hlond erteilten päpstlichen Vollmachten das zwischenkirchliche Verhältnis jahrzehntelang stark belastet.

Doch es geht nicht allein um diesen Streit. Noch schwerer wiegt, daß der Heilige Stuhl die durch Kardinal Hlond in den Oder-Neiße-Gebieten geschaffenen kirchlichen Strukturen zwar als „Notlösung" bejaht hat, aber lange zögerte, diese Gebiete als völkerrechtlich zum polnischen Staat gehörig zu betrachten und anstelle der Apostolischen Administratoren residierende Bischöfe zu ernennen. Vielmehr folgte Rom der Rechtsauffassung der Bundesrepublik, wonach über die „polnischer Verwaltung" unterstellten Gebiete endgültig erst in einem Friedensvertrag entschieden werde. Konkret bedeutete dies, daß das 1933 mit Hitlerdeutschland abgeschlossene und von der Bundesrepublik als Nachfolgestaat des Dritten Reiches anerkannte Reichskonkordat gemäß Art 11 für die deutschen Ostgebiete seine Gültigkeit behielt und damit die Ernennung von Bischöfen

---

92 Vgl. z. B. Franz Scholz, Zwischen Staatsräson und Evangelium. Kardinal Hlond und die Tragödie der ostdeutschen Diözesen, Frankfurt am Main 1988.

durch den Heiligen Stuhl der Zustimmung der deutschen Regierung bedurfte.[93] Der Heilige Stuhl hat dem insofern Rechnung getragen, daß er erst am 28. Juni 1972, nach Ratifizierung des Warschauer Vertrages vom Dezember 1970 seitens des deutschen Bundestages, in den ehemals deutschen Ostgebieten ordentliche Bischöfe anstelle von Apostolischen Administratoren ernannt hat.

Die Konsequenz der von der deutschen Bundesregierung, der Fuldaer Bischofskonferenz und dem Vatikan vertretenen Rechtsauffassung war für Polens Kirche folgenschwer. Nach Abschluß des Görlitzer Vertrages zwischen der DDR und der VR Polen richtete die polnische Regierung am 23. Oktober 1950 an Polens Kirchenführung die ultimative Forderung, das kirchenrechtliche Provisorium in den West- und Nordgebieten zu beenden und anstelle der Apostolischen Administratoren reguläre Bischöfe einzusetzen. Da eine solche Forderung die Kompetenz des Primas überstieg, leitete er sie an den Heiligen Stuhl weiter. Doch dieser gab, wie nicht anders zu erwarten, der Forderung nicht nach. Daraufhin griff die polnische Regierung am 26. Januar 1951 tiefgreifend in die kirchlichen Rechte ein und verfügte die Aufhebung der von Kardinal Hlond geschaffenen Kirchenstrukturen. Die fünf Apostolischen Administratoren wurden an der Ausübung ihrer Ämter gehindert und aus den Oder-Neiße-Gebieten verbannt. Unter massivem Druck wählten die Domkapitel dem Staat genehme Kapitelsvikare. Eine Spaltung der polnischen Kirche wäre unvermeidlich gewesen, hätte nicht Kardinal Wyszyński den Kapitelsvikaren trotz Bedenken die Jurisdiktion erteilt. All dies trug natürlich dazu bei, daß es bis weit in die 1950er Jahre zu kein-

---

[93] Der entsprechende Passus in Artikel 11 lautet: „Eine in Zukunft etwa erforderlich erscheinende Neueinrichtung eines Bistums oder einer Kirchenprovinz oder sonstige Änderungen der Diözesanzirkumskription bleiben, soweit es sich um Neubildungen innerhalb der Grenzen eines deutschen Landes handelt, der Vereinbarung mit der zuständigen Landesregierung vorbehalten. Bei Neubildungen oder Änderungen, die über die Grenzen eines deutschen Landes hinausgreifen, erfolgt die Verständigung mit der Reichsregierung, der es überlassen bleibt, die Zustimmung der in Frage kommenden Landesregierungen herbeizuführen."

erlei zwischenkirchlichen Beziehungen, geschweige denn zu einer von den Kirchen initiierten deutsch-polnischen Versöhnung kam.[94]

Frühe Versöhnungsinitiativen

Vergebliche Bemühungen von Bischof Heinrich Wienken um kirchliche Polenkontakte[95]

Der erste deutsche Bischof, der sich für eine deutsch-polnische Versöhnung eingesetzt hat, ist der langjährige Commissarius der Fuldaer Bischofskonferenz und spätere Meißener Bischof Heinrich Wienken (1883–1961). 1957, in dem Jahr, in welchem er aus gesundheitlichen Gründen auf die Leitung seines Bistums verzichtet und seinen Wohnsitz in Westberlin genommen hatte, verfaßte er eine Denkschrift zur Verbesserung der deutsch-polnischen Beziehungen, die er einem ihm persönlich bekannten Posener Domherren zuleitete. Über diesen Vorgang informierte Wienken den Kölner Kardinal Josef Frings, erhielt aber offenbar von diesem keine Rückmeldung. Die Denkschrift selbst ist nicht mehr auffindbar und nur teilweise aus Wienkens Schriftverkehr mit dem Adenauervertrauten Dr. Heinrich Krone aus dem Jahr 1959 rekonstruierbar.

Bischof Wienken hat seine umfangreiche Korrespondenz bis auf wenige Restbestände selbst vernichtet, so daß nur Teile seines Schriftverkehrs mit Dr. Krone, dem damaligen Vorsitzenden der CDU/CSU-Bundestagsfraktion, erhaltengeblieben sind.[96] Darin beklagt er sich, „daß die westdeutschen Bischöfe bisher zu wenig getan haben, ein freund-nachbarliches Verhältnis zu den polnischen Bischöfe zustande zu bringen." Im gleichen Brief erwähnt er, daß auf seine Initiative Kardinal Wyszyński 1958 zum Berliner Katho-

---

94 Vgl. hierzu Robert Żurek: Zwischen Nationalismus und Versöhnung. Die Kirchen und die deutsch-polnischen Beziehungen 1945–1956, Köln 2005.

95 Vgl. meine etwas ausführlichere Darstellung in: Theo Mechtenberg: Engagement gegen Widerstände. Der Beitrag der katholischen Kirche in der DDR zur Versöhnung mit Polen, Leipzig 1998, S. 13–18.

96 Archiv der Christlich-Demokratischen Politik (ACDP), I-082,062/1.

likentag eingeladen worden sei und dieser für die Einladung herzlich gedankt habe. Unter Hinweis auf die Polenkontakte der EKD, die eine Warschauer Kirche finanziert habe, regt Wienken in Schreiben an Kardinal Josef Frings und den Paderborner Erzbischof Lorenz Jäger die Errichtung einer vom deutschen Episkopat zu finanzierenden „Sühne-Kirche" in Auschwitz an, erhielt aber auch in diesem Fall keine Rückäußerung. Mehrfach spricht er sich für eine „Nachbarhilfe" aus, die er angesichts der wirtschaftlichen und kirchlichen Notsituation in Polen für dringend erforderlich erachtet. Mit seinen Initiativen ging es Wienken, wie er immer wieder betont, darum, die zwischen Deutschen und Polen bestehende „Haß-Atmosphäre" zu überwinden und durch eine freundschaftliche Nachbarschaft zu ersetzen.

Am 18. Dezember 1959 beantwortete Dr. Krone Wienkens Anregungen. Sie entsprächen dem, was auch er „politisch und grundsätzlich nur wünschen kann." Wienken leiste eine Arbeit, „die bestimmt, wenn auch erst später, gute Früchte für beide Völker zeitigt". Die Zeit, auf die Dr. Krone seinen Briefpartner tröstend verweist, hat der im Januar 1961 verstorbene Wienken nicht mehr erlebt.

Wienkens Versöhnungsinitiativen gingen nicht nur ins Leere, sie wurden ihm offenbar auch aufgrund höherer Weisung untersagt. Dies geht aus einer vom Meißener Bischof Otto Spülbeck am 12. Mai 1962 verfaßten Aktennotiz über ein von ihm mit dem deutschen Nuntius geführtes Gespräch hervor. Anlaß war eine Einladung des Breslauer Erzbischofs Bolesław Kominek zu einem Besuch in der schlesischen Metropole. Spülbeck war sich offensichtlich unsicher, ob er die Einladung annehmen könne und verwies „auf das seinerzeitige Verbot für Erzbischof Wienken." Der Nuntius „erklärte, das sei eine persönliche Angelegenheit für Bischof Wienken gewesen, dessen Kontaktfreudigkeit man von Rom aus etwas zurückdämmen wollte, um Komplikationen, die da entstehen könnten, zu vermeiden."[97] Offenbar befürchteten Kardinal Frings als Vorsitzender der Fuldaer

---

[97] Ordinariatsarchiv Bautzen (OAB), 103.09/05. Einzelakten der Bischöfe; betr.: Spülbeck, Dr. Otto, Korrespondenzen 1961–1970, Episkopat Polen, Bd. VIII.

Bischofskonferenz sowie der Vatikan, Wienkens Initiativen könnten die Rechtsauffassung des Vatikans und der Fuldaer Bischofskonferenz bezüglich der kirchenrechtlichen Regelungen in den Oder-Neiße-Gebieten in Frage stellen und sich als eine politisch belastende Hypothek erweisen.

Versöhnungsinitiativen der kirchlichen Basis in der DDR

Die ersten Poleninitiativen in der DDR gehen noch auf die Zeit vor dem Briefwechsel der polnischen und deutschen Bischöfe zurück. Es waren einzelne Persönlichkeiten und kleinere Gruppen, die im Geist der Versöhnung den Kontakt nach Polen suchten. Zu ihnen zählt der Eberswalder Erzpriester Kurt Reuter (1908–1965). Bereits als Theologiestudent hatte er die polnische Sprache erlernt und war in der 1930er Jahren im Berliner Bistum für die Polenseelsorge zuständig gewesen. Seit Anfang der 1960er Jahre knüpfte er eine Vielzahl von Kontakten zu polnischen Bischöfen und Seminarleitern, unterhielt eine umfangreiche Korrespondenz, unternahm – zum Teil im Auftrag von Erzbischof Alfred Bengsch – zahlreiche Reisen ins Nachbarland und versandte große Mengen an theologischer Literatur. Seine umfangreiche Tätigkeit ist im Berliner Diözesanarchiv gut dokumentiert. Bezeichnend für Reuters Motivation sind folgende Zeilen aus seinem Brief an den Bischof von Włocławek vom 30. März 1962: „Durch die Übersendung von Büchern möchte ich ein Zeichen der Liebe setzen, denn die deutsche Schuld gegenüber dem polnischen Volk ist groß und alt, älter als wir beide, doch sie sollte uns nicht überleben."[98] Welches Ansehen sich Erzpriester Reuter in wenigen Jahren in Polen erworben hatte, ist an den rund 30 Kondolenzschreiben polnischer Bischöfe ablesbar, die Erzbischof Alfred Bengsch zum Tode dieses allzu früh verstorbenen Zeugen deutsch-polnischer Versöhnung erhalten hatte – unter ihnen auch ein Brief von Primas Stefan Wyszyński.

Als herausragende Pioniere deutsch-polnischer Versöhnung sind vor allem zwei Persönlichkeiten zu nennen: Lothar Kreyssig (1898–1986)

---

98 Diözesanarchiv Berlin, V 58, Bd. 1.

und Günter Särchen (1927–2004): der eine ein evangelischer Christ, Präses der provinzialsächsischen Kirche, der andere ein katholischer Laie im kirchlichen Dienst. Beide wohnhaft in Magdeburg.
Es war Dr. Lothar Kreyssig, der im April 1958 in Berlin auf der damals noch gesamtdeutschen Synode der EKD mit seinem „Aufruf" den Anstoß zur Versöhnung gab.[99] Unter Hinweis auf die deutsche Kriegsschuld enthielt dieser die Bitte an „die Völker, die Gewalt von uns erlitten haben, daß sie uns erlauben, mit unseren Händen und mit unseren Mitteln, in ihrem Lande etwas Gutes zu tun." Gedacht war an mit Arbeitseinsätzen in ehemaligen Konzentrationslagern in Polen verbundene Sühne- und Pilgerfahrten.
Mit dieser Bitte wandte sich Dr. Kreyssig an die Regierungen der UdSSR, Polens und Israels. Doch entweder hüllten sie sich in Schweigen oder sie lehnten die an sie herangetragene Bitte ab. Auch die DDR gab durch ein Schreiben von Außenminister Lothar Bolz vom 13. Mai 1960 unmißverständlich zu verstehen, daß junge DDR-Bürger zu Einsätzen in ehemaligen Konzentrationslagern in Polen keine Ausreiseerlaubnis erhalten würden: In der DDR habe niemand um Vergebung zu bitten. „Die Sinnesänderung sei mit dem Bekenntnis zum prinzipiell materialistischen Sozialismus vollzogen."[100]
Trotz dieser deutlichen Absage hielten Dr. Kreyssig und Günter Särchen an ihrem Vorhaben fest. Seit 1960 reiste Särchen wiederholt nach Polen, stellte den Kontakt zu Direktoren der Gedenkstätten her, besprach das Anliegen mit Bischöfen, beriet sich mit katholischen Intellektuellen der ZNAK Gruppe in Krakau und Warschau und fand deren Zustimmung und Unterstützung. So konnten bereits 1962 Kreyssig und Särchen gemeinsam vor Ort eine für 1964 geplante Pilger- und Sühnefahrt zu den ehemaligen Konzentrationslagern Auschwitz und Chełmno vorbereiten. Die Einladungen erhielten sie von der im Sejm vertretenen katholischen Abgeordnetengruppe ZNAK. Doch die DDR-Behörden verweigerten die Erteilung

---

99 Konrad Weiß: Lothar Kreyssig. Prophet der Versöhnung. Gerlingen 1998, S. 330–343.
100 Ebd., S. 342.

eines Sammelvisums. Im Staatssekretariat für Kirchenfragen wurden Kreyssig und Särchen belehrt, ihr Vorhaben sei „anachronistisch". Die von der Aktion Sühnezeichen angestrebte „Versöhnung" habe längst stattgefunden, und zwar durch den politischen Widerstand polnischer und deutscher Kommunisten in der Nazizeit, durch ihr gemeinsames Leiden in den Konzentrationslagern und Zuchthäusern. Zudem sei es strafbar, „ohne Wissen und Genehmigung einer staatlichen Stelle der DDR in Warschau mit staatlichen polnischen Stellen zu verhandeln." Das sei allein ihre Sache.[101]

Was 1964 nicht gelungen war, gelang ein Jahr später. Aufgrund privater Einladungen reisten 40 junge evangelische und katholische Christen in ökumenischer Gemeinschaft nach Polen, die jungen Männer mit dem Fahrrad nach Auschwitz, die jungen Frauen mit dem Zug nach Majdanek. Die Fahrradgruppe stimmte sich sehr ernsthaft auf ihren Auschwitz-Aufenthalt ein. Sie verordnete sich täglich drei Stunden Schweigen, nutzte die Zeiten der Rast für Meditation und Gebet, bat um Wasser und Brot. In Auschwitz-Birkenau legte sie dann die überwucherten Fundamente des „Weißen Hauses" frei, das zeitweilig als Gaskammer genutzt worden war. Dabei stieß sie auf „Gebisse, Kämme, Brillen und andere Utensilien der letzten Armut" und immer wieder auf Menschenasche.[102]

Um der Aktion Sühnezeichen diese Versöhnungsdienste weiterhin zu ermöglichen, wurde nun die polnische Seite aktiv. Unter dem 5. April 1967 schrieben der Sejmabgeordnete Stanisław Stomma und der Publizist Andrzej Micewski an Kreyssig: „Die Polen erwarten auch dieses Jahr die Ankunft der ‚Sühnezeichen'-Gruppen und sollten sie sich täuschen, so würde dies nur Verbitterung hervorrufen."[103] Zudem lagen der Aktion Sühnezeichen offizielle Einladungen von

---

[101] Versöhnung – „Versöhnler". Notizen unterwegs auf Pilgerfahrt 1. August bis 15. August 1964, Privatarchiv Särchen, Versöhnung … 1964.

[102] Weiß, Kreyssig, S. 381. Vgl. auch den Dokumentarfilm von Thomas Kycia und Robert Żurek: „Leise gegen den Strom" (2009) zur Erinnerung an diese Sühne- und Pilgerfahrt.

[103] Zentralarchiv des Bistums Magdeburg, Akte „Polenseelsorge".

Direktoren polnischer Mahn- und Gedenkstätten vor, durch die man sich ermutigt sah, das Staatssekretariat für Kirchenfragen erneut um ein Sammelvisum zu ersuchen. Doch die dort am 22. Mai 1967 stattgefundene Besprechung zeigte eine weitere Verhärtung der staatlichen Gesprächspartner, wie aus folgender protokollierten Äußerung hervorgeht. „Es ist erstaunlich, und wir können das nachweisen, wie systematisch die Reisemöglichkeiten zwischen den sozialistischen Ländern ausgenutzt werden. Das alles ist illegal und ungesetzlich."[104] Damit waren weitere Unternehmungen der Aktion Sühnezeichen-Ost in Polen unmöglich geworden. Daraufhin sprang ich in meiner Eigenschaft als Magdeburger Studentenpfarrer in die Bresche. Ich hatte bereits in den Jahren zuvor gemeinsam mit Günter Särchen mehrere Fahrten nach Polen unternommen und verfügte daher über die gleichen Kontakte wie er. So gelang es mir, auf der Grundlage privater Einladungen und vom Ministerium für Staatssicherheit (MfS) offenbar unbemerkt auch in den Folgejahren mit Studentengruppen Freiwilligenarbeit in der KZ-Gedenkstätte Majdanek und in der Blindenanstalt Laski bei Warschau zu leisten sowie beim Aufbau der Kirche in Nowa Huta zu helfen.

Die Magdeburger Poleninitiativen fanden allerdings nicht den gewünschten kirchlichen Rückhalt. Sie wurden zwar von Weihbischof Friedrich Maria Rintelen, dem Magdeburger Ordinarius, befürwortet und unterstützt, nicht aber von der Berliner Ordinarienkonferenz (BOK). Die fand die von der Aktion Sühnezeichen (ASZ) geplanten Pilger- und Sühnefahrten nach Polen als „zu spektakulär" und konfliktträchtig. Entsprechend reagierte denn auch die „Berliner Zentrale". Nach den im Magdeburger Kirchenarchiv vorliegenden Akten sind Interventionen einzelner Jurisdiktionsbezirke gegen die 1964 geplante Auschwitzfahrt belegbar. So liegen einige Schreiben vor, in denen einzelne Priester unter Hinweis auf ein ausdrückliches Verbot ihres Bischofs ihre ursprüngliche Anmeldung mit Bedauern zurückziehen. Um dem Argument entgegenzuwirken, die Pilgerfahrten stünden – weil von der ASZ organisiert – außerhalb katho-

---

104 Ebd.

lischer Verantwortung, bat Dr. Kreyssig Weihbischof Rintelen in einem Schreiben vom 2. Februar 1965, Günter Särchen als Vertreter der katholischen Kirche in den Leitungskreis von Aktion Sühnezeichen zu entsenden. In seiner Antwort vom 18. Februar 1965 verweist der Magdeburger Ordinarius darauf, daß dies seine Kompetenz überschreite und dazu die Zustimmung der BOK erforderlich sei, um die er sich in der nächsten Sitzung bemühen wolle. Am 30./31. März 1965 nahm dann die BOK grundsätzlich zu einer Mitwirkung von Katholiken bei der ASZ Stellung. Das Protokoll vermerkt: „Es soll verhindert werden, durch die Aktion Sühnezeichen im Bereich der DDR in politische Zusammenarbeit mit staatlichen Stellen zu kommen." Die BOK sah in den von Magdeburg ausgehenden Poleninitiativen „politisch bedenkliche Organisationsformen" und ging daher zu ihnen auf deutliche Distanz.

Damit war auch der Versuch gescheitert, Günter Särchen als offiziellen Vertreter der katholischen Kirche in die Leitung der ökumenisch ausgerichteten Aktion Sühnezeichen zu entsenden. Dies teilte denn auch Weihbischof Rintelen am 2. April 1965 Dr. Kreyssig mit, beließ es aber nicht bei dieser bedauerlichen Feststellung, sondern erteilte Günter Särchen eine auf seinen Zuständigkeitsbereich beschränkte kirchliche Beauftragung zur Mitarbeit im Leitungskreis der ASZ, was Särchen für seine Polenaktivitäten staatlichen Stellen gegenüber einen gewissen Schutz garantierte.

Die mit Arbeitseinsätzen verbundenen Pilgerfahrten waren als Sühnezeichen gedacht und wurden in ihrer Bedeutung in Polen verstanden. Das belegt die stattliche Zahl von 27 Briefen polnischer Bischöfe, darunter auch Schreiben von Primas Wyszyński und Kardinal Wojtyła, die sich im Magdeburger Kirchenarchiv befinden und die der 1964 gescheiterten Aktion ihren symbolischen Wert bescheinigen. Und nach dem gelungenen Unternehmen von 1965 schrieb die Publizistin Anna Morawska unter dem 29. August 1965 im Tygodnik Powszechny vom „guten Schock", den dieses Zeichen der Sühne unter Polen ausgelöst habe. Für sie war die Begegnung mit dieser Gruppe in Auschwitz ein Zeichen, „daß sich ein neues Blatt der Beziehungen zwischen den Menschen unserer Völker" aufgetan habe. „Noch ist es leer, was werden wir mit ihm machen?" Morawska erkannte in den Aktionen junger „Idealisten" den wahren „Realismus", denn ein Aufbau menschlicher Beziehungen sei nach den schrecklichen Erfahrungen des Krieges nur „mit der uralten menschlichen Geste der Bitte um Vergebung der Schuld" möglich.[105] Die Organisation dieser Pilger- und Sühnefahrten war nicht Särchens einzige Poleninitiative. Jahrzehntelang führte er zweimal jährlich Polenseminare durch, aus denen nach der Wende die Anna-Morawaka-Gesellschaft hervorging. Dazu gab er in all den Jahren über 50 sogenannte Polen-Handreichungen mit wertvollen Informationen zu Kirche, Kultur, Geschichte und Gesellschaft heraus. Diese Tätigkeit trug ihm zunehmend Konflikte mit dem Staat wie mit seiner Kirche ein. In der Operativen Personenkontrolle (OPK) „Patron" vom MfS erfaßt, bekam Särchen die Repressionen des Apparats zu spüren, und seine innerkirchlichen Konflikte führten am Ende zu seinem vorzeitigen Ausscheiden aus dem kirchlichen Dienst.[106]

Mit der Wende kamen diese einst intensiven Kontakte weitgehend zum Erliegen. Die mit ihnen seit den 1960er/1970er Jahren verfolgten Ziele schienen nach dem Ende der kommunistischen Herrschaft in Polen und der Normalisierung der deutsch-polnischen Beziehungen erreicht. Unter den jetzigen politischen Verhältnissen besitzt zudem der damals mit der „Znakgruppe" zur Verfügung stehende Kreis polnischer Partner nicht mehr die gleiche Bedeutung wie in der Vergangenheit, als sie gleichsam die einzige legale oppositionelle Gruppierung innerhalb des kommunistischen Systems bildete und diesem gelegentlich durch ihre Kontakte zum deutschen Katholizismus nützlich sein konnte.

Des weiteren sind die polnischen Gesprächspartner von einst heute in die unterschiedlichsten kirchlichen, kulturellen, gesellschaftli-

---

105 Theo Mechtenberg: Engagement gegen Widerstände, a. a. O., S. 82.
106 Zu diesen Konflikten vgl. ebd., S. 113–116; ders.: Versöhnung gegen Widerstände. Das Polen-Engagement Günter Särchens, Deutschland Archiv 2/2008, S. 233–241; Rudolf Urban: Der Patron. Günter Särchens Leben und Arbeit für die deutsch-polnische Versöhnung, Dresden 2007, S. 174–178; 183–220.

chen und politischen Zusammenhänge eingebunden, wodurch sich die frühere enge Gruppenbindung sehr gelockert hat. Manche sind auch aus Altersgründen nicht mehr aktiv. Jedenfalls ist mit der Wende eine Kontinuität unterbrochen worden, die eine Neuorientierung zwischenkirchlicher Kontakte katholischer Laien erforderlich macht, die aber angesichts der Unübersichtlichkeit der sich in Polen herausbildenden Laienstrukturen auf Schwierigkeiten stößt.

Pax Christi und die deutsch-polnische Versöhnung
Polenaktivitäten der kirchlichen Basis sind auch in Westdeutschland erst 15 Jahre nach Kriegsende belegbar. Sie wurden initiiert von der 1948 unter französischem Einfluß gegründeten katholischen Friedensbewegung *Pax Christi*. Als ihr erstes prominentes Mitglied äußerte sich 1960 ihr damaliger Vizepräsident, Wilhelm de Schmidt, auf dem internationalen Pax-Christi-Kongreß in Genf zum deutsch-polnischen Verhältnis. Er sprach sich für ein Schuldbekenntnis aus, das nicht allein die zahllosen im Zweiten Weltkrieg „in Polen verübten Untaten" umfassen soll. Man müsse darüber hinaus tief in die Geschichte zurückgreifen, in der sich im deutschen Bewußtsein ein „Herrenstandpunkt" verfestigt habe, der es nicht zulasse, „die Brüder in Polen als ebenbürtig anzuerkennen." Dieses Schuldbekenntnis vorausgesetzt, müsse das Polenbild neu erarbeitet werden.[107]
Daß um diese Zeit versucht wurde, mit polnischen Partnern ins Gespräch zu kommen, geht aus einem an Kardinal Julius Döpfner adressierten Brief des Präsidenten der deutschen Sektion von *Pax Christi*, dem Eichstädter Bischof Joseph Schröffer, vom 19. Oktober 1960 hervor. Darin bedankt sich dieser für die wenige Tage zuvor am Fest der heiligen Hedwig von Döpfner gehaltene Predigt in der Berliner St. Eduardkirche. In ihr hatte Döpfner deutlich gemacht, daß wir als Deutsche nach allem, was dem polnischen Volk im deutschen Namen und von Deutschen angetan worden war, „den Frie-

---

[107] Wilhelm de Schmidt: Polen – ein Modell der Pax-Christi-Arbeit, in: Pax Christi im Dienst der Versöhnung mit Polen. Dokumente und Analysen, Nr. 28, 6/1984, S. 26.

den nur unter sehr großen Opfern erlangen" können. Mit seinem Dank verband Schröffer die Information, „daß wir von Pax Christi, inoffiziell und sehr behutsam, unter Einschaltung polnischer Bischöfe, versucht haben, mit Polen Kontakt zu gewinnen".[108]

Bischof Schröffer spielt offenbar auf die 1960 gemeinsam mit einer österreichischen Delegation geplante Polenreise von *Pax Christi* an, die jedoch nicht zustandekam, weil die polnischen Behörden die Visa verweigert hatten. Doch in Vorbereitung dieser Reise muß es zum Breslauer Erzbischof Kominek Kontakte gegeben haben, denn dieser wollte die Gruppe empfangen. Seine zu diesem Anlaß vorgesehene Ansprache wurde 1972 von *Pax Christi* veröffentlicht.

Spätestens 1960 stand somit das Verhältnis zu Polen auf der Agenda von *Pax Christi*. Dies erklärt auch, daß der erste Frankfurter Auschwitzprozeß (1963–1965) von *Pax Christi* nicht nur mit Interesse verfolgt wurde, sondern daß dieser ihren Mitgliedern mit der Betreuung der leidgeprüften und traumatisierten Zeugen auch eine Handlungsmöglichkeit bot. Aus dieser Nähe zu ehemaligen Auschwitzhäftlingen erwuchs der Wunsch, jene Stätte des Grauens in Form einer Sühnewallfahrt aufzusuchen. Sie kam im Mai 1964 mit 34 Teilnehmern zustande. Die Pax-Christi-Delegation konnte damals erste Kontakte knüpfen, so zu den katholischen Intellektuellen der sogenannte Znak-Gruppe sowie zu verschiedenen Bischöfen, darunter der Krakauer Metropolit und spätere Papst Karol Wojtyła und der Breslauer Erzbischof Bolesław Kominek. Mit folgender Eintragung in das Besuchsbuch des Lagers gab die Gruppe ihrer Betroffenheit Ausdruck: „In Trauer und Scham stehen wir vor den Opfern der nationalsozialistischen Gewaltherrschaft. Auschwitz und die anderen Stätten der Vernichtungslager sind eine ständige Mahnung an uns, alle Kraft für die Verständigung und Versöhnung zwischen dem polnischen und dem deutschen Volk einzusetzen."[109]

---

108 Hier zitiert nach Karl-Joseph Hummel: Der Heilige Stuhl, deutsche und polnische Katholiken 1945–1978, in: Archiv für Sozialgeschichte 45/2005, S. 186.
109 Pax Christi im Dienst der Versöhnung, a. a. O., S. 30.

Dieser erste Polenaufenthalt einer offiziellen katholischen Gruppe aus der Bundesrepublik ist nicht nur unter dem Aspekt einer nachhaltigen Kontaktaufnahme bedeutsam, er legte auch den Grundstein zur 1973 erfolgten Gründung des Maximilian-Kolbe-Werkes. Man war nämlich vor Ort übereingekommen, ein Häftlingsehepaar, das man während der Fahrt kennengelernt hatte, zu unterstützen. Um die Hilfe auszuweiten, kam es bald zu Errichtung eines „Solidaritätsfonds", aus dem durch Spenden in den Folgejahren hunderte Opfer von NS-Verbrechen ein finanzielles Zeichen der Solidarität erhielten. Dennoch stand diese Hilfe in keinem Verhältnis zu der großen Zahl hilfsbedürftiger ehemaliger KZ-Häftlinge. Nach Verhandlungen mit dem Zentralkomitee deutscher Katholiken (ZdK) sowie mit verschiedenen katholischen Verbänden konnte schließlich am 19. Oktober 1973 mit der Gründung des Maximilian-Kolbe-Werkes die Solidarität mit den KZ-Opfern auf eine breitere Grundlage gestellt werden.

Die karitativen Hilfen des Maximilian-Kolbe-Werkes sollten indes in keiner Weise den Rechtsanspruch ehemaliger KZ-Häftlinge auf Entschädigung tangieren. Am 19. Dezember 1964 wandte sich das Pax-Christi-Präsidium an die Bundesregierung und forderte sie auf, „unverzüglich Schritte zu unternehmen, die es ermöglichen, daß auch jene Opfer der nationalsozialistischen Verfolgung, die in Staaten wohnen, mit denen die Bundesregierung keine diplomatischen Beziehungen unterhält, eine Entschädigung erhalten, bevor sie alle gestorben sind."[110] Auch wenn die Bundesregierung, von Globalzahlungen einmal abgesehen, erst 2001 durch die gemeinsam mit der deutschen Wirtschaft ins Leben gerufene Stiftung „Erinnerung, Verantwortung und Zukunft" eine entsprechende Entschädigungsregelung getroffen hat, so zeugt doch dieser Beschluß für das entschiedene Engagement von *Pax Christi* für eine Versöhnung mit Polen noch vor dem Briefwechsel der Bischöfe.

Der stellte dann allerdings *Pax Christi* vor das Problem, wie man einerseits die polnische Versöhnungsbotschaft uneingeschränkt begrüßen, andererseits aber den deutschen Antwortbrief als unzu-

---

110 Ebd., S. 4.

reichend kritisieren konnte. Die Unzufriedenheit mit der Antwort der deutschen Bischöfe zum Ausdruck zu bringen und dem polnischen Wunsch nach Anerkennung der Oder-Neiße-Grenze entgegenzukommen, hätte *Pax Christi* als kirchliche Friedensbewegung in Widerspruch zur deutschen Bischofskonferenz und ihrem Vorsitzenden, Kardinal Döpfner, gebracht, der gleichzeitig ihr Präsident war. Auch bestand innerhalb von *Pax Christi* keine Klarheit darüber, ob bzw. inwieweit man sich überhaupt politisch äußern durfte, zumal dann, wenn derlei Äußerungen nicht mit dem ZdK und der Bischofskonferenz abgestimmt waren. Aus dieser Problematik zog das Präsidiumsmitglied Walter Dirks, einflußreicher katholischer Publizist und Leiter der Hauptabteilung Kultur beim Westdeutschen Rundfunk, die Konsequenz, unabhängig von *Pax Christi* ein Gremium zu schaffen, das in der Lage war, eine eigene Stellungnahme zum deutsch-polnischen Verhältnis zu erarbeiten. So trafen sich, von ihm eingeladen, am 7./8. Mai 1966 in Bensberg, nahe Köln, „Freunde der kirchlichen Friedensbewegung *Pax Christi*" und schlossen sich zum Bensberger Kreis zusammen. Nach intensiven Beratungen veröffentlichte der Kreis 1968 sein Polenmemorandum mit der Aussage zu den Oder-Neiße-Gebieten, sich „mit dem Gedanken vertraut zu machen, daß wir die Rückkehr dieser Gebiete in den deutschen Staatsverband nicht mehr fordern können".[111]

Das auf den innerdeutschen katholischen Dialog zielende Memorandum löste neben Zustimmung auch starken Widerspruch aus, trug aber dennoch zusammen mit der evangelischen Denkschrift „Die Lage der Vertriebenen und das Verhältnis des deutschen Volkes zu seinen östlichen Nachbarn" vom 1. Oktober 1965 sowie dem Briefwechsel der Bischöfe vom November/Dezember 1965 gleichfalls mit dazu bei, in der Bundesrepublik einen Meinungsumschwung herbeizuführen, der mit einer neuen Ostpolitik den Abschluß des deutsch-polnischen Vertrages vom Dezember 1970 ermöglichte.

---

[111] Bensberger Kreis (Hg.): Ein Memorandum deutscher Katholiken zu den polnisch-deutschen Fragen, Mainz 1968, S. 18.

In den Folgejahren intensivierte *Pax Christi* die Kontakte zur Znak-Gruppe. So traf man sich in den 1970er Jahren mehrmals in Polen wie auch in der Bundesrepublik zu den sogenannten „Auschwitzseminaren"[112], die zu jener Zeit das einzige deutsch-polnische Dialogforum waren, auf dem im Geiste der Verständigung auch strittige Fragen behandelt wurden.

In den Kreis dieser frühen Poleninitiativen deutscher Katholiken ist auch das ZdK einzureihen. Auf seine Einladung hin nahm seit 1966 immer auch eine Gruppe von Polen an den Katholikentagen teil. Seit 1973 führten hochrangige Delegationen des ZdK sowohl mit der „Znakgruppe" als auch mit der Polnischen Bischofskonferenz Gespräche. Aufgrund dieser langjährigen Kontakte konnte im August 1989 eine gemeinsame Erklärung polnischer und deutscher Katholiken zum 50. Jahrestag des Überfalls auf Polen veröffentlicht werden[113], in der von polnischer Seite die Vertreibung der Deutschen als Unrecht verurteilt wird und sich die deutsche Seite für die Unverletzlichkeit der Grenze an Oder und Neiße ausspricht.

Warum aber haben sich Persönlichkeiten wie Władysław Bartoszewski, Tadeusz Mazowiecki oder Stanisław Stomma auf derlei Kontakte und Gespräche eingelassen? Jerzy Turowicz, Chefredakteur des Tygodnik Powszechny, beantwortete die Frage 1995 rückblickend mit den Worten: „Für unsere Bemühungen um Versöhnung gab es zwei Motive: Erstens ließen wir uns von unserem christlichen Glauben, von der Treue gegenüber dem im Evangelium verankerten Gebot der Vergebung und der Nächstenliebe leiten. Zweitens vom politischen Realismus und dem Bewußtsein, daß man unter den gegebenen Bedingungen bei der Basis ansetzen muß, bei den zwischenmenschlichen Kontakten, ehe es zu einer Annäherung zwischen den Regierungen beider Staaten kommt."

Was den von Turowicz erwähnten „politischen Realismus" betrifft, so muß eines Mannes gedacht werden, der als Redakteur des

---

112 Vgl. die Dokumentation von drei Seminaren in: Auf dem Weg zur Versöhnung, Veröffentlichungen der Deutschen Pax-Christi-Sektion, Nr. 16/1975.

113 Vgl. den Text und die Namen der Unterzeichner, ebd. S. 176–181.

„Tygodnik" nicht nur die in Polen stattgefundenen Treffen vorbereitet hat, sondern – als „Graue Eminenz" im Hintergrund wirkend – den deutschlandpolitischen Kurs von Znak wesentlich bestimmt hat: Mieczysław Pszon (1915–1995).[114] Vor dem Krieg war Pszon Nationaldemokrat und entsprechend deutschfeindlich eingestellt gewesen. Als Delegat der Londoner Exilregierung hatte er nach dem Krieg, zunächst zum Tode verurteilt, dann begnadigt, acht Jahre in kommunistischen Gefängnissen verbracht. In den Jahren der Haft hat er dann aufgrund der gegenüber der Zwischenkriegszeit radikal veränderten Weltlage seine deutschlandpolitische Auffassung korrigiert: Das Ende nationalsozialistischer Zwangsherrschaft hatte seinem Land nicht die erhoffte Freiheit gebracht. Es war vielmehr unter den Einfluß der sowjetischen Hegemonielamacht geraten, die alles daran setzte, Polen ein seine nationale Tradition negierendes kommunistisches System aufzuzwingen.

Die in der Nationaldemokratie vorherrschende Überzeugung, nach der die größte Bedrohung Polens von Deutschland ausgehe, war nach Lage der Dinge durch die totale Niederlage und den Zusammenbruch des Dritten Reiches hinfällig geworden. Nun kam es darauf an, sich von der eigenen Ideologie zu verabschieden und für ein neues Verhältnis zu Deutschland und den Deutschen offen zu sein. Zudem wurde ihm klar, daß die einstige deutschfeindliche Doktrin nun dazu diente, Polen dauerhaft an die Sowjetunion zu binden und die kommunistische Unfreiheit aufrechtzuerhalten.

Daher mußte im polnischen Interesse eine sinnvolle Politik auf eine Veränderung dieses Zustandes abzielen. Und dies würde, so Pszons bereits in den 1950er Jahren gewonnene Einsicht, nur durch einen deutsch-polnischen Ausgleich möglich sein. Er wußte zwar, daß man auf eine Zusammenarbeit mit Deutschland lange würde warten müssen, doch bedeutete dies nicht, die Zeit untätig verstreichen zu

---

[114] Theo Mechtenberg: Mieczysław Pszon – vom Nationaldemokraten zum Freund der Deutschen, in: Amicus Poloniae. Teksty ofiarowane profesorowi Heinrichowi Kunstmannowi w osiemdziesiątą piątą rocznicę urodzin (Texte zum 85. Geburtstag von Professor Heinrich Kunstmann) Wrocław 2009, S. 305–320.

lassen. Vielmehr würde es darauf ankommen, durch Anknüpfung von Kontakten auf eine Zukunft hinzuarbeiten, die mit einem deutsch-polnischen Ausgleich zugleich die Chance bot, sich aus sowjetischer Abhängigkeit zu befreien.

Die Bedeutung des Briefwechsels polnischer und deutscher Bischöfe von 1965[115]

In seinem 1981 zunächst im Untergrund, wenig später in der Pariser „Kultura" erschienenen Essay „Zwei Vaterländer – zwei Patriotismen" bezeichnet der polnische Literaturwissenschaftler und mehrfach inhaftierte Dissident Jan Józef Lipski (1926–1991) den im Geiste der Versöhnung verfaßten polnischen Bischofsbrief von 1965 als „die mutigste und weitestblickendste Tat der polnischen Nachkriegsgeschichte". Er begründet diese Einschätzung damit, daß trotz aller schrecklichen Belastungen des deutsch-polnischen Verhältnisses durch die im Zweiten Weltkrieg in Polen und an Polen verübten Verbrechen der Tag der Vergebung kommen mußte, um auf diese Weise der Verpflichtung „christlicher Ethik" gerecht zu werden und die Zugehörigkeit zur „westeuropäischen Zivilisation" unter Beweis zu stellen. Eben diese Aufgabe habe, „da das Volk geknechtet war", die Kirche als „höchste unabhängige moralische Autorität" übernommen.

---

[115] Zu dem Briefwechsel der Bischöfe gibt es inzwischen eine reiche Literatur, von der wenigstens einige Titel angeführt werden sollen: Edith Heller: Macht – Kirche – Politik. Der Briefwechsel zwischen den polnischen und deutschen Bischöfen im Jahr 1965, Köln 1992; Theo Mechtenberg: „… strecken wir unsere Hände zu Ihnen hin …" Der Briefwechsel deutscher und polnischer Bischöfe von 1965, in: Orientierung 19/20 2005; Karl-Joseph Hummel: Der Heilige Stuhl …, a. a. O., S. 195–2005; Bazil Kerski, Thomas Kycia, Robert Żurek (Hg.): „Wir vergeben und bitten um Vergebung". Der Briefwechsel der polnischen und deutschen Bischöfen im Jahr 1965 und seine Wirkung, Osnabrück 2006; Friedhelm Boll, Wiesław Wysocki, Klaus Ziemer (Hg.): Versöhnung und Politik. Polnisch-deutsche Versöhnungsinitiativen der 1960er Jahre und die Entspannungspolitik, Bonn 2009 (Mit Beiträgen von Robert Żurek, Andrzej Grajewski, Tadeusz Krawczak, Jan Żaryn, Piotr Madajczyk).

Lipski spannt den Bogen vom polnischen Bischofsbrief bis zu der Ende der 1970er Jahre in Kreisen der mitteleuropäischen, nicht nur polnischen Opposition aufkommenden Devise einer „Rückkehr nach Europa", indem er schreibt: „Als eine Nation, die sich dem westlichen Mittelmeer-Kulturkreis zugehörig fühlt, träumen wir von einer Rückkehr in unser größeres Vaterland Europa. Daher die Notwendigkeit einer Aussöhnung mit den Deutschen, die schon in diesem Europa sind und darin bleiben werden."

Daß ihre Versöhnungsbotschaft ein mutiger und ein für die Zukunft der deutsch-polnischen Beziehungen höchst bedeutsamer Schritt war, dürfte den polnischen Bischöfen durchaus bewußt gewesen sein. Schließlich enthielt sie jene geschichtsmächtigen Elemente, die in späteren Jahren ihre Wirksamkeit erweisen sollten, so daß Lipskis Wertung keineswegs aus der Luft gegriffen ist, sondern durchaus als fundiert erscheint. Angesichts der spannungsvollen und konfliktreichen Dynamik, die von dieser Initiative ausging, dürfte es interessant sein, den Gang der Ereignisse nachzuzeichnen, um sich der Richtigkeit der von Lipski vorgenommenen Wertung zu vergewissern.

Spannungen im Vorfeld des Briefwechsels

Wer heute der Meinung sein sollte, 20 Jahre nach Kriegsende wäre die Zeit für eine deutsch-polnische Versöhnung überfällig gewesen, der irrt. Die Wunden des Krieges waren keineswegs vernarbt und die gesellschaftlichen Voraussetzungen für eine deutsch-polnische Versöhnung noch kaum gegeben. Um die erforderlichen Voraussetzungen zu schaffen, bedurfte es einer überzeugenden Initiative, und wer wäre dazu berufener gewesen als die Kirchen beider Völker? Doch ausgerechnet im Vorfeld des Briefwechsels war es zu einer beiderseitigen Verstimmung gekommen. In Polen feierten Staat und Partei 1965 in Großveranstaltungen die „Rückkehr der West- und Nordgebiete zum Mutterland" nach dem Ende des Zweiten Weltkrieges. Die Kirche wollte dieses Feld nicht der kommunistischen Propaganda überlassen und gedachte ihrerseits der 20 Jahre zurückliegenden Übernahme der kirchlichen Administration in den Oder-Neiße-Gebieten. Dazu hatte die polnische Bischofskonferenz einen eigenen Hirtenbrief verfaßt, der am 23. Juni in den Kirchen zur Verlesung kam. Für den 1. September, den Tag des Überfalls auf Polen, hatte Primas Stefan Wyszyński seine Mitbischöfe nach Breslau eingeladen, um in der schlesischen Metropole am Vorabend des Millenniums daran zu erinnern, daß mit der nach dem Zweiten Weltkrieg vollzogenen kirchlichen Neuordnung der Zustand wieder hergestellt wurde, der im Jahr 1000 grundgelegt worden war.

In katholischen Kreisen der Bundesrepublik riefen die kirchlichen Feiern „lebhafte Emotionen" hervor und wurden mit Mißfallen zur Kenntnis genommen.[116] Einige Passagen in der Predigt des Primas klangen in manchen westdeutschen Ohren, zumal in denen der Vertriebenen und ihrer Seelsorger, höchst ärgerlich, so etwa die Aussage: „Wir warteten und warteten bis diese Gebiete endlich zum Mutterland zurückkehrten, mit dem sie nun endgültig verbunden sind." Die Erinnerung an die innerkirchlichen Vorgänge in den Oder-Neiße-Gebieten konnten kaum gegensätzlicher sein. Was die polnische Seite als „Rückkehr" verstand, war in den Augen der deutschen Katholiken, auch der Bischöfe, ein Akt des Unrechts.

Der Konflikt um die von der polnischen Kirche initiierten Gedenkfeiern überschattete denn auch die im Vorfeld des Briefwechsels in Rom des zu Ende gehenden Konzils geführten beiderseitigen Gespräche. So äußerte Kardinal Julius Döpfner dem Primas gegenüber seine Sorge vor einem sich innerhalb der polnischen Kirche verbreitenden Nationalismus, der eine beiderseitige Verständigung sehr erschweren würde. Wyszyński fühlte sich seinerseits mißverstanden, da er sich nicht von nationalistischen, sondern von pastoralen Motiven leiten lasse und sehr wohl wisse, was in der gegebenen Situation für die Kirche in Polen gut sei.

---

116 Vgl. z. B. Andrzej Micewski: Stefan Kardinal Wyszyński. Primas von Polen, Mainz – München 1990, S. 236.

Zur Vorgeschichte des Briefwechsels[117]

Die Vorgeschichte des Briefwechsels reicht bis in das Jahr 1957 zurück, als es auf Initiative von Julius Döpfner, dem damaligen Berliner Bischof, in Rom zu einer ersten Begegnung mit dem polnischen Primas kam. Wie sich Kardinal Wyszyński 1966 erinnert, sei es Döpfner darum gegangen, ihm gegenüber „die Psyche, Mentalität und Einstellung der neuen Deutschen zu verdeutlichen, die sich – *relata refero* – (vielleicht nicht in ihrer Gesamtheit, wohl aber in ihrem nachdenklichen Teil) dessen schämen, was in Polen, besonders während der letzten Okkupationsjahre, passiert ist."

Ein Jahr später trafen beide wiederum in Rom zusammen. Diesmal habe Döpfner im Auftrag der „Regierung in Bonn" dem polnischen Primas zu verstehen gegeben, „daß es ihr nicht um eine Grenzrevision gehe, sondern um eine andere Gestaltung des deutsch-polnischen Verhältnisses in der Zukunft". Wyszyński habe auf diese Botschaft „reserviert, vorsichtig" reagiert. Während des Zweiten Vatikanischen Konzils trafen sich beide Kardinäle häufiger. Zum Treffen am 25. Februar 1962 hatte der Primas eingeladen. Es stand ganz im Zeichen der von Döpfner am 16. Oktober 1960, dem Fest der heiligen Hedwig, gehaltenen Berliner Predigt. Damals hatte Bischof Döpfner mit dem Blick auf die deutsch-polnischen Beziehungen erklärt, das deutsche Volk könne „nach allem, was in seinem Namen geschehen ist, den Frieden nur unter sehr hohen Opfern erlangen." Ohne ausdrücklichen Bezug zur Oder-Neiße-Grenze sagte er: „Für die Zukunft ist die Gemeinschaft der Völker und Staaten wichtiger als Grenzfragen."[118]

Wyszyński wertete diese Predigt als einen bedeutsamen Schritt hin zu einem beiderseitigen Dialog, äußerte allerdings gleichzeitig sein Befremden über Adenauers Düsseldorfer Rede vom 10. Juli 1960 vor

---

117 Die folgenden Überlegungen entnehme ich der Darstellung von Peter Raina: Kardinał Wyszyński. Orędzie Biskupów a Reakcja Władz (Die Botschaft der Bischöfe und die Reaktion der Staatsmacht), Warszawa 1995, S. 5–11. Raina beruft sich seinerseits auf ein unveröffentlichtes Manuskript von Wyszyński aus dem Jahr 1996.

118 Deutschland und Polen. Kirche im Dienst der Versöhnung, Bonn 1996, S. 58.

der Landsmannschaft Ostpreußen, in der der deutsche Bundeskanzler den Anspruch auf das Selbstbestimmungsrecht der Ostpreußen betont hatte. Kardinal Döpfner habe indes dem Primas versichert, „daß niemand in Deutschland an einen Krieg gegen Polen denke". Die Grenzfrage sei jedoch in Deutschland, insbesondere innerhalb der Landsmannschaften, emotional aufgeladen. Daher stehe auch die Kirche vor keiner leichten Aufgabe. Es brauche „auf beiden Seiten viel Geduld. Doch die Zeit arbeite für Polen." Zu diesem Zusammentreffen enthält das Tagebuch des Primas folgende Notiz: „Der Grundgedanke von Kardinal D ist: Er spricht häufig mit Adenauer. Er ist der Auffassung, daß für Westdeutschland nicht ein Grenzrevisionismus im Zentrum des Interesses stehe, sondern eine neue Form der Zusammenarbeit zwischen Polen und Deutschland." Kardinal Döpfner hat bei weiteren Begegnungen seine Einschätzung bekräftigt und darauf verwiesen, daß die Zeit für Polen arbeite. Eine erste Frucht dieser beiderseitigen Annäherung ist die auf Initiative der deutschen Bischöfe zurückgehende, in der zweiten Sitzungsperiode des Konzils getroffene Vereinbarung, sich gemeinsam um eine Seligsprechung von P. Maximilian Kolbe zu bemühen. Der entsprechende dem Papst zugeleitete Text wurde denn auch gemeinsam redigiert. Der Austausch der Versöhnungsbotschaften am Ende des Konzils ist gleichsam die Krönung dieser Entwicklung.

Die Feier des polnischen Millenniums zwingt zur Versöhnung

Die bevorstehende Tausend-Jahr-Feier der Taufe Polens, an der auf Wunsch des polnischen Episkopats die Weltkirche teilhaben sollte, bot den konkreten Anlaß für die polnische Versöhnungsbotschaft. In 56 Schreiben waren bereits weltweit die Bischofskonferenzen eingeladen worden. Auch Papst Paul VI. hatte sein Kommen zugesagt. Es war klar, daß der unmittelbare deutsche Nachbar nicht übergangen werden konnte, doch verlangten die zwischen beiden Nationen bestehenden Probleme ein gesondertes Vorgehen. Dazu wurde Erzbischof Bolesław Kominek um einen entsprechenden Vorschlag gebeten. Angesichts der unterschiedlichen politischen Verhältnisse in der Bundesrepublik und in der DDR soll er für getrennte Briefe plädiert haben. Dafür ausschlaggebend dürfte wohl vor allem die bereits 1950 erfolgte Anerkennung der Oder-Neiße-Grenze durch die Regierung der DDR gewesen sein. Auch soll Kominek eine ausführliche Stellungnahme zu der am 1. Oktober 1965 veröffentlichten EKD-Ostdenkschrift „Die Lage der Vertriebenen und das Verhältnis des deutschen Volkes zu seinen östlichen Nachbarn" angeregt haben. Komineks Vorschläge hätten jedoch deutscherseits keine Zustimmung gefunden. Man habe die Einheit der Kirche in Deutschland nicht durch die Übernahme der Zwei-Staaten-Theorie in Frage stellen wollen, und die evangelische Ostdenkschrift sollte lediglich im polnischen Brief Berücksichtigung finden.[119]

Nach dieser grundsätzlichen Klärung erstellte Erzbischof Kominek in Absprache mit Bischof Zygmunt Choromański, dem Sekretär der Polnischen Bischofskonferenz, das an den deutschen Episkopat gerichtete Einladungsschreiben mit der bekannten Versöhnungsformel „Wir gewähren Vergebung und bitten um Vergebung" sowie mit der anschließenden Versicherung, erst jetzt „mit ruhigem Gewissen in Polen auf ganz christliche Art unser Millennium" feiern zu können.

---

[119] Diese Darstellung der Vorgeschichte des Briefwechsels findet sich in der Beantwortung einer Anfrage der polnischen Sicherheitsorgane durch die in der Regel über Vorgänge im Vatikan gut informierte HA XX/4 des Ministeriums für Staatssicherheit vom 19. Januar 1966. – Angesichts unterschiedlicher Versionen bedarf die Vorgeschichte des Briefwechsels weiterer Untersuchungen. So behauptet Prälat Theodor Schmitz, ein enger Vertrauter von Erzbischof Alfred Bengsch, in der Deutschen Tagespost vom 25.11.1995, die deutsche Antwort gehe „im wesentlichen auf die Arbeit von Erzbischof Bengsch zurück". (Vgl. M. Höllen, Loyale Distanz? Katholizismus und Kirchenpolitik in SBZ und DDR, Bd. 2, Anm. 507, S. 455f.) Dem Bonner Zeithistoriker K.-J. Hummel, der sich seinerseits auf den Erfurter Kirchenhistoriker J. Pilvousek beruft, verdanke ich den Hinweis, daß neben Erzbischof Alfred Bengsch der Görlitzer Bischof Gerhard Schaffran durch eine 8-Punkte-Vorlage den Brief, zumal bezüglich des „Rechts auf Heimat", entscheidend mit geprägt habe. Sollten diese Angaben stimmen, dann hätten wir es mit dem kuriosen Befund zu tun, daß der von den kommunistischen Machthabern als Werk des „westdeutschen Revanchismus" verstandene Text im wesentlichen von zwei Bischöfen aus der DDR verfaßt wurde.

Die Brisanz des im polnischen Brief enthaltenen Geschichtsverständnisses

Wer ohne Berücksichtigung des damaligen, durch den kalten Krieg vorgegebenen zeitgeschichtlichen Kontexts die seitenlangen historischen Ausführungen der unter dem 18. November datierten polnischen Versöhnungsbotschaft liest, dem entgeht wohl die darin zum Ausdruck gebrachte Brisanz. Der polnische Episkopat läßt vor den einzuladenden deutschen Bischöfen die tausendjährige Geschichte Polens Revue passieren – angefangen mit der Taufe Mieszko I. im Jahr 966, der Errichtung einer eigenen Hierarchie durch Papst Silvester II. und dem bedeutungsvollen Jahr 1000 mit der Gnesener Begegnung zwischen Kaiser Otto III. und Bolesław Chrobry. In diesen geschichtlichen Anfängen sieht Polens Episkopat die Symbiose zwischen Kirche und Nation grundgelegt, die – so die weiteren Darlegungen – die gesamten tausend Jahre bis in die Gegenwart hinein Bestand habe, wobei „in den schwersten politischen und geistigen Nöten […] die katholische Kirche […] immer der Rettungsanker und das Symbol der nationalen Einheit geblieben" sei. Um die „politische und kulturelle Bedeutung" dieser Anfangszeit zu unterstreichen, verweist der Brief auf „die allerneueste deutsche Geschichtsschreibung", die in diesen Anfängen Polens „Eintritt in die lateinische Christenheit" sieht. Dadurch sei Polen „zu einem gleichberechtigten Glied des universal konzipierten […] Imperium Romanum Ottos III. geworden".[120]

In dem historischen Abriß spielen selbstverständlich die deutsch-polnischen Beziehungen eine besondere Rolle. Sie seien für Polen jahrhundertelang befruchtend gewesen und hätten erst durch die Kreuzritter und den Aufstieg Preußens ihre Wende ins Negative erfahren. Gipfelpunkt dieser tragischen Entwicklung seien die Leiden im Zweiten Weltkrieg mit der Ermordung von 2000 Priestern und

---

120 Zitate aus dem Briefwechsel der polnischen und deutschen Bischöfe und der EKD-Ostdenkschrift entnehme ich R. Henkys (Hg.): Deutschland und die östlichen Nachbarn. Beiträge zu einer evangelischen Denkschrift, Stuttgart 1966, S. 218–230.

fünf Bischöfen. Die Belastungen der Gegenwart, insbesondere das „heiße Eisen" der Oder-Neiße-Grenze, hätten hier ihren Grund. Sie seien die „bittere Frucht des letzten Massenvernichtungskrieges". Dabei zeigen Polens Bischöfe durchaus Verständnis für das „Leid der Millionen Flüchtlinge und vertriebenen Deutschen". Durch den Verlust der polnischen Ostgebiete, die Polen nicht als „Siegerstaat" erscheinen lasse, seien aber die Oder-Neiße-Gebiete heute für Polen eine „Existenzfrage". Bei ihrem Bemühen, die infolge des Zweiten Weltkriegs entstandene nationale Situation ihres Landes zu verdeutlichen, zeigen Polens Bischöfe durchaus Verständnis für die Probleme der deutschen Seite. Ihr Brief zielte denn auch darauf ab, im wechselseitigen Dialog einen Ausweg aus der „fast hoffnungslos mit Vergangenheit belasteten Lage" zu finden.

Der historische Exkurs der polnischen Versöhnungsbotschaft fand damals deutscherseits nicht das ihm gebührende Interesse. Die auf einer tausendjährigen Symbiose von katholischem Glauben und polnischer Nation basierende Sichtweise, die einem deutschen Geschichtsbild höchst fremd ist, stieß eher auf verbreitetes Unverständnis. So habe sich Kardinal Döpfner bei einem späteren Zusammentreffen mit dem polnischen Primas zu dem breit ausgeführten historischen Teil des polnischen Briefes kritisch geäußert. Historische Argumente würden Deutsche gemeinhin nicht sonderlich interessieren. Diese Aussage legt die Vermutung nahe, daß die deutschen Bischöfe, zumal auf dem Hintergrund der in Polen kurz zuvor veranstalteten 20-Jahr-Feiern zur Übernahme der kirchlichen Administration in den Oder-Neiße-Gebieten, in dem historischen Teil des polnischen Briefes die geschichtspolitische Absicht sahen, mit ihrem Hinweis auf den piastischen Ursprung Polens den Anspruch auf die deutschen Ostgebiete historisch zu legitimieren.

Abgesehen davon, daß der Text diese Interpretation nicht unbedingt nahelegt, haben sich dadurch die Bischöfe offenbar den Blick für die eigentliche Brisanz dieses geschichtlichen Abrisses versperrt, durch den Polens Bischöfe gegen die kommunistische Staatsdoktrin die Zugehörigkeit ihres Landes zum westeuropäischen Kulturkreis zum Ausdruck brachten. Auch in den westdeutschen Medien blieb damals dieser Aspekt weitgehend unbeachtet. Eine Ausnahme bildet die „Stuttgarter Zeitung" in ihrer Ausgabe vom 3. Dezember 1965. Sie sah in dem geschichtlichen Teil „einen verschlüsselten Hilferuf an den deutschen Nachbarn: „Ihr Deutschen habt geholfen, Polen für den Westen zu gewinnen, ihr habt das Land der römischen Kirche zugeführt, ihr habt auch euren Teil dazu beigetragen, daß wir Polen heute in den Herrschaftsbereich einer atheistischen Macht geraten sind. Ihr Deutschen seht immer nur die Leiden, die euch die Oder-Neiße-Linie bereitet, aber ihr seht nicht, daß sie zwar Deutschland von Polen, aber nicht den Westen vom Osten scheidet. Diese Grenze liegt an der polnischen Ostgrenze, die, nicht durch unsere Schuld, so weit westlich verläuft. Seht zu, daß wir unsere geistige Bastion gegen den Kommunismus halten können."

Der deutsche Antwortbrief

Die von 42 aus beiden Teilen Deutschlands auf dem Konzil anwesenden Bischöfen unterzeichnete deutsche Antwort vom 5. Dezember 1965 fällt um vieles kürzer aus als die polnische Versöhnungsbotschaft. Mit „Bewegung und Freude" nehmen die Bischöfe die Einladung zum Millennium an. Sie verweisen einleitend darauf, daß französische und englische Kardinäle und Bischöfe bereits 1948 durch ihre Anwesenheit beim Kölner Domjubiläum „christliche Brüderlichkeit" bewiesen haben – ein deutlicher Hinweis darauf, daß die Versöhnung, die man sich nunmehr mit Polen erhofft, mit den westlichen Kriegsgegnern bereits vor Gründung der Bundesrepublik erfolgte. Sie ergreifen selbstverständlich die ihnen „dargebotenen Hände" und wünschen sich, „daß niemals wieder der Ungeist des Hasses" sie trenne.

Die deutschen Bischöfe begrüßen die durch „die hellen Seiten des deutsch-polnischen Verhältnisses" bestimmte polnische Sicht des Mittelalters. Was die belastete jüngste Vergangenheit betrifft, so betonen sie: „Furchtbares ist von Deutschen und im Namen des deutschen Volkes dem polnischen Volk angetan worden." Dafür bitten sie um Vergebung. Sie wissen, daß Deutschland „die Folgen des Krieges tragen" muß, gehen aber nicht auf das im polnischen Brief angesprochene „heiße Eisen" der Oder-Neiße-Grenze ein. Stattdessen versuchen sie, das von den deutschen Vertriebenen vertretene „Recht auf Heimat" in seiner Bedeutung abzuschwächen, indem sie darauf verweisen, daß damit „– von einigen Ausnahmen abgesehen – keine aggressive Absicht" verbunden sei. Vielmehr brächten die Vertriebenen damit lediglich zum Ausdruck, „daß sie rechtens in ihrer alten Heimat gewohnt haben und daß sie dieser Heimat verbunden bleiben". Im übrigen seien sie sich durchaus bewußt, „daß dort jetzt eine junge Generation heranwächst, die das Land, das ihren Vätern zugewiesen wurde, ebenfalls als ihre Heimat betrachtet." Man merkt diesen Sätzen deutlich die Rücksichtnahme auf die Vertriebenen an.

Der Briefwechsel nimmt leider nur sehr verdeckt auf die evangelische Ostdenkschrift Bezug. Die polnische Versöhnungsbotschaft enthält lediglich unter Hinweis darauf, daß sich die „deutschen evangelischen Brüder" um „Lösungen für unsere Schwierigkeiten" bemüht haben, die Bitte um Übermittlung von „Grüße und Dank". Und auch aus der im deutschen Antwortbrief bekundeten freudigen Bereitschaft, dieser Bitte zu entsprechen, kann man den Grund zu dieser Übermittlung bestenfalls erahnen. Angesichts der Bedeutung der EKD-Ostdenkschrift muß diese Zurückhaltung überraschen. Schließlich war sie dem Briefwechsel vorausgegangen und hatte mit ihrer Forderung, „das Lebensrecht des polnischen Volkes zu respektieren und ihm den Raum zu lassen, dessen es zu seiner Entfaltung bedarf"[121], auch für diesen einen Maßstab gesetzt. Die polnischen Bischöfe hatten somit eigentlich keinen Grund, sich gegenüber der Ostdenkschrift zurückzuhalten, wohl aber die deutsche Seite, die mit ihrem Antwortbrief deutlich hinter den Aussagen der Ostdenkschrift zurückblieb. Eine direkte Bezugnahme der polnischen Bischöfe auf die evangelische Ostdenkschrift wäre somit einer impliziten Kritik am deutschen Antwortbrief gleichgekommen, und dies mußte vermieden werden, um nicht die von Versöhnung und Dialog bestimmte Intention des Briefwechsels zu gefährden.

---

121 Ebd., S. 201.

Enttäuschte Erwartung
Der polnische Episkopat hatte sich in seinem römischen Kommuniqué vom 7. Dezember 1965 über die deutsche Antwort keineswegs enttäuscht gezeigt, sondern sie positiv gewürdigt. Doch fünf Jahre später kommt die damals empfundene Enttäuschung in einem unter dem 5. November 1970 datierten Brief des polnischen Primas an Kardinal Döpfner[122] unverblümt zum Ausdruck. Der Zeitpunkt war bewußt gewählt, wurde doch in jenen Tagen in Warschau der deutsch-polnische Vertrag über „die Grundlagen der Normalisierung der beiderseitigen Beziehungen" ausgehandelt, mit dem die von Willy Brandt geführte sozial-liberale Koalition Polens Westgrenze anerkannt hat – ohne einer gesamtdeutschen Vertretung auf einer späteren Friedenskonferenz vorgreifen zu wollen.
Zu diesen Verhandlungen wünschte sich Primas Wyszyński eine positive Stellungnahme der deutschen Bischofskonferenz: „In dieser historischen Stunde", in der sich erstmals nach dem Krieg „die Möglichkeit einer Regelung der Lebensfrage des polnischen Volkes und Staates" abzeichne, dürfe „die bischöfliche Führung in der Bundesrepublik" nicht abseits stehen. Vielmehr sei es ihre Aufgabe, „die staatliche Leitung auf die Wichtigkeit der kommenden Entscheidung aufmerksam zu machen."
1965 hätten sich die deutschen Bischöfe dieser Aufgabe verweigert. Wörtlich schreibt der Primas: „Nun muß ich Ihnen ganz ehrlich gestehen, daß die Antwort des deutschen Episkopats auf unseren Versöhnungsbrief nicht nur die Polen, sondern auch die Weltmeinung enttäuscht hat." Für das polnische „katholische Volk ist es ein öffentliches Ärgernis", zumal sich „die deutschen Protestanten dem katholischen Polen" entgegenkommender gezeigt hätten. Die „katholische Kirche in der Bundesrepublik" dürfe nicht vergessen, daß die „GRENZFRAGE" für Polen eine „LEBENSFRAGE" und zugleich eine „KIRCHENFRAGE" sei, letzteres, weil es sich bei Polen um „das

---

122 Entnommen wurden die folgenden Zitate dem Abdruck der Briefe der Kardinäle Wyszyński und Döpfner in: Deutschland und Polen, a. a. O., S. 62–65.

letzte Bollwerk des Katholizismus im Osten" handle. Nun sei es an der Zeit, das damals Versäumte nachzuholen.

Doch erneut wurde der polnische Primas in seiner Erwartung enttäuscht. Kardinal Döpfner läßt den Termin der Unterzeichnung des deutsch-polnischen Vertrages vom 7. Dezember 1970 verstreichen und antwortet erst unter dem 14. Dezember. Er äußert seine Betroffenheit über die herbe Kritik am deutschen Antwortbrief von 1965, die er „in dieser Art nicht erwartet" habe. Er gesteht ein, „daß der Brief verhaltener, reservierter wirkt" als die polnische Versöhnungsbotschaft und meint, man hätte „damals einiges wärmer formulieren können." Im Kern allerdings, „speziell bezüglich der Grenzfrage", hätte man kaum „wesentlich anders" schreiben können. Damals wie heute könne sich die Kirche „nicht in konkrete politische Auseinandersetzungen hineinziehen lassen." Im übrigen stünden „die deutschen Bischöfe und die deutschen Katholiken […] in ihrem Versöhnungswillen […] nicht hinter ihren evangelischen Mitbürgern" zurück.

Allerdings bleibt zu fragen, ob die deutschen Bischöfe damals bei aller gebotenen parteipolitischen Zurückhaltung ihrem diakonischen Auftrag, zu den Lebensfragen des deutschen Volkes Stellung zu beziehen, gerecht geworden sind. In ihrer Argumentation haben sie sich offensichtlich allzu sehr von der Rücksicht auf die ihr „Recht auf Heimat" einfordernden Vertriebenen leiten lassen. So wurden im nachhinein katholischerseits weiterführende Aussagen notwendig. Dazu bot der Bamberger Katholikentag von 1966 eine erste Gelegenheit. In seiner Erklärung zum deutsch-polnischen Briefwechsel findet sich die feierliche Versicherung, „sich mit allen Kräften dafür einzusetzen, daß das deutsche Volk die nationalen Existenzrechte des polnischen Volkes respektiert", die „deutsche Politiker in der Vergangenheit" mißachtet haben.[123]

---

[123] Deutschland und Polen, a. a. O., S. 58.

1968 trat dann der Bensberger Kreis mit einem Polenmemorandum[124] an die Öffentlichkeit. Ähnlich wie die Ost-Denkschrift der EKD zeigt auch das Memorandum das Bemühen, die Vertriebenen in den deutsch-polnischen Versöhnungsprozeß einzubeziehen. Sie werden auf dem Hintergrund des dem polnischen Volk durch Krieg und Okkupation zugefügten furchtbaren Unrechts aufgefordert, sich „innerlich von dem zu lösen, was ihnen einst gehörte", wobei sie dies nicht als „Verzicht", sondern „als Beitrag zu einer übernationalen Friedensordnung verstehen" möchten.[125] Doch diese Initiative stieß bei den katholischen Vertriebenenorganisationen auf Ablehnung. In ihrer Erklärung vom 11. April 1968 beteuerten sie zwar ihre Versöhnungsbereitschaft, wiesen aber den Verzicht auf ihre „natürlichen Rechte" entschieden zurück.[126]

Der Briefwechsel als Impuls politischer Neuorientierung

Trotz der angeführten Defizite des deutschen Antwortbriefes wirkte der Briefwechsel als Impuls politischer Neuorientierung. Dies zumindest in der Bundesrepublik. Er traf in einen bestimmten Kairos, in eine weltpolitisch spannungsvolle Zeit: Während der Kubakrise von 1962 stand die Welt am Abgrund eines möglicherweise atomaren neuen Weltkriegs; die Gefahr wurde zum Glück abgewendet. Doch der Schock saß tief. Schließlich hatte man erlebt, wie leicht es zu einem Umschlag des „kalten" Krieges in einen „heißen" kommen konnte. Nun waren mit einem Male Alternativen gefragt, die diese Gefahr zu minimieren vermochten. Um den Ost-West-Konflikt berechenbarer zu machen, entwarf man Konzeptionen der Entspannung und – im Osten – der ideologischen Koexistenz. Für die Bundesrepublik bedeutete dies ein Überdenken ihrer auf eine Isolierung der DDR abzielenden Politik. Die Hallstein-Doktrin, der zufolge die Bun-

---

124 Vgl. die ausführliche Darlegung von Friedhelm Boll, Der Bensberger Kreis und sein Polenmemorandum (1968), in: Friedhelm Boll u. a.: Versöhnung und Politik, a. a. O., S. 77–116.
125 Ebd., S. 59.
126 Ebd., S. 61.

desrepublik Staaten, welche die DDR anerkannten, die Aufnahme diplomatischer Beziehungen verweigerte, geriet in die Kritik. 1963 gab Egon Bahr auf einer Tagung der evangelischen Akademie in Tutzing in Abweichung von der Hallstein-Doktrin die Devise eines „Wandels durch Annäherung" aus. Sie bildete fortan die Grundlage der „neuen Ostpolitik".

In dieser politischen Umbruchsituation gewann zwangsläufig die Regelung der deutsch-polnischen Beziehungen an Bedeutung. Es waren Kreise innerhalb der evangelischen Kirche, die als erste initiativ wurden. Mit ihrem „Tübinger Memorandum" (1961/62) regten sie eine Überprüfung der bisherigen Rechtsauffassung der Bundesrepublik zur Oder-Neiße-Grenze an und lösten damit in ihrer Kirche eine stark polarisierende Diskussion aus. Diese Auseinandersetzung führte schließlich dazu, daß die Kammer der EKD für öffentliche Verantwortung den Auftrag erhielt, zu der mit den Oder-Neiße-Gebieten verbundenen Problematik eine Stellungnahme zu erarbeiten, die sie am 1. Oktober 1965 mit der bereits erwähnten Denkschrift „Die Lage der Vertriebenen und das Verhältnis des deutschen Volkes zu seinen östlichen Nachbarn" vorlegte.

Die Autoren der Denkschrift betonen eine aus der deutschen Kriegsschuld resultierende besondere Verpflichtung der Bundesrepublik gegenüber Polen. Wegen des dem polnischen Volk angetanen Unrechts müsse „eine deutsche Regierung heute zögern, einen Rechtsanspruch auf die Rückgabe von Gebieten zu erheben, deren Besitz wegen des Verlustes von Ostpolen zu einer wirtschaftlichen Lebensnotwendigkeit für Polen geworden ist."[127]

Die EKD-Ostdenkschrift ist zudem von dem Bemühen bestimmt, die Vertriebenen in den Prozeß der Versöhnung und politischen Umorientierung einzubeziehen und sie zu einer Neubewertung des von ihnen vehement vertretenen „Rechts auf Heimat" zu bewegen. Dies mag bei vielen Vertriebenen gelungen sein, nicht aber bei ihrer

---

[127] Ebd., S. 201.

Interessenvertretung, dem Bund der Vertriebenen (BdV). Der lehnte die Denkschrift als unzumutbare Verzichtserklärung ab.[128]
Die Ostdenkschrift geht mit ihrer Argumentation, wie bereits an anderer Stelle gesagt, über den deutschen Antwortbrief hinaus. Doch bei allen Unterschieden in der Sache sowie bezüglich der Adressaten ist der EKD-Ostdenkschrift sowie dem polnischen Bischofsbrief und der deutschen Antwort eines gemeinsam - der Impuls zur Versöhnung. Man wird der Einschätzung des SPD-Organs „Vorwärts" in seiner Ausgabe vom 5. Dezember 1965 nur zustimmen können: „Mit der evangelischen Denkschrift in Deutschland einerseits und dem Versöhnungsappell der Episkopate auf der anderen Seite ist der zwei Jahrzehnte lang ausgebliebene Dialog zwar nicht von Staat zu Staat, wohl aber von geistlichen Autoritäten in beiden Völkern aus ganz plötzlich in Gang gekommen." Mehr noch: Den Kirchen komme das Verdienst zu, damit in der Breite der Gesellschaft in der Bundesrepublik wie in Polen eine Diskussion ausgelöst zu haben, die letztlich die Voraussetzung dafür schuf, die starren Fronten aufzubrechen und neue Wege zu gehen.

Die Reaktion der DDR-Organe

Der Briefwechsel der Bischöfe veranlaßte das Ministerium für Staatssicherheit (MfS) sowie die für Kirchenfragen zuständigen Partei- und Regierungsorgane zu einer Vielzahl von Aktivitäten: Am 16. Dezember 1965 übermittelte das MfS der Führung des Politbüros eine erste vierseitige „Information über den Austausch von Botschaften zwischen den polnischen und den deutschen Bischöfen"[129]; am 23. Dezember 1965 legte dann die Abteilung Kirchenfragen der Ost-CDU einen neunseitigen „Entwurf für die Information zum Briefwechsel des polnischen Episkopats mit den katholischen Bischöfen

---

128 Vgl. hierzu die seinerzeit im verbandsoffiziellen „Deutschen Ostdienst" veröffentlichte Stellungnahme des BdV-Präsidiums „Heimatrecht ist kein Kaufpreis / EKD-Denkschrift ist keine Gesprächsgrundlage". Ausführliche Zitate aus diesem Text in R. Henkys, Deutschland und die östlichen Nachbarn, a. a. O., S. 36f.

129 BStU, ZAIG, Z 1145, Bl. 1–4.

aus der DDR und Westdeutschland" vor.[130] Zur Vorbereitung eines in der Sache des Briefwechsels mit Erzbischof Alfred Bengsch zu führenden Gesprächs erstellte am 6. Januar 1966 eine Arbeitsgruppe des Staatssekretariats für Kirchenfragen eine neunseitige „Skizze".[131] Schließlich beantwortete die für die Kirchen zuständige HA XX/4 des MfS auf fünfzehn Seiten Anfragen der polnischen Sicherheitsorgane bezüglich des Briefwechsels. Diese Aufzählung der verschiedenen Aktivitäten hinter den Kulissen belegt das Gewicht, das die DDR-Organe dem Briefwechsel beigemessen haben.

Seine Einschätzung ist rundweg negativ. Entsprechend wurde die Öffentlichkeit über den Briefwechsel informiert. Als erstes meldete sich am 16. Dezember 1965 das Organ der Ost-CDU zu Wort. Als Autor des mit „Placet für Bonn?" betitelten Beitrags zeichnet der Chefredakteur Hermann Kalb persönlich. Er betont, daß die Bischöfe aus der DDR mit ihrer Unterschrift den deutschen Antwortbrief mit zu verantworten hätten, der sich in der Frage der Anerkennung der Oder-Neiße-Grenze ausschweige und so selbst auf Seiten der Vertriebenenverbände positiv aufgenommen worden sei.

Am 24. Dezember kommentiert dann Günter Kertzscher, stellvertretender Chefredakteur des SED-Organs „Neues Deutschland", den Briefwechsel als eine „Aktion aus dem Geist des Revanchismus", wobei er den Berliner Erzbischof Alfred Bengsch als einen „Mann Bonns" bezeichnete. Zuvor war die Redaktion des „St. Hedwigblattes", das den Briefwechsel auszugsweise abgedruckt hatte, durch staatliche Anordnung zu einer „Gegendarstellung des Presseamtes der DDR über die Ablehnung des Briefwechsels durch die polnische Öffentlichkeit" gezwungen worden.

Besonders aufschlußreich ist ein Konzeptionspapier aus der Dienststelle des Staatssekretärs für Kirchenfragen.[132] Darin wird der Brief-

---

130 Archiv für Christlich-Demokratische-Politik (ACPD), Bestand VII 013–3007, Bl 1–9.

131 Bundesarchiv Abteilungen Potsdam (BAP), DO-4, 836.

132 Ebd.

wechsel nicht nur als eine für die Amtszeit des Berliner Erzbischofs typische „Angleichung an die kirchenpolitische Position der eng mit Bonn verbundenen westdeutschen Kirchenleitung" interpretiert, sondern – unter Hinweis auf sowjetische Quellen – als Mittel „der ideologischen Diversion" verstanden, „die Maßnahmen vorsieht, um ‚Voraussetzungen für die Erosion […] der kommunistischen Ideologie' zu schaffen und auf dem Wege einer ‚Evolution' u. ‚Entideologisierung' West- und Osteuropa zu ‚vereinigen'."
Durch eine „Koordinierung der europäischen Kirchenpolitik" verfolge der Vatikan mittels der „Bischofskonferenzen europäischer Länder eine Strategie ideologischer Diversion." Diese setze „genau an dem Punkt" an, „wo die stärkste Massenverbundenheit der Politik der sozialistischen Staaten gegeben ist, in ihrem beharrlichen Streben nach Entspannung und Frieden." Diese Sicht der Dinge legt die Vermutung nahe, daß man seitens der DDR – und wohl auch der anderen sozialistischen Staaten – im Briefwechsel der polnischen und deutschen Bischöfe eine Konzeption von Versöhnung und Verständigung erkannt hat, die dem eigenen ideologischen wie politischen Konzept von Entspannung und Frieden den Rang ablaufen könnte und damit eine Destabilisierung des sozialistischen Weltsystems befürchten lasse. Trotz dieser Verschwörungstheorie ist dieser Einschätzung eine gewisse Hellsichtigkeit nicht abzusprechen, fand sie doch durch den weiteren Verlauf der Geschichte ihre Bestätigung.
Ziel dieses Konzeptionspapiers ist es, das kirchenpolitische Konzept des Berliner Erzbischofs zu „entlarven". Dieses sei „unter dem Schein der Loyalität" ganz nach der Methode von Kardinal Wyszyński darauf gerichtet, „die politisch-moralische Einheit der Bevölkerung der DDR stören zu können […]." Entsprechend müsse „das Gespräch mit dem Erzbischof […] Teil eines Programms werden, das insgesamt darauf abzielt, die von ihm vertretene Konzeption zu erschüttern. Dabei kann die gegenwärtige Situation eine Handhabe bieten, um Maßnahmen einzuleiten, die ihm die Grenzen seiner Macht vor Augen führen und seinen Nimbus als erfolgreicher Kirchenführer, der durch seine kluge Politik bisher keine der kirchlichen Rechte und Positionen aufzugeben brauchte, infrage stellen."

Das am 14. Februar 1966 mit Erzbischof Bengsch im Staatssekretariat für Kirchenfragen geführte Gespräch ist durch Niederschriften des Berliner Ordinariats[133] und des Staatssekretariats für Kirchenfragen[134] gut dokumentiert. Da der Briefwechsel in der Tat in keiner Weise auf die Position der DDR Bezug nimmt, war der von Staatssekretär Hans Seigewasser gegen Erzbischof Alfred Bengsch erhobene Vorwurf, durch seine Mitwirkung am Zustandekommen dieses Briefwechsels seine Loyalitätspflicht dem Staat gegenüber verletzt und „in Rom die Existenz der DDR negiert" zu haben, nicht leicht von der Hand zu weisen. Doch der Vorsitzende der Berliner Ordinarienkonferenz argumentierte recht geschickt, indem er dem Briefwechsel vor allem für Westdeutschland und weniger für die DDR Bedeutung beimaß. Für die Aussöhnung Westdeutschlands mit Polen sei er „ein guter und notwendiger Schritt" gewesen. „Erst die Mitwirkung der DDR-Bischöfe habe gewährleistet, daß in dem deutschen Antwortbrief jeder revanchistische Akzent ausgeschaltet werden konnte."

Auch wenn das Gespräch mit dem Berliner Erzbischof offenbar zu einer Entschärfung der Lage beigetragen hat, so war es doch ein deutliches kirchenpolitisches Signal. Die Berliner Ordinarienkonferenz fühlte sich jedenfalls gewarnt. Sie verzichtete in Zukunft darauf, gemeinsam mit den westdeutschen Bischöfen Erklärungen zum deutsch-polnischen Verhältnis abzugeben, durch die sie in den Verdacht geraten konnte, der DDR ihre Existenzberechtigung abzusprechen. Es sollte 30 Jahre dauern, ehe sich nach dem Ende der DDR 1995 polnische und deutsche Bischöfe auf ein gemeinsames Wort verständigten.[135]

Die DDR-Organe sahen letztendlich in dem Briefwechsel eine gegen das sozialistische Lager gerichtete Offensive des Vatikans, bei der systemübergreifend den Bischofskonferenzen eine Schlüsselrolle

---

133 Regionalarchiv Ordinarien Ost (ROO), A VIII 6.

134 BAP, DO-4, 836.

135 Vgl. dazu meinen Beitrag „Gemeinsames Wort der polnischen und deutschen Bischöfe" in Orientierung 2/1966.

zukommen sollte. Sie zogen daraus die Konsequenz, derlei Kontakte zu unterbinden. So wurde vorerst der durch den Briefwechsel intendierte Dialog weitgehend unmöglich gemacht. Weder aus der Bundesrepublik noch aus der DDR konnten Bischöfe die Einladung zum polnischen Millennium wahrnehmen. Ihnen wurden die Visa verweigert. Gleichfalls blieb es den polnischen Bischöfen seitens ihrer staatlichen Behörden verwehrt, der im deutschen Antwortbrief ausgesprochenen Einladung zum Essener Katholikentag sowie zur Tausendjahrfeier des Bistums Meißen nachzukommen. Es dauerte bis nach der 1972 vollzogenen Ratifizierung des 1970 zwischen der Volksrepublik Polen und der Bundesrepublik Deutschland abgeschlossenen Vertrages, ehe halbwegs geregelte Kontakte zwischen den Episkopaten beider Seiten möglich wurden.

Kirchenkampf in Polen

Nach Darstellung des Vatikanexperten Hansjakob Stehle hatte der mit der Erstellung der polnischen Versöhnungsbotschaft beauftragte Breslauer Erzbischof Kominek dem polnischen Pressevertreter beim Konzil, Ignacy Krasicki, den polnischen Text mit der Absicht ausgehändigt, die Regierung auf diesem Wege über den Briefwechsel inoffiziell zu informieren. Doch Krasicki schickte ihn als ein auf Umwegen beschafftes Geheimdokument nach Warschau. Die fatale Folge war, daß sich Polens Partei- und Staatsführung hintergangen fühlte.[136] Zudem standen die Aussagen der Versöhnungsbotschaft im Gegensatz zur staatlich verfolgten Politik gegenüber der Bundesrepublik, so daß sich Parteichef Władysław Gomułka zu einer harten Auseinandersetzung mit dem Episkopat veranlaßt sah.

Die gegen den polnischen Brief erhobenen Einwände waren kirchlicherseits nicht leicht zu entkräften. Primas Wyszyński wurde vorgeworfen, die staatlichen Stellen angesichts seiner politisch so bedeutsamen und folgenschweren Initiative offiziell nicht informiert zu haben. Auch sei es unverständlich, wie die Bischöfe in ihrem

---

136 Vgl. H. Stehle: Geheimdiplomatie im Vatikan. Die Päpste und die Kommunisten, Zürich 1993, S. 322f.

Schreiben von ihrer wenige Wochen zuvor bei der 20-Jahr-Feier bezogenen Position hätten abweichen und „Formulierungen im Geiste der westdeutschen revanchistischen Propaganda" übernehmen konnten. Damit hätten sie „den Interessen Polens und des polnischen Staates" geschadet. Kritisiert wurde die Aussage, Polen sei aus dem Zweiten Weltkrieg wegen des Verlustes der Ostprovinzen nicht als „ein Siegerstaat hervorgegangen". Die kommunistische Partei- und Staatsführung wies denn auch den von den Bischöfen betonten Zusammenhang zwischen dem Verlust der Ostprovinzen und dem Gewinn der Oder-Neiße-Gebiete scharf zurück und sah in diesem Junktim eine antisowjetische Tendenz. Beanstandet wurde auch, daß in dem Schreiben die DDR und ihre freundschaftliche Beziehung zu Polen mit keinem Wort erwähnt wurde. Dies käme einer Negierung der Existenz der DDR gleich. Die VR Polen habe keine Nachbarschaft mit Deutschland, sondern mit der DDR, und diese habe mit dem Görlitzer Abkommen bereits 1950 Polens Westgrenze anerkannt, so daß es das angesprochene „heiße Eisen" nur im Verhältnis zur Bundesrepublik, nicht aber zur DDR gebe. Zudem sei die Umsiedlung der Deutschen nicht „auf Befehl der Siegermächte", sondern in Durchführung eines internationalen Rechtsaktes, des Potsdamer Abkommens, erfolgt. In diesem Zusammenhang von „Vertreibung" zu sprechen, wie dies in dem Brief geschehe, entspreche der „Terminologie des westdeutschen Revanchismus" und stelle „eine Beleidigung Polens" dar. Zudem hätten die Bischöfe kein Recht, den Deutschen ihre Verbrechen am polnischen Volk zu vergeben, und dazu noch die deutschen Bischöfe zu bitten, sie „mögen dem polnischen Volk vergeben, sei „beleidigend" und würdelos.
Anstoß fand auch der im historischen Teil des Briefes enthaltene Begriff „Bollwerk des Christentums". Ihn „mit der gegenwärtigen Rolle in Volkspolen" zu verbinden, komme „angesichts der freundschaftlichen Beziehungen zwischen Polen und der Sowjetunion einem antisowjetischen Akzent" gleich und verletze „die Prinzipien der Außenpolitik der polnischen Regierung".
Seine Überlegungen zusammenfassend kommt Ministerpräsident Józef Cyrankiewicz zu folgendem Schluß: „Praktisch hat ein Teil der

Kirchenhierarchie mit Kardinal Wyszyński an der Spitze den für die Tätigkeit der Kirche in der Verfassung festgelegten Rahmen verlassen, die zwischen Staat und Kirche getroffenen Vereinbarungen gebrochen und den Kampf gegen die Regierung, gegen die Organe Volkspolens, gegen die Verfassung aufgenommen. Die Regierung der Volksrepublik Polen und die Staatsorgane müssen darauf entsprechend ihrer Verantwortung reagieren."[137]

Die kirchenpolitische Lage wurde noch dadurch verschärft, daß sich die kommunistische Führung durch die seitens der Kirche geplanten Feierlichkeiten zum polnischen Millennium brüskiert fühlte, empfand sie diese doch nicht ohne Grund als Kampfansage. Schließlich war die Besinnung auf die tausendjährige Geschichte eines christlichen Polens aufgrund der Symbiose von Glaube und Nation deutlich und gewollt gegen das atheistische und sich von dieser Tradition abkoppelnde kommunistische Geschichtsverständnis gerichtet. In dieser Auseinandersetzung versprach sich die Partei- und Staatsführung durch einen sich an der Versöhnungsbotschaft der Bischöfe entzündenden Kirchenkampf eine Erfolgschance. Die Zeichen dafür standen durchaus günstig, denn auch die polnischen Katholiken waren durch den Briefwechsel überrascht worden und keineswegs auf eine Versöhnung mit den Deutschen vorbereitet. Selbst Laien, die zum engsten Beraterkreis des Primas zählten, waren nicht konsultiert worden. „Die Kirche, der man vertraute, hatte einen völlig unverständlichen Schritt getan. Diese Haltung war überall spürbar […]. Auch praktizierende Katholiken, die sich mit ganzem Herzen der Tradition der katholischen Kirche, ihrer Lehre und ihrem Widerstand verbunden fühlten, waren zornig."[138]

Für eine zusätzliche Schwierigkeit sorgte die Tatsache, daß Jerzy Zawieyski als Sprecher der den polnischen Katholizismus im Sejm vertretenden Znak-Gruppe vor den Abgeordneten die EKD-Ostdenk-

---

137 Vgl. das Schreiben von Ministerpräsident Cyrankiewicz an die polnischen Bischöfe in „Trybuna Ludu" v. 6. März 1966.

138 W. Bartoszewski: Und reiß uns den Haß aus der Seele. Die schwierige Aussöhnung von Polen und Deutschen, Warszawa 2005, S. 89.

schrift ausdrücklich als einen mutigen Schritt gelobt hatte. Der Unterschied zum deutschen Antwortbrief machte es ihm nun unmöglich, den Briefwechsel der Bischöfe rückhaltlos zu unterstützen. Auch bedauerte er im Sejm, „daß sich in dem Brief der polnischen Bischöfe Formulierungen fanden, die von der Gesellschaft als schmerzlich empfunden werden." Und die Antwort der deutschen Bischöfe sei „kein Schritt nach vorn in Richtung einer Verbesserung des polnisch-deutschen Verhältnisses." Primas Wyszyński empfand die Rede seines politischen Vertrauten als Verletzung der Loyalität und ging für einige Zeit zu ihm auf Distanz.[139]

Über die Strategie der gegen die Kirche zu ergreifenden Maßnahmen gibt das umfangreiche Protokoll über das vom 27.–30. Januar 1966 in Berlin stattgefundene Treffen der ranghöchsten Vertreter der Kirchenämter Polens und der DDR Auskunft.[140] Der polnische Kirchenamtsdirektor Aleksander Skarżyński informierte die Genossen aus der DDR darüber, daß die „Volksstimmung" den Briefwechsel eindeutig ablehne: „In spontan gefaßten Entschließungen von Belegschaften der Betriebe, von Organisationen und Institutionen, die meist an die Adresse des Kardinals gerichtet wurden oder die sich mit dem Standpunkt der Regierung solidarisch erklärten, wurde der Schritt des polnischen Episkopats abgelehnt und zuweilen leidenschaftlich verdammt."[141] Was es allerdings mit dieser Spontaneität in Wahrheit auf sich hatte, wird an anderer Stelle deutlich: „Obwohl wir uns bemühen, immer neue Initiativen der Volksmassen auszulösen, um die negative Rolle des Kardinals und seines Anhangs sichtbar und verständlich zu machen, müssen wir doch verhüten, daß der Anschein entsteht, als werde die Protestbewegung von der Partei gelenkt und inspiriert."[142]

---

139 E. Heller: Versöhnung mit Polen. Briefwechsel der polnischen und deutschen Bischöfe im Jahre 1965 (Dissertation), Freiburg 1988, S.221f.

140 Akten der Dienststelle des Staatssekretariats für Kirchenfragen, BAP, Bestand Do-4 (505).

141 Ebd., S. 9.

142 Ebd., S. 13.

Die von den kommunistischen Behörden verfolgte Taktik entsprach der auch sonst praktizierten Differenzierungspolitik. Ziel war eine Isolierung des Primas. So wurde auf breiter Front versucht, den Klerus dazu zu bewegen, sich von der Versöhnungsbotschaft zu distanzieren. Dann wurden jene Bischöfe, die damals in Rom nicht anwesend waren und daher den Brief nicht unterzeichnet hatten, mit gleicher Absicht zu Gesprächen eingeladen. Es folgten Unterredungen mit jenen Unterzeichnern, von denen man annahm, daß sie in Unkenntnis der deutschen Sprache über den Inhalt des Briefes weitgehend im Unklaren gewesen waren und sich so möglicherweise getäuscht fühlten. Skarżyński zufolge habe der Klerus zu 50 Prozent den Briefwechsel ausdrücklich abgelehnt. 30 Prozent hülle sich in Schweigen, der Rest halte dem Kardinal „die Stange".[143]

Diese harte kirchenpolitische Auseinandersetzung wurde im Westen kaum gebührend wahrgenommen. Ich bin damals durch Polen gereist und habe überall die roten Spruchbänder mit der Losung „Wir vergeben nicht!" gesehen. Angesichts dieser massiven Propaganda sah sich der Primas genötigt, bei den Gläubigen die deutsch-polnische Versöhnung als Loyalitätsbeweis einzufordern. So dienten die Predigten während der großen Wallfahrten nicht nur der Rechtfertigung der Versöhnungsbotschaft, die Gläubigen wurden zudem in den Gottesdiensten aufgefordert, den Bischöfen die Versöhnungsformel nachzusprechen – ein Akt von großer öffentlicher Wirkung. Kardinalprimas Wyszyński gelang es jedenfalls, den Kirchenkampf im Millenniumsjahr 1966 für sich zu entscheiden, so daß er letztlich dem Anliegen der Versöhnung mehr genutzt als geschadet hat.

---

143 Ebd., S. 10.

Die polnische Versöhnungsbotschaft als Grundlage einer neuen Staatsräson

Die polnische Partei- und Staatsführung hatte aus der Versöhnungsbotschaft vor allem die Elemente herausgepickt, die ihr Verständnis von Staatsräson in Frage stellten. Diese basierten – auch zur eigenen Machtsicherung – auf dem festen Bündnis mit der Sowjetunion. Nur so könne, so glaubte man, die Dauerhaftigkeit der Oder-Neiße-Grenze und damit die Existenz Polens garantiert werden. Wenn dem Land Gefahr drohe, dann durch den auf eine Revision der Jaltaordnung abzielenden „Revanchismus" der Bundesrepublik. Die staatliche Propaganda tat denn auch alles, um das durch die Vertriebenenfunktionäre verkörperte Schreckgespenst des „deutschen Revisionismus" am Leben zu erhalten. Um sich seiner zu erwehren, liege die Spaltung Deutschlands und die daraus resultierende Existenz der DDR im nationalen polnischen Interesse. Kehrseite dieser Staatsräson war indes eine äußerst eingeschränkte Souveränität sowie die drohende Gefahr, durch eine den eigenen Traditionen widerstreitende weltanschauliche Indoktrination die nationale Identität zu verlieren.

In der Tat widersprach die Versöhnungsbotschaft der Bischöfe der kommunistischen Staatsräson: Die Beschwörung einer tausendjährigen Zugehörigkeit Polens zum westeuropäischen Kulturkreis sowie die Tatsache, daß in beiden Briefen unterschiedslos von „Deutschen" bzw. „Deutschland" die Rede war, also nicht nach Bundesrepublik und DDR differenziert wurde, nahm in gewisser Weise die Einheit Deutschlands vorweg. Auch wenn es sich hier um politische Implikationen und nicht um klare Aussagen handelt, so boten diese doch die Grundlage für eine neue und im Widerspruch zur kommunistischen Doktrin stehende Staatsräson. Ihr zufolge sollte es das strategische Ziel polnischer Politik sein, unter der Voraussetzung völkerrechtlicher Anerkennung der Oder-Neiße-Grenze eine Wiedervereinigung Deutschlands zu befürworten, sich aus der Vorherrschaft der UdSSR zu lösen, die volle Souveränität zurückzugewinnen und die Integration in die Europäische Gemeinschaft anzustreben. Diese Option nahm ab Mitte der 1970er Jahre in Kreisen der polnischen Opposition Gestalt an und führte 1989/90 mit dem Zu-

sammenbruch kommunistischer Herrschaft in Polen, dem Ende der DDR, den mit der Bundesrepublik abgeschlossenen Verträgen vom 14. November 1990 (Grenzvertrag) und vom 17. Juni 1991 (Gute Nachbarschaft und freundschaftliche Zusammenarbeit) sowie mit dem Beitritt Polens zur Europäischen Union am 1. Mai 2004 zum Erfolg. Angesichts zeitweiser Irritationen in den deutsch-polnischen Beziehungen während der Regierungszeit der von Jarosław Kaczyński angeführten, nicht gerade deutschfreundlichen Koalitionsregierung aus „Recht und Gerechtigkeit" (PiS), „Liga der polnischen Familien" (LPR) und „Selbstverteidigung" betonen die deutschen und polnischen Bischöfe in ihrer „Gemeinsamen Erklärung" vom 21. September 2005 die weiterhin aktuelle Bedeutung beiderseitiger Versöhnung: „Mit Sorge müssen wir seit einiger Zeit sehen, daß die Erinnerung an die finstersten Stunden unserer gemeinsamen Geschichte nicht nur den Geist der Versöhnung gebiert, sondern auch alte Wunden, die noch nicht geheilt sind, wieder aufreißt und den Ungeist des Aufrechnens hervorbringt. Manche Menschen in Politik und Gesellschaft rühren geradezu leichtfertig an den immer noch schmerzenden Wunden der Vergangenheit. Andere wollen sie offenkundig sogar rücksichtslos für persönliche oder politische Zwecke mißbrauchen. Der 40. Jahrestag des Briefwechsels ist uns Anlaß, solcher Verantwortungslosigkeit im gegenseitigen Verhältnis mit allem Nachdruck zu widersprechen."
Der Austausch der Versöhnungsbotschaften von 1965 könnte ganz allgemein als Vorbild für Lösungen ethnisch bedingter Konflikte dienen. So findet sich in der Ansprache, die Johannes Paul II. Mitte der 1990er Jahre in der Kathedrale von Sarajewo halten wollte, aber wegen der Kriegswirren nicht halten konnte, die Formel „Wir gewähren Vergebung und bitten um Vergebung". An sie knüpfte der Papst den Wunsch, auf dem Balkan möge von den Kirchen ein ähnlicher Impuls ausgehen wie damals vom Briefwechsel polnischer und deutscher Bischöfe. Es wäre in der Tat ein wichtiger Schritt zur Versöhnung gewesen, hätten die auf dem Balkan vertretenen Religionen rechtzeitig den Dialog miteinander gesucht und unbeirrt die Vesöhnungsbereitschaft ihrer Völker eingefordert.

Wo Nationen mit einer wechselseitig belasteten Vergangenheit einander feindlich gegenüberstehen, da kann der Bannkreis eines fatalistischen Geschichtsverständnisses nur durch einen Versöhnungsprozeß durchbrochen werden. Und der braucht Hoffnungsträger, für die erlittenes Unrecht kein Grund zu Rache und Vergeltung ist, sondern die ihr Schicksal als Prüfung ihrer Menschlichkeit begreifen und aus ihr entsprechende Konsequenzen ziehen. Wer ist dazu mehr berufen als die Kirchen?

Ein Beispiel für den Modellcharakter des Briefwechsels der Bischöfe von 1965 ist das von den römisch-katholischen Bischöfen Polens und den griechisch-katholischen Bischöfen der Ukraine unterzeichnete Dokument vom 18. Juni 2005. Darin bemühen sich beide Seiten, jenseits der „politischen Ansichten, der historischen Ereignisse, der kirchlichen Riten, ja selbst der je eigenen Nationalität, der ukrainischen und der polnischen" einen gemeinsamen, im Glauben vorgegebenen Standort zu finden, vom dem aus sich sagen läßt: „Wir gewähren Vergebung und bitten um Vergebung."[144]

Auch Adam Rotfeld, Kovorsitzender der polnisch-russischen Arbeitsgruppe zur Aufarbeitung der aus der belasteten Vergangenheit resultierenden „schwierigen Fragen", sieht in dem Briefwechsel der Bischöfe von 1965 eine Wegweisung für die noch ausstehende polnisch-russische Versöhnung. Entsprechende Gespräche hat er bereits mit dem Moskauer Patriarchat und dem Krakauer Kardinal geführt, um beide Kirchen für eine Heilung der Erinnerung auf religiös-moralischer Grundlage zu gewinnen. Auch wenn konkrete Ergebnisse noch ausstehen, so ist doch die – zumal eingedenk der Flugzeugkatastrophe vom 10. April 2010 – von russischen Bischöfen geplante Errichtung einer dem Gedenken der massenhaften Ermordung polnischer Offiziere bei Katyń gewidmeten Kapelle ein hoffnungsvolles Zeichen für eine innerhalb der russisch-orthodoxen Kirche offenbar bestehenden Bereitschaft, die für eine Versöhnung erforderlichen Voraussetzungen zu schaffen.

---

144 Tygodnik Powszechny v. 26. Juni 2005.

Der Dialog zwischen dem deutschen und dem polnischen Episkopat – erfülltes Vermächtnis des Briefwechsels der Bischöfe von 1965

Das Gemeinsame Wort der polnischen und deutschen Bischöfe von 1995[145]

Nach der politischen Wende der Jahre 1989/90 stellten beide Episkopate drei Jahrzehnte nach dem denkwürdigen Briefwechsel am Ende des Konzils ihre Beziehungen mit einem *Gemeinsamen Wort* auf eine neuen Grundlage. Veröffentlicht wurde dieses Dokument am 13. Dezember 1995, auf den Tag genau vierzehn Jahre nach Verhängung des Kriegszustandes in Polen durch General Jaruzelski. Bei dem Text handelt es sich um das erste gemeinsame Wort beider Bischofskonferenzen überhaupt. Es wertet rückblickend den Briefwechsel von 1965 als „Beginn eines gemeinsamen Weges, in dessen Konsequenz sich das Verhältnis zwischen Polen und Deutschen immer mehr verändert hat."

Es erwähnt das gemeinsame Bittgesuch beider Bischofskonferenzen um Heiligsprechung von P. Maximilian Kolbe vom 13. September 1980, die Basisinitiativen der ökumenisch ausgerichteten Aktion Sühnezeichen, die Verständigungsbemühungen von *Pax Christi* und des Maximilian-Kolbe-Werkes sowie die Erklärung polnischer und deutscher Katholiken zum 50. Jahrestag des deutschen Angriffs auf Polen.

Doch nicht die Vergangenheit bildet den Schwerpunkt des *Gemeinsamen Wortes*, sondern die Aufgaben beider Kirchen in einem künftigen Europa. Das mit fünfzehn Abschnitten umfangreichste Kapitel dieses Dokuments steht unter dem Leitwort „Christliches Zeugnis in Europa". Damit stellen beide Kirchen ihre bilateralen Beziehungen in einen übergreifenden europäischen Kontext und geben ihrer Zusammenarbeit eine europäische Ausrichtung und Dimension.

---

[145] Zitiert wird im folgenden aus der Pressemitteilung der Deutschen Bischofskonferenz vom 12. Dezember 1995.

Beide Kirchen wissen sich in der Pflicht, darauf hinzuwirken, daß „Europa jenseits aller wirtschaftlichen und politischen Strukturen wieder als Kultur- und Wertegemeinschaft erfahrbar" wird. (15.) Dieses Ziel soll in „ökumenischer Gemeinschaft mit unseren orthodoxen und evangelischen Brüdern und Schwestern" angestrebt werden (19), um „Europa wieder seine christliche Seele zurückzugeben". (15.) Das *Gemeinsame Wort* stellt einen unmittelbaren Zusammenhang her zwischen der „Versöhnung der getrennten Kirchen" und der für die Einheit Europas fundamentalen „Versöhnung zwischen den Völkern Europas". (19.) Als Felder, auf denen das ökumenische Zeugnis öffentlich zur Geltung kommen kann, verweist das Dokument, neben dem breiten Bereich der Kultur, auf „Bildung und Wissenschaft, Wirtschaft und Politik" sowie auf die „Medien". (19.) Zur Konkretisierung des christlichen Zeugnisses beruft sich das Dokument auf die von Papst Johannes Paul II. immer wieder angemahnte Neuevangelisation Europas (20) sowie auf die Prinzipien christlicher Soziallehre. Grundlage eines christlich inspirierten Beitrags für Europa bildet nach Auffassung der Bischöfe „die Überzeugung von der unveräußerlichen und unzerstörbaren Würde der menschlichen Person", von der sich ihre fundamentalen Rechte ableiten, die ihrerseits „Grundlage jeder freiheitlichen und wahrhaft demokratischen Ordnung" sind. (21.) Die Bischöfe betonen insbesondere „wahre Freiheit, Gerechtigkeit, Solidarität und Achtung der Menschenrechte" und sehen in der Wahrung dieser Grundwerte „das einzig tragfähige Fundament eines dauerhaften Friedens", dem auch sie durch die Verteidigung dieser Werte dienen wollen. (26.)

Konsensformel zur Vertreibung der Deutschen aus den Oder-Neiße-Gebieten?

Das *Gemeinsame Wort* verschweigt nicht „die ernsten und immer noch nicht völlig bewältigten Probleme unserer gemeinsamen Geschichte und Zukunft", deren Lösung einer eigens gebildeten „Kontaktgruppe" übertragen wird. (9) Dieser Hinweis beschließt nicht zufällig den Abschnitt, in dem sich beide Episkopate auf eine gemeinsame Formel bezüglich des „Unrechts" einigen, „das vielen Deutschen durch

Vertreibung und Verlust der Heimat im Gefolge der Beschlüsse der Siegermächte auch von Polen angetan wurde." (9.) Im polnischen Bischofsbrief von 1965 war noch nicht von „Unrecht", wohl aber vom „Leid der Millionen von Flüchtlingen und vertriebenen Deutschen" die Rede, das zu den „heißen Eisen" zählt, die Gegenstand eines „ernsthaften Dialogs" sein sollen.[146]
Das Problem der Vertreibung der Deutschen nach dem Zweiten Weltkrieg war denn auch Gegenstand eines Kolloquiums deutscher und polnischer Bischöfe, das fünf Jahre vor dem *Gemeinsamen Wort* am 20. November 1990 in Gnesen stattgefunden und zu keiner Übereinstimmung der Standpunkte geführt hatte.
Die von Prof. Dr. Remigiusz Sobański vorgetragene Sichtweise, wonach „die Vertreibung durch das Potsdamer Abkommen angeordnet war und die völkerrechtlichen Normen, die die erzwungene Umsiedlung großer Bevölkerungsteile verurteilen, einem späteren Entwicklungsstadium des Völkerrechts zuzuordnen seien"[147], wurde von den deutschen Bischöfen nicht geteilt. Sie gaben ihrerseits bei dem Regensburger Völkerrechtler Prof. Dr. Otto Kimminich ein Gutachten in Auftrag, das der Auffassung von Prof. Sobański in allen wesentlichen Punkten widerspricht: Weder hätten die Alliierten im Potsdamer Abkommen die Vertreibung der Deutschen aus den Oder-Neiße-Gebieten angeordnet, noch stimme die „These, daß das Vertreibungsverbot sich erst nach 1945 entwickelt habe."[148] Allerdings sei durch diese Bewertung das Heimatrecht der heute in den Oder-Neiße-Gebieten ansässigen Polen in keiner Weise in Frage gestellt sowie „durch das allgemeine Gewaltverbot und das auch zu ihrem Gunsten anzuwendende Vertreibungsverbot wirksam geschützt."[149]
Das Gutachten von Prof. Kimminich wurde den polnischen Bischöfen zur Verfügung gestellt. Auch wenn es in der Konsensformel des

---

146 Der Briefwechsel der katholischen Bischöfe, a. a. O., S. 225f.
147 Ebd., S. 7.
148 Ebd., S. 90.
149 Ebd., S. 91.

Gemeinsamen Wortes keinen erkennbaren Niederschlag gefunden hat, so wird doch die Vertreibung der Deutschen aus den Oder-Neiße-Gebieten wie der Polen aus ihrer östlichen Heimat als „Unrecht" bezeichnet.

Im Abschlußkommuniqué des Gnesener Bischofstreffens wurde u. a. vereinbart, einen Modus zu finden, „die dringendst für beide Episkopate anstehenden Aufgaben gemeinsam anzugehen."[150] Diese Aufgabe nimmt eine paritätisch besetzte Kontaktgruppe wahr.

Mangelnder Konsens bezüglich einer Seligsprechung von Primas August Hlond[151]

In den zwischenkirchlichen Beziehungen fehlt es indes nicht an Kontroversen. Ein Dissens betrifft die von polnischer Seite eingeleitete Seligsprechung von Kardinal August Hlond. Die deutschen Bedenken betreffen die Art und Weise, in der Kardinal Hlond im August 1945 die deutschen Ordinarien in den Oder-Neiße-Gebieten unter Berufung auf seine päpstlichen Sondervollmachten zur Resignation drängte und aufgrund eines Dekrets vom 5. August 1945 an ihre Stelle in den fünf Jurisdiktionsbezirken Apostolische Administratoren einsetzte.[152] Trotz dieser von deutscher Seite geäußerten Vorbehalte wird der Seligsprechungsprozeß in Rom fortgeführt und ist mit der am 22. Oktober 2008 eingeleiteten Untersuchung des Tugendgrades von Hlond in eine entscheidene Phase getreten.

Auch von jüdischer Seite wird an dem Seligsprechungsprozeß Kritik geübt. Dabei beruft man sich auf Aussagen, die Hlond am 11. Juli 1946 gegenüber Journalisten zum Pogrom in Kielce gemacht hat. Trotz seines zum Ausdruck gebrachten Bedauerns suggerieren sie unter Hinweis auf die von Juden eingenommenen staatlichen Füh-

---

150 Das deutsch-polnische Bischofstreffen in Gnesen; in: Deutschland und Polen. Ein Beitrag zur Geschichte des Dialogs, Sonderausgabe Więź, Warszawa 1994, S. 80.

151 Roland Elsner: August Hlond. Eine Seligsprechung als Zeichen der gemeinsamen Zukunft von Polen und Deutschen?, Erfurt 2000.

152 Franz Scholz: Zwischen Staatsräson ..., a. a. O.

rungspositionen eine jüdische Mitverantwortung für die Einführung des Kommunismus in Polen, was als mindernde Umstände für das Pogrom interpretiert werden kann.[153]

Rehabilitierung des Danziger Bischofs Carl Maria Splett – ein ungelöstes Problem

Ein weiteres zwischenkirchlich bislang ungelöstes Problem betrifft die Rehabilitierung des Danziger Bischofs Carl Maria Splett. Er wurde am 9. August 1945 verhaftet, von den polnischen Behörden der Kollaboration mit dem NS-Regime bezichtigt und zu acht Jahren Haft verurteilt. Nach Verbüßung seiner Strafe wurde er durch Verfügung der polnischen Regierung in ein Kloster verbannt. Am 27. Dezember 1956 konnte er in die Bundesrepublik Deutschland ausreisen, wo er am 5. März 1964 verstarb.

Auch der Danziger Diözesanschematismus vermerkt die achtjährige Gefängnisstrafe „wegen antipolnischer Verfügungen", fügt aber in Klammern hinzu, diese seien durch die nazistischen Behörden aufgezwungen worden.

Die für das Urteil auschlaggebenden „antipolnischen Verfügungen" betrafen im wesentlichen das von Bischof Splett ausgesprochene Verbot des Gebrauchs der polnischen Sprache bei allen kirchlichen Handlungen, einschließlich der Beichte. Grundlage des Prozesses bildete das vom Lubliner Komitee verkündete Dekret vom 31. August 1944, das derlei Handlungen auch rückwirkend unter Strafe stellte. Seit Mitte der 1990er Jahre bemüht sich die deutsche Seite um eine Rehabilitierung des Danziger Bischofs. Doch die bisherigen polnischen Rechtsgutachten, so auch das des früheren Justizministers Wiesław Chrzanowski, der zur selben Zeit wie Bischof Splett in Wronki inhaftiert war, gelangen zu dem Schluß, der Prozeß sei korrekt geführt worden, so daß für eine rechtliche Rehabilitierung kein Grund bestehe.

---

[153] Jan T. Gross, Strach …, a. a. O., S. 193–195.

Ungeachtet dessen geht die Diskussion um die Interpretation des 1946 gefällten Urteils weiter. Was die polnischen Publikationen zur *causa Splett* betrifft, so stehen sich hier zwei Positionen gegenüber. Unter dem 1994 in Warschau erschienenen Titel „Carl Maria Splett – ein Danziger Bischof auf der Anklagebank"[154] veröffentlichte der Historiker Peter Raina die Gerichtsakten sowie Unterlagen des polnischen Sicherheitsdienstes. In seiner Kommentierung hält er Bischof Splett als Handlanger der Gestapo für schuldig; er sei daher zu Recht verurteilt worden. Zu einer gegenteiligen Auffassung kommt der Danziger Geistliche Stanisław Bogdanowicz. Dieser vertritt in seinem 1995 verlegten Buch „Carl Maria Antoni Splett – Danziger Bischof der Kriegszeit – Sonderhäftling der Volksrepublik Polen"[155] die These, Bischof Splett sei ungerecht verurteilt worden, denn nicht er, sondern die deutschen Behörden seien für die ihm zur Last gelegten antipolnischen Maßnahmen verantwortlich gewesen. Der Autor spricht sich daher für eine Revision des nach seiner Auffassung stalinistischen Prozesses aus und regt zudem die Überführung der sterblichen Überreste von Bischof Splett in die Kathedrale von Oliwa an.

Die deutsche Seite nimmt das Buch von Bogdanowicz als Zeichen dafür dankbar zur Kenntnis, daß auch in Polen Bemühungen um eine Rehabilitierung des Danziger Bischofs im Gange sind. Allerdings wünschen nicht einmal die Danziger Katholiken eine Überführung des Leichnams nach Oliwa. Bischof Splett solle seine letzte Ruhestätte dort behalten, wo auch seine vertriebenen Diözesanen ihr Grab gefunden haben oder noch finden werden.[156]

Auf polnischer Seite wurde die Diskussion um eine Rehabilitierung von Bischof Splett vor allem in der Krakauer katholischen Wochen-

---

154 Der polnische Titel lautet: Karl Maria Splett: Biskup Gdański na ławie oskarzonych, Warszawa 1994.

155 Karol Maria Antoni Splett: Biskup Gdański czasu wojny, więzień specjalny PRL, Gdańsk 1995.

156 In trinitate robur. Gedenkstunde für Bischof Dr. Carl Maria Splett, Adalbertusforum, NR. 3/4 v. Dezember 1998, S. 21f.

zeitung Tygodnik Powszechny geführt und fand ein breites, wenngleich äußerst widersprüchliches Echo.[157] In einer positiven Würdigung des Buches von Bogdanowicz schreibt Wojciech Pięciak, Redakteur beim Tygodnik Powszechny, in den fünf Jahren seit Erscheinen des Buches „meldeten sich etliche, seine Forderungen unterstützende Stimmen zu Wort. Doch unter ihnen gab es weder jemanden von der kirchlichen Hierarchie, noch Politiker, die beispielsweise einen Revisionsantrag unterstützen könnten. Vielleicht ist es an der Zeit, dieses seltsame Schweigen endlich zu brechen?"[158]

Der Tygodnik Powszechny beendete vorläufig mit zwei Artikeln im November 2001 die Diskussion. Während der ehemalige Direktor des Bundeskriminalamtes, der Historiker Dieter Schenk, unter dem Titel „Zum Gehorsam gezwungen"[159] der Meinung ist, Bischof Splett sei nach Aktenlage in einem stalinistischen Schauprozeß zu Unrecht verurteilt worden, hält Staatsanwalt Witold Kulesza, zuständig für die Aufarbeitung in der Volksrepublik Polen begangenen Unrechtstaten, in seinem Beitrag „... aber doch schuldig" das Urteil für begründet. Zur Bewertung des Urteils stelle sich die Frage: „Kann man dem Bischof eine Schuld zusprechen, d. h. kann man ihm den Vorwurf

---

157 Vgl. die Nr. 33, 42, 43 und 52/53/2000 sowie 46/2001. Doch gab es schon Jahre vorher publizistische Beiträge aus polnischer Feder mit der Forderung nach einer Rehabilitierung von Bischof Splett. In diesem Sinne äußerte sich beispielsweise der Warschauer Sozialethiker Helmut Juros. Er stellt einen Zusammenhang her zwischen der deutsch-polnischen Versöhnung und der Rehabilitierung von Bischof Splett, indem er in seinem im „Rheinischen Merkur" (Nr. 46 v. 17. November 1995) unter dem Titel „Ein Opfer wechselnder Regime" erschienenen Beitrag abschließend meint, der Fall Splett dürfe „kein Stolperstein in der Aussöhnung zwischen Polen und Deutschland im gemeinsamen Europa sein".

158 Wojciech Pięciak: Zrehabilitować – i sprowadzić do Gdańska! (Rehabilitieren – und nach Danzig überführen!), www.tygodnik.com.pl/numer 2746/pieciaksplett33200.html.

159 Dieter Schenk: Zmuszony do posłuchu ..., Tygodnik Powszechny v. 18. November 2001.

machen, daß er sich trotz der Situation, in der er sich befand, hätte anders verhalten sollen und können? Also: Das Recht wahren."[160]

Rehabilitierung der Lubliner Bischöfe und Priester

Am 27. November 1939 verurteilte ein deutsches Standgericht die Lubliner Bischöfe Marian Fulman und Władysław Goral sowie weitere elf Geistliche wegen angeblich unbefugten Waffenbesitzes zum Tode. Das Todesurteil wurde allerdings nicht vollstreckt; die Bischöfe und Priester wurden vielmehr in verschiedene Konzentrationslager eingeliefert. Auf Wunsch der polnischen Seite bemühten sich die deutschen Bischöfe um ihre Rehabilitierung. Bischof Walter Kasper nahm sich der Sache an und wandte sich in dieser Angelegenheit an den Bundesgerichtshof, der sie zuständigkeitshalber an das Landgericht Berlin weiterleitete. Dieses annullierte mit Schreiben vom 18. November 1999 unter Berufung auf das Gesetz zur Aufhebung nationalsozialistischer Unrechtsurteile das vom Standgericht gefällte Urteil. In der Begründung heißt es, die Waffen seien „durch Gefolgsleute des Leiters des Einsatzkommandos 13 Dr. Hasselberg" ins Bischofpalais gebracht worden, um unter falscher Beschuldigung im Rahmen der „Ausschaltung von Vertretern der polnischen Intelligenz" gegen die Geistlichen ein Standgerichtsverfahren einleiten zu können.

Die Rehabilitierung der Lubliner Bischöfe und Priester erfolgte auf den Tag genau 60 Jahre nach dem Standgerichtsurteil. In „Erinnerung an dieses traurige Ereignis der deutsch/polnischen Geschichte" übersandte der Oberstaatsanwalt das an Bischof Walter Kasper gerichtete Schreiben als besondere Geste in Kopie an die Diözese Lublin.[161]

---

160 Witold Kulesza: ... ale jednak winien (... aber dennoch schuldig), ebd.
161 Schreiben der Staatsanwaltschaft bei dem Landgericht Berlin, 2 P Aufh. 1498, v. 18. November 1999.

Übergabe von Kirchenbüchern

Nach langwierigen zwischenkirchlichen Verhandlungen konnte gegen manchen Widerstand aus den Vertriebenenverbänden durch eine vertragliche Vereinbarung der Kardinäle Karl Lehmann und Józef Glemp vom 17. September 2001 die Übergabe von insgesamt 3361 Kirchenbüchern an die polnischen Diözesen ihrer Herkunftsorte geregelt werden. Die Kirchenbücher betreffen zumeist Gemeinden aus ethnisch gemischten Teilen Vorkriegspolens und nur zu einem geringen Teil Pfarreien aus den Oder-Neiße-Gebieten. Sie waren während des Krieges im Rahmen der NS-Rassenpolitik im Interesse des „Reichssippenamtes" beschlagnahmt, von den alliierten Streitkräften sichergestellt und 1947 der katholischen Kirche in den drei westlichen Besatzungszonen ausgehändigt worden. Sie wurden, so weit nötig, restauriert und vom Bischöflichen Zentralarchiv Regensburg bis zur rechtlichen und politischen Klärung der Besitzverhältnisse treuhänderisch verwaltet. Als Kirchengüter sind sie kein Gegenstand der Regierungsverhandlungen über die Rückführung kriegsbedingt verlagerter Kulturgüter. Die Regelung über ihren Verbleib fiel damit in die Zuständigkeit der Deutschen und Polnischen Bischofskonferenz.

Die Verwahrung der Kirchenbücher erfolgt zentral in den Diözesen ihrer Herkunftsorte; eine Weiterleitung an die Pfarreien bleibt ausgeschlossen. Die polnische Seite ist verpflichtet, deutschen Archivbenutzern den Zugang zu den Dokumenten zu gewährleisten. Durch die bereits erfolgte Verfilmung der Kirchenbücher durch das Zentralarchiv Regensburg bleibt dieses auch weiterhin in der Lage, auf Anfrage entsprechende genealogische Auskünfte zu erteilen.

Richtlinien für die polnischsprachige Seelsorge in Deutschland[162]

Im Sommer 2001 verabschiedeten beide Bischofskonferenzen Richtlinien für die polnischsprachige Seelsorge in Deutschland. Diese sehen gegenüber anderen Sprachgruppen keinerlei Sonderregelungen vor. Ziel der Richtlinien ist es, in Übereinstimmung mit den

---

162 Sitzung des Ständigen Rates der Deutschen Bischofskonferenz am 27. August 2001 in Würzburg-Himmelspforten.

von der Deutschen Bischofskonferenz erlassenen und sich an der päpstlichen Instruktion *Pastoralis Migratorum Cura* orientierenden Bestimmungen eine engere Zusammenarbeit der mit der polnischsprachigen Seelsorge beauftragten polnischen Priester mit den deutschen Ortskirchen zu garantieren. Die Richtlinien nehmen ausdrücklich auf die mit der Integration Europas verbundene wachsende Vielfalt religiös geprägter Minderheiten mit ihren jeweiligen Frömmigkeitstraditionen Bezug. Damit stellt sich pastoral die Aufgabe, diese Verschiedenheit im Rahmen einer übergreifenden kirchlichen Einheit als Bereicherung zu werten und konkret zu erfahren. Um dies zu gewährleisten, verbieten sich einerseits alle assimilatorischen Tendenzen, andererseits sind sichtbare Zeichen der Zusammengehörigkeit über Kultur- und Sprachgrenzen hinweg gefordert. Die Seelsorger für die polnischsprachigen Katholiken unterstehen der Jurisdiktion des jeweiligen deutschen Ortsbischofs und sind zur Teilnahme an und zur Mitarbeit in den Seelsorgekonferenzen verpflichtet.

Entschädigung von ehemaligen Zwangsarbeitern in kirchlichen Einrichtungen

Mit der Verabschiedung des Gesetzes zur Errichtung der Stiftung „Erinnerung, Verantwortung und Zukunft" durch den Deutschen Bundestag vom 6. Juli 2000 sahen sich auch die Kirchen zur Entschädigung von Zwangsarbeitern aufgefordert. Anders als die evangelische Kirche, die bereits am 12. Juli 2000 die Einrichtung der staatlichen Stiftung begrüßt und sich zur Einzahlung von zehn Millionen DM bereit erklärt hatte, beschreitet die Deutsche Bischofskonferenz mit ihrem Beschluß vom 20. August 2000 einen eigenen, auch von der Polnischen Bischofskonferenz befürworteten Weg der Entschädigung und Versöhnung.

Sie stellte fünf Millionen DM für Entschädigungszahlungen an ehemalige Zwangsarbeiter in kirchlichen Einrichtungen zur Verfügung, wobei für jeden ermittelten Zwangsarbeiter und jede Zwangsarbeiterin 5000 DM zur Auszahlung kommen sollen. Weitere fünf Millionen DM sind für Projekte der Versöhnung (Versöhnungsfonds) vorgesehen. Die Bischöfe entschieden sich nicht zuletzt für diese Form der Entschädigung, weil die Stiftung „Erinnerung, Verantwortung und Zukunft" ihre Leistungen grundsätzlich auf Lagerhäftlinge beschränkt, die zur Arbeit in privaten oder öffentlichen Unternehmen gezwungen wurden, Zwangsarbeiter in kirchlichen Einrichtungen damit also nicht ohne weiteres erfaßt werden.

Um diesen Sonderweg erfolgreich beschreiten zu können, sind alle kirchlichen Einrichtungen aufgerufen, durch gründliche Recherchen früher bei ihnen eventuell tätige Zwangsarbeiter zu ermitteln. Für die Entschädigungszahlungen wurde durch den Deutschen Caritasverband und den ihm zugeordneten kirchlichen Suchdienst in München eine Geschäftsstelle eingerichtet, während der Versöhnungsfonds bei Renovabis in Freising angesiedelt wurde.

Da sich unter den ehemaligen Zwangsarbeitern in kirchlichen Einrichtungen auch eine große Zahl Polen befand, tangiert diese Initiative der Deutschen Bischofskonferenz auch die Zusammenarbeit beider Kirchen. Durch die in den Diözesen in Auftrag gegebenen Recherchen konnten zahlreiche polnische „Ostarbeiter" in kirchlichen Einrichtungen ermittelt, damit zugleich ein jahrzehntelang verschwiegener Teil einer auch kirchlich belasteten Vergangenheit aufgearbeitet, an Betroffene Entschädigungen ausgezahlt und im Rahmen von Projekten des Versöhnungsfonds zahlreiche Begegnungen, Zeitzeugengespräche und Geschichtswerkstätten ermöglicht werden.

Engagement von Renovabis in Polen

Das Engagement von Renovabis in Polen ist ein weiteres Feld einer engen Kooperation beider Kirchen. Diese auf Anregung des Zentralkomitees deutscher Katholiken 1993 von den deutschen Bischöfen gegründete Solidaritätsaktion unterstützt Projekte zur kirchlichen und gesellschaftlichen Erneuerung in den ehemals kommunistischen Ländern. Die dazu erforderlichen Gelder entstammen überwiegend Kollekten und Spenden sowie Haushaltsmitteln der deutschen Diözesen.

Unter diesen Hilfen zur Selbsthilfe bildete Polen jahrelang einen besonderen Schwerpunkt. Als erstmals 2002 der Abschluß der Pfingstaktion in einem der geförderten Länder stattfinden sollte, fiel daher die Wahl kaum zufällig auf eine polnische Bischofsstadt, und zwar auf Oppeln, die Partnerdiözese von Mainz.

Allein zwischen 1993 und 2000 unterstützte Renovabis in Polen über 1200 Projekte, darunter ungefähr 300 Studienstipendien für Priester, Ordensleute und Laien. Zunächst wurden vor allem Projekte in Westpolen gefördert. Da Ostpolen jedoch der allgemeinen ökonomischen und sozialen Entwicklung nachhinkt, kam es im Laufe der Jahre zu einer Schwerpunktverlagerung von West- nach Ostpolen. Seit geraumer Zeit ist allerdings ganz allgemein mit einem allmählichen Rückgang der Förderung für die Kirchen in den mitteleuropäischen EU-Beitrittsländern, also auch für Polen, zu Gunsten der Kirchen in Osteuropa zu beobachten. Im Hinblick darauf zielen die Gespräche mit den polnischen Partnern derzeit auf eine stärkere Konzentration der knapper werdenden Mittel. Daher soll mehr als bisher der soziale Bereich gefördert werden, um die mit den Transformationsprozessen verbundenen sozialen Kosten zu lindern. So haben Hilfsmaßnahmen den Vorrang, die der Bekämpfung der Armut dienen, von der insbesondere Arbeitslose, Rentner, kinderreiche Familien und Behinderte betroffen sind. Neben dringenden Modernisierungsmaßnahmen für kirchliche Kinder- und Altenheime sowie für Behinderteneinrichtungen sollen innovative soziale Modelle, wie etwa Suppenküchen oder Arbeitsloseninitiativen, Hilfe erfahren.

Um im sozialen Bereich angesichts begrenzter Mittel Prioritäten zu schaffen und Überschneidungen zu vermeiden, erscheinen polnischerseits entsprechende Trägerstrukturen sowie eine überdiözesane Arbeitsgemeinschaft erforderlich, die in der Lage wären, die sozialen Initiativen zu koordinieren sowie dem Staat gegenüber Bedürfnisse anzumelden und Anliegen durchzusetzen. Was den Ausbildungsstand der im sozialen Bereich tätigen kirchlichen Kräfte betrifft, so hat hier die Förderung der Fachkompetenz Priorität. Um dies zu gewährleisten, wird von Renovabis der Aufbau einer katholischen Hochschule für soziale Berufe angeregt. Diesem Ziel dienen vorerst Ausbildungsprogramme für in der Sozial- und Pastoralarbeit tätige weibliche Orden.

Ein weiterer Bereich, in dem sich Renovabis fördernd engagiert, ist der Wiederaufbau des Anfangs der 1950er Jahre von den kommunistischen Behörden zerschlagenen katholischen Schulwesens. Diözesen und Ordensgemeinschaften bemühen sich seit Jahren um die Rückgabe ihrer einstigen Schulgebäude, die allerdings einer gründlichen Renovierung bedürfen, ehe in ihnen der Schulunterricht aufgenommen werden kann. Um die Wirtschaftlichkeit sowie eine durchgehende Bildung und Erziehung zu gewährleisten, sollten die kirchlichen Schulen möglichst von der Grundschule bis zum Abitur führen.

Seitens Renovabis besteht zudem ein besonderes Interesse an Projekten zur Förderung von Laien über den von den polnischen Bischöfen bevorzugten Bereich der Ausbildung von Katecheten und Religionslehrern hinaus. Noch fehlt unter den polnischen Bischöfen die übereinstimmende Einsicht von der Notwendigkeit von Bildungsprogrammen, die eine Befähigung der Laien zur Wahrnehmung ihres Weltdienstes zum Ziel haben. Polens Kirche ist immer noch sehr stark auf das Priesteramt fixiert, und anders als in der Bundesrepublik, wo der drastische Rückgang an Priesterberufen die Position der Laien in der Kirche grundsätzlich stärkt, sehen Polens Bischöfe, von erfreulichen Ausnahmen abgesehen, angesichts immer noch gut gefüllter Priesterseminare wenig Veranlassung, sich um eine Multiplikatorenbildung von Laien zu sorgen. Entsprechende Projekte von Renovabis werden aber nur dann greifen, wenn im polnischen Episkopat die Defizite in diesem Bereich erkannt und daraus entsprechende Schlüsse gezogen werden. Erfreulicherweise nimmt sei einigen Jahren die Zahl der polnischen Bischöfe zu, welche die auch in Polen wachsende Bedeutung eines qualifizierten Weltdienstes der Laien erkennen und entsprechend handeln. Zu ihnen zählt u.a. der leider tödlich verunglückte Bischof von Radom, Jan Chrapek, dessen bemerkenswerte Hirtenbriefe[163] aus dem Jahr

---

163 Vgl. Dzielmy się miłości (Handeln wir aus Liebe). List na temat wolontariatu (Brief über das Voluntariat), 29. Januar 2001; Troska drugim imieniem miłości (Sorge – ein anderer Name für Liebe), 15. September 2001.

2001 einem am Evangelium und an den Prinzipien katholischer Soziallehre orientierten Laienapostolat hohe Bedeutung beimessen und Formen konkreter Umsetzung benennen.

Interdisziplinärer Gesprächskreis deutscher und polnischer Theologen

Das Gemeinsame Wort zum 30. Jahrestag des Briefwechsels von 1965 verweist ausdrücklich darauf, daß sich der Dienst der Versöhnung auf vielfältige Weise konkretisieren muß, u. a. durch eine „Zusammenarbeit der Universitäten". (27)

Von besonderer Bedeutung dürfte der Gesprächskreis deutscher und polnischer katholischer Theologen sein, dessen Gründung auf das Jahr 1972 zurückgeht. Er führte auf seinen Jahrestagungen regelmäßig Hochschultheologen aus der Bundesrepublik, der DDR und Polen zusammen, um „durch die Erörterung zentraler theologischer Probleme ein besseres Kennenlernen der verschiedenen ortskirchlichen Denkformen und Denkvoraussetzungen zu ermöglichen."[164]

Dieser interdisziplinäre theologische Gesprächskreis hat die politische Wende der Jahre 1989/90 überlebt und führt – um die Teilnahme tschechischer Theologen erweitert – mit jährlich zwei Tagungen seine Tätigkeit fort. Eine Übersicht[165] der in den 1990er Jahren behandelten Themen zeigt sehr deutlich die Nähe theologischer Reflexion zu den drängenden kirchlichen Fragen unserer Zeit. So widmete der Gesprächskreis allein vier Tagungen den „Phänomenon des Religiösen im heutigen Europa" und rückte auf der Grundlage einer Bestandsaufnahme der sehr unterschiedlichen religiösen Situation in den einzelnen europäischen Ländern die daraus resultierenden Herausforderungen in den Mittelpunkt der Überlegungen. Daran schloß sich im Oktober 1994 ein Symposion zur „Kommuni-

---

164 Lothar Ullrich: Dialog und Identität. Philosophische und theologische Aspekte; in: W. Ernst, K. Feiereis (Hg.): Denkender Glaube in Geschichte und Gegenwart, Leipzig 1992, S. 335.

165 Die Themenliste der Jahre 1991–2001 wurde mir freundlicherweise von Prof. Dr. Ullrich mit Schreiben vom 7. Februar 2002 zur Verfügung gestellt.

kation des Glaubens in der heutigen Situation" sowie ein Jahr später eine Tagung zur „Weitergabe des Glaubens unter kommunikationstheoretischem Aspekt" an.

Eine Analyse der auf den Treffen behandelten Themen zeigt, daß diese keineswegs zufällig gewählt wurden, sondern in einem inneren Zusammenhang stehen. So ergibt sich beispielsweise aus der Überlegung zur „Weitergabe des Glaubens unter kommunikationstheoretischem Aspekt" zwangsläufig das Problem gegenwärtiger „Pluralisierung und Individualisierung religiöser Sinnsysteme" (1995), das innerkirchlich in einem Spannungsverhältnis zwischen „Institution und Spontaneität" (1996) seinen Niederschlag findet und eine „Unterscheidung der Geister" (1997) notwendig macht.

Mit der Frage nach einer „Theologie im heutigen Denkhorizont" wurde 1998 ein neuer thematischer Ansatz gewählt, in dessen Rahmen auf zwei Tagungen der Dialog mit den modernen Naturwissenschaften, die Gemeinsame Erklärung zur Rechtfertigungslehre sowie – ein Jahr später – die Enzyklika *Fides et Ratio* behandelt wurden.

Mit der Thematik „Theologie in westlicher und östlicher Sicht" (2001), zu der Referenten aus Athen und Ljubljana (Laibach) eingeladen wurden, deutet sich eine Ausweitung des Gesprächskreises an. Unabhängig von diesem Gesprächskreis gibt es zahlreiche Formen einer engen Zusammenarbeit, und dies nicht nur zwischen deutschen Theologen und der Katholischen Universität Lublin sowie auch mit der einstigen Warschauer Katholisch-Theologischen Hochschule, der heutigen Kardinal-Stefan-Wyszyński-Universität, zu denen weit in die Zeit vor der Wende zurückgehende Kontakte bestehen. Beziehungen gibt es auch zu den während der kommunistischen Herrschaft geschlossenen und inzwischen reaktivierten Theologischen Fakultäten einzelner Universitäten. So lehrten beispielsweise der Erfurter Dogmatiker Prof. Lothar Ullrich sowie der Bonner Sozialethiker Prof. Lothar Roos auf Bitten der Kattowitzer Universität nach ihrer Emeritierung als Ordinarien an der dortigen Theologischen Fakultät.

Enge Kooperation der Theologischen Fakultäten von Oppeln und Münster

Die Kooperationen im theologischen Bereich sind äußerst zahlreich und in ihrer Vielfalt kaum zu überblicken. Ich beschränke mich daher beispielhaft auf die Zusammenarbeit zwischen Oppeln und Münster, bei der die beiderseitigen Kontakte bis in die 1970er Jahre zurückreichen. So unterstützte die Katholisch-Theologische Fakultät der Universität Münster von Anfang an die langjährigen Bemühungen von Erzbischof Alfons Nossol um die Gründung der Oppelner Universität. Nicht zuletzt dank dieser Hilfe konnte er als erster polnischer Ordinarius an einer staatlichen Universität eine Theologische Fakultät errichten.

Im Zuge dieser langjährigen Entwicklung bahnte sich Anfang der 1980er Jahre eine Partnerschaft zwischen den Diözesen Oppeln und Münster an, in deren Rahmen u. a. jährliche Begegnungen der Priesteramtskandidaten beider Diözesen sowohl in Oppeln als auch in Münster stattfanden. Zudem vergab bereits damals die Münsteraner Fakultät regelmäßig eine Reihe von Promotionsstipendien. Die theologischen Kontakte wurden durch zahlreiche Gastvorlesungen Münsteraner Professoren intensiviert. Die Zusammenarbeit beider Fakultäten wird durch die in Oppeln weitgehend vorhandenen Deutschkenntnisse wesentlich erleichtert, ein Umstand, der an anderen Theologischen Fakultäten in Polen nicht in gleicher Weise gegeben ist und der mit dazu beiträgt, daß sich beide Fakultäten auch in ihrem theologischen Denken sehr nahe stehen.

Diese besondere theologische Nähe fand u. a. darin ihren Ausdruck darin, daß Erzbischof Nossol 1991 durch die Münsteraner Katholisch-Theologische Fakultät die Ehrendoktorwürde verliehen wurde. In der Laudatio wurden insbesondere seine Verdienste als Brückenbauer zwischen deutscher und polnischer Theologie hervorgehoben. Speziell würdigte man sein ökumenisches Anliegen, auch die deutsche evangelische Theologie in den Diskurs der polnischen Theologie einzubeziehen.

Im Mai 1999 reiste eine Gruppe von acht Münsteraner Professoren nach Oppeln, um sich mit der dortigen Fakultät über den jeweiligen

Stand von Forschung und Lehre auszutauschen. Als Resultat dieser Begegnung wurde eine förmliche Kooperation zwischen beiden Fakultäten vereinbart und im Februar 2000 von beiden Dekanen unterzeichnet. Die Kooperationsvereinbarung[166] sieht neben dem Austausch von Studierenden und Wissenschaftlern „gemeinsame Lehrveranstaltungen, Forschungsvorhaben und Kolloquien" vor (Art. 2). Zudem verpflichten sich beide Seiten, die „Abstimmung von Studiengängen und gegenseitige Anerkennung von Studienleistungen zu ermöglichen und zu fördern." (Art. 3.) Beide Seiten erklären sich zu finanziellen Leistungen zur Verwirklichung der vereinbarten Ziele bereit. (Art. 4) Die Kooperationsvereinbarung hat eine Laufzeit von fünf Jahren (Art. 5) und wurde 2005 für weitere fünf Jahre verlängert. Damit ist die Voraussetzung für eine dauerhafte und zukunftsträchtige Zusammenarbeit beider Fakultäten geschaffen, von der zu hoffen ist, daß sie auch anderenorts Nachahmer findet.

---

166 Kooperationsvereinbarung zwischen der Katholisch-Theologischen Fakultät der Westfälischen Wilhelmsuniversität Münster und der Theologischen Fakultät der Universität Oppeln/Polen vom 17. Februar 2000.

Die nun zu Ende gebrachte Schrift ist, wie in der Einleitung bereits betont, von der Absicht bestimmt, die „polnische" Kirche jenen durch eine Verstehenshilfe näherzubringen, die ihre Erscheinungsformen als fremd, wenn nicht gar als „exotisch" empfinden. Entsprechend steht im Zentrum des Interesses ihr Kirchenbild, soweit sich dieses vom deutschen Kirchenverständnis unterscheidet. Der Text erhebt somit nicht den Anspruch, ein vollgültiges Bild der katholischen Kirche Polens zu zeichnen. Auf Unterschiede zu dem in Deutschland praktizierten Gemeindeleben, wie die Beichtpraxis, den Stil der Glaubensverkündigung, das religiöse Liedgut oder den kirchlichen Stellenwert der Laien, wurde nur insoweit Bezug genommen, als diese sich aus der spezifischen nationalen Tradition der „polnischen" Kirche ergeben.

Es dürfte in der Darstellung deutlich geworden sein, daß die Spezifik der „polnischen" Kirche vor allem in ihrer Symbiose mit der Nation begründet liegt. Wie ein roter Faden durchzieht die einzelnen Kapitel die Problematik einer Einheit von kirchlichem Glauben und nationaler Identität. Grundgelegt in der Zeit des Mittelalters, in der – nicht allein in Polen, sondern allgemein in Europa – alle Lebensbereiche vom christlichem Glauben durchdrungen waren, verfestigte sich diese religiöse Prägung im 18. Jahrhundert aufgrund des Befreiungskampfes gegen die protestantischen und orthodoxen Teilungsmächte Preußen und Rußland zu einem national-katholischen Typos, der durch die Romantik mit ihrer nationalen Leidensmystik und religiösen Überhöhung der Nation seine ideologische Grundlage erhielt. Mit der Erlangung der Unabhängigkeit zeigte sich dann erstmals in der Zwischenkriegszeit aufgrund der gesellschaftspolitischen und staatsrechtlichen Konzeption der Nationaldemokratie die in der Diskriminierung von nationalen Minderheiten, speziell im Antisemitismus, zum Ausdruck kommende repressive Kehrseite dieses national-religiösen Einheitsmodells.

Die Symbiose von Kirche und Nation gewann durch die mit Beginn des Zweiten Weltkriegs einsetzende Unterdrückung und Verfolgung von Kirche und Nation durch die nationalsozialistische und spätere kommunistische Gewaltherrschaft erneut an Bedeutung und hat wesentlich zur letztendlichen Überwindung des kommunistischen Systems beigetragen.

Mit der 1989 errungenen nationalen Freiheit und den mit ihr verbundenen gesellschaftlichen und politischen Transformationsprozessen zeigte sich dann in einer gewissen Parallelität zur Zwischenkriegszeit, daß das traditionelle, in der Ära nationaler Repression und kirchlicher Verfolgung bewährte und wirksame Modell einer Symbiose von Kirche und Nation auf die neuen Verhältnisse eines gesellschaftlichen Pluralismus und einer rechtsstaatlichen Demokratie nicht ohne weiteres übertragbar ist. Daß von offiziell kirchlicher Seite, zumal in den 1990er Jahren, sowie im späteren Verlauf vor allem von national-katholisch orientierten Strömungen eine solche Übertragung dennoch versucht wurde und weiterhin versucht wird, führte und führt in Polen zu erheblichen gesellschaftspolitischen Spannungen sowie zu Polarisierungen innerhalb des polnischen Katholizismus.

Diese konflikträchtige Spannung zwischen Tradition und Modernität hat sich in jüngster Zeit deutlich verstärkt. Auslöser war der Flugzeugabsturz am 10. April 2010, bei dem die von Präsident Lech Kaczyński angeführte, fast hundertköpfige Delegation auf dem Weg zur Gedenkfeier des 70. Jahrestages des Massakers von Katyń ums Leben kam. Dieser Schicksalsschlag wurde in Polen zu Recht als nationale Katastrophe empfunden. Für eine Weile schien es, als würde der zu Lebzeiten politisch umstrittene Präsident über alle politischen und weltanschaulichen Grenzen hinweg die Nation in der Trauer einen. Diese Einheit erhielt indes durch die Zustimmung des Krakauer Kardinals, das Präsidentenpaar in der Krypta des Wawel, dem polnischen Pantheon, zu bestatten, einen ersten Riß. Eine solche, sich von den übrigen Opfern abhebende Ehrung stieß in Teilen der Gesellschaft auf Unverständnis und löste öffentliche Protest aus. Dennoch wurden unter großer Anteilnahme der Bevölkerung beide Särge nach dem Trauergottesdienst aus der Marienkirche in die Königen und Nationalhelden vorbehaltene Gruft des Wawel überführt. Diese nationale Katastrophe des 10. April erfuhr in Kirche und Öffentlichkeit mit dem Rückgriff auf die Romantik ihre Deutung –

als ein für die Rettung der Nation dargebrachtes Opfer. So waren Stimmen zu vernehmen, die dem verunglückten Präsidenten den Rang eines nationalen Märtyrers verliehen und in seinem Lebensopfer die Verpflichtung zu einem religiös-nationalen Patriotismus sahen, der sich vor allem gegen Polen angeblich bedrohende innere wie äußere Feinde richtete. In dieser gegenüber der anfänglichen Trauerphase gewandelten Stimmungslage begann der Wahlkampf um das Präsidentenamt, in dem Jarosław Kaczyński das Erbe seines verunglückten Zwillingsbruders beanspruchte und doch gegen Bronisław Komorowski, den Kandidaten der Bürgerplattform, verlor.

In diesem Zusammenhang verdienen zwei Vorgänge Aufmerksamkeit: der Streit um das Kreuz vor dem Präsidentenpalast sowie das Bestreben, Kirche und Regierung zu veranlassen, Christus als König Polens auszurufen.

Der Streit um das Kreuz begann gänzlich unverfänglich. Pfadfinder hatten es in guter Absicht nach dem 10. April zum Gedenken an die Opfer der Flugzeugkatastrophe in Sichtweite des Präsidentenpalastes aufgestellt. Als dann nach Ablauf der Staatstrauer das Kreuz in die nahe St.-Anna-Kirche übertragen werden sollte, stellte sich dem – nach dem Vorbild früherer Kämpfe um das Kreuz – eine Gruppe selbsternannter „Verteidiger des Kreuzes" und „wahrer" Patrioten in den Weg. Damit begann entgegen der ursprünglichen Intention eine Politisierung des Kreuzes, die zugleich seine Profanierung bedeutete. Es zeigte sich, daß die „Verteidiger des Kreuzes" der Kaczyński-Partei nahestanden und in ihrer Unzufriedenheit über den Ausgang der Präsidentschaftswahl das Kreuz als Protest gegen Komorowski mißbrauchten. Offenbar unter dem Eindruck einer abstrusen Verschwörungstheorie machten sie den Präsidenten zu einem Mitschuldigen an der Flugzeugkatastrophe, beschimpften ihn als Verbrecher und forderten ihn auf, von seinem Amt zurückzutreten.

Es fällt auf, daß sich die Kirchenleitung aus diesem sich über Monate hinziehenden Streit heraus hielt. Wenngleich das Kreuz nicht auf ihre Initiative hin errichtet worden war, so hätte sie sich doch als seine eigentliche Verteidigerin durch eine deutliche Stellungnahme dem offensichtlichen Mißbrauch ihres wichtigsten Symbols widersetzen müssen. So überließ sie die Verantwortung für den Lauf der Dinge der zuständigen politischen Gewalt, und diese scheute sich, dem unwürdigen Treiben unter massivem Polizeieinsatz ein Ende zu bereiten. Durch ihr Schweigen geriet die Hierarchie in den Verdacht, die „Verteidiger des Kreuzes" insgeheim zu unterstützen. Näher liegt aber wohl die Vermutung, daß sich die Bischöfe in der Sache uneins waren und es daher zu keiner gemeinsamen Stellungnahme kam. Auch dürfte die Sorge eine Rolle gespielt haben, durch eine wie immer geartete Erklärung in politische Auseinandersetzungen verstrickt zu werden. Doch durch ihr Schweigen haben die Bischöfe selbst dazu beigetragen, daß – vergleichbar mit den 1990er Jahren – in der öffentlichen Debatte das Verhältnis von Staat und Kirche erneut thematisiert wurde. Die Kirche nähme – so der Vorwurf – zu starken Einfluß auf politische Entscheidungen. Dies äußerte sich unter anderem in Forderungen, die privilegierte Praxis der Rückgabe des unter dem Kommunismus enteigneten Kirchenbesitzes zu überprüfen. Zur Sprache kam erneut die bereits mit der Einführung des Religionsunterrichts an öffentlichen Schulen befürchtete Diskriminierung von nicht an ihm teilnehmenden Schülern und Schülerinnen. Die politische Linke trat sogar für eine Revision des Konkordats ein; die dort verankerte beiderseitige Autonomie von Staat und Kirche solle durch die Bestimmung einer strikten Trennung ersetzt werden – eine Forderung, die bei den Konkordatsverhandlungen von Seiten der Kirche in Erinnerung an kommunistische Zeiten in aller Entschiedenheit zurückgewiesen worden war.

Der Konflikt um das Kreuz konnte nach Monaten durch einen Kompromiß beigelegt werden. Man einigte sich darauf, statt des Kreuzes nun ein den Opfern des 10. April gewidmetes Denkmal zu errichten. Der Streit als solcher dürfte damit allerdings nicht zu Ende sein. Es spricht vieles dafür, daß er nun – hoffentlich weniger emotional – um Standort und Form sowie um die religiös-nationale Symbolik des Denkmals geführt wird. In einem eigens angesetzten Bußgottesdienst bedauerte der Warschauer Metropolit Kazimierz

Nycz im Nachhinein die Profanierung des Kreuzes und die Ausbrüche von Haß in Zusammenhang mit dem Streit.
Durch den 10. April erhielten zudem zwei Organisationen Auftrieb, die bereits seit Jahren in Polen aktiv sind. Es handelt sich um die kirchlich nicht legitimierte Vereinigung „Róża" (Rose) und die ihr nahestehende „Bewegung zur Verteidigung der Republik", die für ein von allen transnationalen Bindungen freies Polen eintritt. Beide Organisationen finden nicht nur keine offiziell kirchliche Unterstützung, sie stehen zudem mit der Hierarchie in Konflikt, weil diese sich ihrer Forderung widersetzt, gemeinsam mit der Regierung Christus als König Polens zu inthronisieren.
Der Konflikt wurde, wie an entsprechender Stelle dargelegt, bereits 2006 deutlich, als sich einzelne Bischöfe, darunter der Sekretär der Bischofskonferenz, gegen eine auf die nationale Inthronisation Christi abzielende Initiative von 43 national-katholischen Sejmabgeordneten wandten und sich dafür den Vorwurf einhandelten, den katholischen Glauben und die nationale Tradition zu verraten. Nun versuchen „Róża" und die „Bewegung zur Verteidigung der Republik", durch die Sammlung von einer Million Unterschriften die Regierung zu einem landesweiten Referendum bezüglich der Inthronisation zu nötigen, ein Vorhaben, das zwar aus verfassungsmäßigen Gründen keine Chance hat, verwirklicht zu werden, das aber wohl weitere Unruhe im Land und eine verschärfte Polarisierung innerhalb des polnischen Katholizismus hervorrufen dürfte. Grundlage der von beiden Organisationen verlangten Inthronisation bilden die Privatoffenbarungen der Mystikerin Rozalia Celakówna (1901–1944), deren Seligsprechungsprozeß unlängst auf diözesaner Ebene zum Abschluß kam, ohne daß dieser Akt eine kirchliche Anerkennung ihrer Privatoffenbarungen einschließen würde. Jesus habe ihr – so heißt es in ihren Aufzeichnungen – die Mission seiner Inthronisation als König aller Völker, beginnend mit Polen, anvertraut. Sie sei für die gesamte Nation gemeinsam von Staat und Kirche zu vollziehen. Nur so könne Polen gerettet werden; anderenfalls drohe erneut ein göttliches Strafgericht, nachdem Staat und Kirche es schon einmal versäumt hätten, durch eine Inthronisation Jesu

Christi einen Weltkrieg mit seinen verheerenden Folgen für Polen abzuwehren. Unter dem Eindruck einer solchen Androhung entwirft und verbreitet „Róża" ein angsterregendes Szenarium, bei dem neben Faschismus und Kommunismus für die Jetztzeit „Liberalismus" und „Globalisierung" als apokalyptische Reiter auftreten. Die Flugzeugkatastrophe vom 10. April sei ein warnendes Signal, Polen durch die Inthronisation vor neuem Unheil zu bewahren. Durch Märsche in einzelnen Städten, durch Verbreitung von Flugblättern und nicht zuletzt durch das Internet versucht man, öffentliche Aufmerksamkeit zu erregen.

Sowohl beim Streit um das Kreuz als auch bei der von „Róża" angestrebten Inthronisation haben wir es mit der Vorstellung einer alle Zeiten überdauernden und unlöslichen Symbiose von Kirche und Nation zu tun. Aus ihr resultiert eine heilsgeschichtliche Deutung nationaler Geschicke und eine der jeweiligen geschichtlichen Situation entsprechende und von der Kirche zu erfüllende religiösnationale Mission. Polens Kirche wird solange in Konflikte zwischen Nation und Moderne involviert sein, wie lange dieses Konstrukt Gültigkeit beansprucht.

Der Streit um das Kreuz sowie der von Teilen des Kirchenvolkes geteilte Wunsch nach einer Inthronisation Jesu Christi haben inzwischen zu einer breiten Diskussion um derlei religiös-nationalen Aktivitäten geführt, wobei auch nach dem Ort der Kirche in der Spannung zwischen Nation und Moderne gefragt wird. So sei es weiterhin eine selbstverständliche Aufgabe der Kirche, sich in Fragen von nationaler Bedeutung zu Wort zu melden. Doch berge eine zu starke Identifikation mit der Nation die Gefahr einer Politisierung christlichen Glaubens in sich. Dadurch gerate die Kirche in gesellschaftliche und innere Konflikte, wodurch ihre Demokratiefähigkeit in Frage gestellt und sie dem Verdacht ausgesetzt werde, eine Theokratie anzustreben. Eine Orientierung am Evangelium zeige im übrigen, daß die Botschaft Christi für alle Völker gilt und an keine Nation gebunden ist. Die Universalität christlichen Glaubens impliziere somit eine Relativierung jeglicher Form von religiösnationaler Identifikation. Daher könne es nicht primär darum gehen, von der Kanzel zur Verteidigung der von wahren oder vermeintlichen Feinden bedrohten religiös-nationalen Identität aufzurufen, sondern Christi Heilsbotschaft zu verkünden, die an alle Menschen gerichtet ist. Daß in der kirchlichen Öffentlichkeit um diese Fragen gestritten wird, ist immerhin ein Zeichen für die Lebendigkeit der „polnischen" Kirche.

Personenregister

❑

Adalbert, hl. 15, 35
Adenauer, Konrad 205, 206

❑

Bahr, Egon 215
Baniak, Józef 147, 148
Bartoszewski, Władysław 11, 200, 222
Bathory, Stephan 56
Benedikt XVI. 127
Bengsch, Alfred 190, 207, 217, 219
Bereś, Witold 162
Bierut, Bolesław 69
Bismarck, Otto 52
Błoński, Jan 170
Bogdanowicz, Stanisław 233, 234
Boll, Friedhelm 202, 214
Bolz, Lothar 191
Boniecki, Adam 119, 129, 147
Brandstaetter, Roman 78
Brandt, Willy 212
Broncel, Zdzisław 28
Brzeziecki, Andrzej 124
Bujak, Adam 79
Burnetko, Krzysztof 162
Buzek, Jerzy 116

❑

Calvin, Johannes 54
Celakówna, Rozalia 249
Choromański, Zygmunt 207
Chrapek, Jan 240
Chrobry, Bolesław 15, 18, 208
Chruschtschow, Nikita 70
Chrzanowski, Wiesław 232
Cyrankiewicz, Józef 212

❑

Dąbrowski, Bronisław 123
de Schmidt, Wilhelm 196
d'Estaing, Giscard 139, 140
Dirks, Walter 199
Długosz, Jan 19, 21
Dmitrów, Edmund 184
Dmowski, Roman 64, 106, 107, 157, 160
Döpfner Julius 196, 199, 204–206, 209, 212, 213
Dziwisz, Stanisław 125

❑

Elsner, Roland 231
Erasmus von Rotterdam 54
Ernst, Wilhelm 241

❑

Feiereis, Konrad 241
Feuerbach, Ludwig 57
Frank, Hans 37, 163
Frankowski, Edward 143
Frings, Josef 188, 189
Fritzsch, Karl 42
Fulman, Marian 235

❑

Gajowniczek, Franciszek 42
Gałczyński, Konstanty Ildefons 42
Gebert, Konstanty 181
Geremek, Bronisław 116
Gierek, Edward 71, 72, 83

Glemp, Józef 18, 85, 121, 125, 127, 128, 135, 137, 138, 179, 236
Gomułka, Władysław 70, 71, 220
Gorbatschow, Michail 96
Gowin, Jarosław 108
Góral, Władysław 235
Grajewski, Andrzej 202
Grande, Dieter 123
Gregor von Sambor 22, 34
Grelka, Frank 92
Gross, Jan Tomasz 157, 158, 160–163, 165, 166. 177, 178, 232
Gulbinowicz, Henryk 93
Gutman, Israel 177

❏

Hasselberg, Alfred 235
Hedwig, hl. 196
Heller, Edith 202, 223
Henkys, Reinhard 47, 50, 208, 216
Hlond, August 7, 66, 185–187, 231
Höllen, Martin 207
Hoffmann, Johannes 184
Homeyer, Josef 136
Hosius, Stanislaus 54
Hummel, Karl Joseph 197, 202, 207

❏

Iłłakowiczówna, Kazimierza 27
Isakowicz-Zaleski, Tadeusz 125, 126

❏

Jabłoński, Henryk 79
Jäger, Lorenz 189
Jaruzelski, Wojciech 63, 85, 86, 89, 97, 228
Johannes Paul II. / Wojtyła Karol 14, 15, 16, 18, 30, 31, 35, 36, 38, 39, 41, 42, 44, 72, 77–88, 91, 97, 108, 115, 120, 125, 131, 140–142, 151, 15, 172–175, 179, 194, 197, 226, 229
Juros, Helmut 234

❏

Kaczmarek, Czesław 68, 159, 166
Kaczyński, Jarosław 118, 226, 247
Kaczyński, Lech 37, 127
Kazimierz, Jan (König) 26
Kalb, Hermann 217
Kant, Immanuel 57, 149
Kasper, Walter 235
Kerski, Bazil 202
Kertzscher, Günter 217
Kienberg, Paul 36
Kimminich, Otto 230
Kiszczak, Czesław 97
Kolbe, Maximilian 41, 42, 198, 206, 228
Kołakowski, Leszek 113
Kołłątaj, Hugo 58
Kominek, Bolesław 189, 197, 206, 207, 220
Kordecki, Augustyn 23
Kossak-Szczucka, Zofia 161
Kościuszko, Tadeusz 37
Kowalczyk, Józef 128
Kozacki, Paweł 133, 134
Kozłowski, Krzysztof 123
Krajewski, Stanisław 180
Krasicki, Ignacy 58, 220
Krasiński, Zygmunt 25, 29
Krawczak, Tadeusz 202
Kreyssig, Lothar 190–192, 194
Krone, Heinrich 188, 189
Kubina, Teodor 165
Kulesza, Witold 234, 235
Kunstmann, Heinrich 201
Kwaśniewski, Aleksander 116, 120, 122
Kycia, Thomas 192, 202

❑
Ladislaus von Oppeln 21
Lanzmann, Claude 170
Lechoń, Jan 26
Ledóchowski, Mieczysław 52
Legge, Petrus 183
Lehmann, Karl 136, 236
Libionka, Dariusz 158, 159, 163, 165
Lipski, Jan Józef 202, 203
Lukas, Evangelist 21
Luther, Martin 54

❑
Łaski, Jan 54

❑
Madajczyk, Piotr 202
Makowski, Jarosław 124
Maliński, Mieczysław 79
Markiewicz, Stanisław 90
Markiewicz, Wojciech 131
Markowski, Stanisław 37
Marx, Karl 78
Mayeur, Jean-Marie 162
Mazowiecki, Tadeusz 11, 200
Mechtenberg, Theo 80, 123, 188, 195, 201, 202
Melenowska, Justyna 148, 149
Metz, Johannes Baptist 48, 49
Micewski, Andrzej 69, 85, 192, 204
Michalik, Józef 112
Michnik, Adam 73, 169
Mickiewicz, Adam 25, 37, 61, 62, 168
Mielke, Erich 80
Mieszko I. 14, 15, 208
Mieszkowska, Anna 161
Miłosz, Czesław 113, 170
Miodowicz, Alfred 97
Modras, Ronald 158

Morawska, Anna 11, 194, 195
Müller, Maciej 150
Musiał, Stanisław 162, 163
Muszyński, Henryk 18, 137, 139, 140, 174, 175, 178, 179

❑
Norwid, Cyprian Kamil 25, 62
Nosowski, Zbigniew 180
Nossol, Alfons 136, 243
Nycz, Kazimierz 146, 153, 249

❑
Obierek, Stanisław 124
Otto III. 15, 16, 18, 208

❑
Pac, Grzegorz 146
Pach, Jan 31, 33
Pasierb, Janusz Stanisław 23
Paul VI. 38, 72, 206
Piasecki, Bolesław 107, 168
Pietrzyk, Wojciech 38
Pięciak, Wojciech 234
Pilvousek, Josef 183, 207
Piłsudski, Józef 27, 37
Pius XII. 163, 185
Pleszczyński, Jan 128
Pollmann, Viktoria 158, 159
Ponikło, Tomasz 150
Popiełuszko, Jerzy 89, 90, 96
Potocki, Andrzej 11
Pszon, Mieczysław 11, 201
Puławski, Kazimierz 24

❑
Raina, Peter 205, 233
Rau, Johannes 18
Reuter, Kurt 190
Rintelen, Friedrich-Maria 193, 194

Rinser, Luise 19
Roos, Lothar 242
Rotfeld, Adam 227
Rożek, Michał 37
Rydzyk, Tadeusz 118, 143
Rząsa, Antoni 39

❏

Sabor, Agnieszka 154
Sapieha, Adam 145
Särchen, Günter 191, 192, 193–195
Schäfer, Bernd 123
Schaffran, Gerhard 207
Schenk, Dieter 234
Schlott, Wolfgang 126
Scholz, Franz 186, 231
Schmitz, Theodor 207
Schröffer, Joseph 196, 197
Seigewasser, Hans 219
Sendler, Irena 161
Sigismund II., August 54
Silvester II. 16, 208
Skarżyński, Aleksander 223, 224
Słowacki, Juliusz 25, 37, 62, 77, 96
Sobański, Remigiusz 230
Splett, Carl Maria 232–234
Sporniak, Artur 134
Spülbeck, Otto 189
Stalin, Josef 70
Stanislaus, hl. 35, 36, 80, 81
Stehle, Hansjakob 220
Stomma, Stanisław 11, 192, 200
Strauß, David Friedrich 57

❏

Śmiały, Bolesław 35

❏

Tischner, Józef 109, 114, 115
Turowicz, Jerzy 11, 109, 164, 200

Tusk, Donald 120

❏

Ullrich, Lothar 241, 242
Unger, Ewa 93
Urban, Rudolf 195

❏

Wałęsa, Lech 20, 31, 84, 88, 97, 115, 116, 134,
Wajda, Andrzej 53
Wendland, Heinz-Dietrich 48, 49
Weiß, Konrad 191, 192
Wieczorek, Wojciech 11
Wielgus, Stanisław 127–131, 133, 134
Wilkanowicz, Stefan 11
Wojtyła, Karol,
    siehe Johannes Paul II.
Wysocki, Wiesław 202
Wyspiański, Stanisław 37, 53
Wyszyński, Stefan 14, 17, 18, 29, 30, 66, 69–72, 79, 84, 85, 87, 124, 168, 187, 18, 190, 194, 204, 205, 212, 218, 220, 222–224

❏

Zagórski, Jerzy 30
Zając, Marek 119, 130, 143
Zawieyski, Jerzy 168, 222
Ziemer, Klaus 202
Zięba, Maciej 108, 109

❏

Żaryn, Jan 202
Żurek, Robert 188, 192, 202
Życiński, Józef 178

Neisse Verlag

Agnieszka Włodarczak

Johannes Hönig als Organisator des literarischen Lebens in Liegnitz in der ersten Hälfte des 20. Jahrhunderts

Dissertation. Dresdener Wissenschaftliche Bibliothek Band 2
Dresden 2011 | ISBN 978-3-86276-001-5 | 302 S. | 28,00 Euro

Elżbieta Opiłowska

Kontinuitäten und Brüche deutsch-polnischer Erinnerungskulturen Görlitz – Zgorzelec 1945–2006

Dissertation. Dresdener Wissenschaftliche Bibliothek Band 1
Dresden 2009 | ISBN 978-3-940310-56-9 | 408 S. | 18,00 Euro

Kinga Hartmann (Hg.)

Geschichte verstehen – Zukunft gestalten

Ausgewählte Aspekte der deutsch-polnischen Beziehungen
in den Jahren 1933–1949
Ergänzende Unterrichtsmaterialen für das Fach Geschichte
Mit Beiträgen von
Małgorzata Ruchniewicz, Krzysztof Ruchniewicz,
Tobias Weger, Kazimierz Wóycicki
Dresden 2009 | ISBN 978-3-940310-44-6 | 342 S. m. DVD | 24,80 Euro

---

Rudolf Urban

Der Patron

Günter Särchens Leben und Arbeit
für die deutsch-polnische Versöhnung
Dresden 2007 | ISBN 978-3-940310-03-0 | 294 S. | 24,00 Euro

Klaus Bachmann
Repression Protest Toleranz

Wertewandel und Vergangenheitsbewältigung
in Polen nach 1945
„Dieses Buch sollte jeder lesen, der eine Meinung darüber hat,
wie der Alltag in einem kommunistischen Land aussieht.
Er sollte es lesen, nicht, weil es diese Meinung widerlegt;
sondern weil es jede Menge Stoff zum Nachdenken liefert"
Aleksandar Fatić, Institute for International Politics and Economics, Belgrad
Dresden 2010 | ISBN 978-3-86276-004-6 | 364 S. | 28,00 Euro

Siegfried Ulbrecht, Helena Ulbrechtová (Hg.)
Die Ost-West-Problematik
in den europäischen Kulturen und Literaturen

Ausgewählte Aspekte
Koedition mit dem Slavischen Institut Praha
Dresden 2009 | ISBN 978-3-940310-31-6 | 800 S. | 48,00 Euro

Edward Białek, Łukasz Bieniasz (Hg.)
Hereditas Culturalis Soraviensis

Beiträge zur Geschichte der Stadt Sorau und zu ihrer Kultur
Dresden 2010 | ISBN 978-3-86276-002-2 | 296 S. | 42,00 Euro

Hugo Steinhaus
Erinnerungen und Aufzeichnungen

Aus dem Polnischen von Alfred Müßiggang
Dresden 2010 | Band 1 ISBN 978-3-940310-27-9 | 416 S. | 24,00 Euro
Dresden 2010 | Band 2 ISBN 978-3-940310-28-6 | 512 S. | 24,00 Euro

---

Neisse Verlag
Silvia & Detlef Krell GbR Dresden Tel. 0351 8 10 70 90
www.neisseverlag.de
Bestellungen direkt beim Verlag oder in Ihrer Buchhandlung